道路桥梁工程施工及试验检测技术管理研究

纪文君　田风丽　冯志卫◎著

黑龙江科学技术出版社

图书在版编目（CIP）数据

道路桥梁工程施工及试验检测技术管理研究 / 纪文君，田风丽，冯志卫著 . -- 哈尔滨：黑龙江科学技术出版社，2022.7（2023.1 重印）

ISBN 978-7-5719-1459-2

Ⅰ . ①道… Ⅱ . ①纪… ②田… ③冯… Ⅲ . ①道路施工—质量检验—技术管理—研究②桥梁施工—质量检验—技术管理—研究 Ⅳ . ① U415 ② U445

中国版本图书馆 CIP 数据核字 (2022) 第 101563 号

道路桥梁工程施工及试验检测技术管理研究
DAOLU QIAOLIANG GONGCHENG SHIGONG JI SHIYAN
JIANCE JISHU GUANLI YANJIU

作　　者　纪文君　　田风丽　　冯志卫
责任编辑　陈元长
封面设计　新晋文化
出　　版　黑龙江科学技术出版社
地　　址　哈尔滨市南岗区公安街 70-2 号　邮编：150007
电　　话　（0451）53642106 传真：（0451）53642143
网　　址　www.lkcbs.cn　www.lkpub.cn
发　　行　全国新华书店
印　　刷　三河市元兴印务有限公司
开　　本　710 mm×1000 mm　1/16
印　　张　20.75
字　　数　350 千字
版　　次　2022 年 7 月第 1 版
印　　次　2023 年 1 月第 2 次印刷
书　　号　ISBN 978-7-5719-1459-2
定　　价　58.00 元

前　言

随着国民经济的迅猛发展，我国公路建设事业也迎来了发展高潮。作为公路建设重要组成部分的桥梁建设得到了相应发展，跨越大江（河）、海峡（湾）的桥梁相继修建，一般公路和高等级公路上的中小桥、立交桥形式多样，极大地改善了交通环境，创造出了可观的经济效益和社会效益，为经济的发展贡献了巨大力量。为保证公路的畅通，创造一个安全、舒适的行车环境，加强桥梁工程检测和施工监控工作显得十分必要，这已成为各级公路管理部门工作的重点。如何保证桥梁建设的质量，养护管理好现有桥梁，保持桥梁的良好工作状态，延长其使用寿命，成为现阶段公路管理需要考虑的问题，这一新的机遇和挑战对各级公路管理部门提出了更高的要求。

道路桥梁工程施工及试验检测技术管理在路桥工程建设中占有重要的地位，是施工质量控制和竣工验收评定工作中必不可少的一个主要环节。特别是近几年，桥梁跨度、结构形式有了很大的突破，路桥施工过程复杂，影响施工目标实现的因素很多，因此有必要引入检测和监控手段对桥梁的施工进行指导。总之，加强道路桥梁工程检测和施工管理对提高工程质量、加快工程施工进度、降低工程建设成本、推动道路桥梁工程施工技术进步，会起到极为关键的积极作用。

本书从道路桥梁的基础知识的简要分析入手，对道路桥梁的主要结构施工作了详细阐述，对常用的几种道路桥梁试验检测技术及其应用进行了相关阐述。本书对道路桥梁施工技术人员及道路桥梁试验检测技术管理人员有借鉴意义。

本书编写过程中，参考和借鉴了一些学者和专家的观点及论著，在此向他们表示深深的感谢。由于水平和时间所限，书中难免会出现不足之处，希望各位读者和专家能够提出宝贵意见，以待进一步修改，使之更加完善。

作者简介

纪文君，1975 年 10 月出生，性别男，汉族，籍贯山东省青州市。1996 年 7 月毕业于济南交通高等专科学校，专业为公路与城市道路，2009 年 1 月毕业于青岛农业大学，专业为土木工程，现就职于青州市公路事业发展中心。主要研究方向：道路桥梁及土木工程原材料及施工工艺；如何在保证道路桥梁施工质量的基础上降低污染，减少对生态环境的破坏。毕业后一直从事公路桥梁施工与管理工作，2007 年取得了公路工程检测工程师资格，2008 年取得了二级建造师职业资格证，2014 年取得高级工程师资格，2021 年被纳入山东省公共资源交易综合评标评审专家库。

田凤丽，1972 年 3 月出生，性别女，汉族，籍贯山东省青州市。1988 年 9 月至 1992 年 7 月，在山东省交通学校公路与桥梁专业学习期满，取得全日制中专学历；1995 年 8 月至 1999 年 6 月，在济南交通高等专科学校公路与城市道路专业函授期满，取得大学专科学历；2007 年 3 月至 2009 年 7 月，在辽宁工业大学土木工程专业函授期满，取得大学本科学历。现就职于山东省潍坊市青州市交通运输局。参加工作以来，致力于公路桥梁工程中所用的土、砂石、沥青、水泥、石灰、矿粉、粉煤灰、钢筋等原材料试验检测，水泥稳定碎石、二灰碎石、沥青玛蹄脂碎石、沥青混凝土、水泥砂浆、水泥混凝土等配合比设计及日常试验检测，工程质量技术问题分析研究等工作。2007 年，考取交通运输部试验检测工程师资格。2013 至 2016 年，任青州鸿达公路工程有限责任公司试验检测中心技术负责人、试验室主任职务。

冯志卫，1972 年 10 月出生，性别男，汉族，籍贯山东省青州市。1989 年 9 月至 1992 年 7 月在青州市技工学校学习；1995 年 8 月至 1999 年 6 月，在济南交通高等专科学校公路与城市道路专业函授学习；2014 年 9 月至 2017 年 1 月，在吉林大学道路桥梁工程技术专业网络教育期满，取得专科学历；2017 年 3 月至 2021 年 1 月，在西安交通大学网络教育学院土木工程专业学习期满，取得本科学历。现就职于山东桥山建设工程有限公司，历任测量员、技术员、项目总工、拌和站站长、项目经理、公司副总。参加工作以来，致力于公路桥梁工程现场测量、施工技术、安全管理、成本控制、投资分析等管理和研究工作，近几年对公路路面冷、热再生实践应用做了大量的探索和研究工作。

目　　录

第一章 道路桥梁的认知与发展

第一节 桥梁的基本组成和分类

一、桥梁的基本组成

图 1-1 和图 1-2 所示为梁式桥和拱式桥的基本组成。桥梁一般主要由桥跨结构、桥墩和桥台、支座、护坡等基本结构和其他附属工程组成。

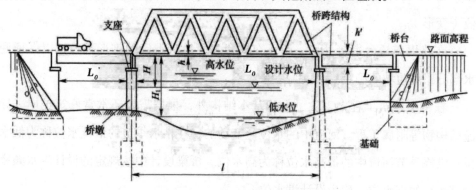

图 1-1 梁式桥的基本组成

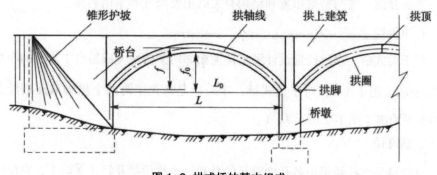

图 1-2 拱式桥的基本组成

1

桥跨结构是在线路中断时跨越障碍的主要承重结构。当需要跨越幅度比较大，并且除恒载外要求安全地承受很大车辆荷载的情况下，桥跨结构的构造就比较复杂，施工也相当困难。

桥墩和桥台是支承桥跨结构并将恒载和车辆等活载传至地基的建筑物。通常设置在桥两端的称为桥台，它除了上述作用外，还与路堤衔接，以抵御路堤土压力，防止路堤填土的滑坡和坍落。单孔桥没有中间桥墩。桥墩和桥台中使全部荷载传至地基的底部奠基部分，通常称为基础。它是确保桥梁能安全使用的关键。由于基础往往深埋于土层之中，并且需在水下施工，故也是桥梁建筑中施工比较困难的一个部分。

通常人们还习惯地称桥跨结构为桥梁上部结构，称桥墩或桥台（包括基础）为桥梁的下部结构。

一座桥梁中，在桥跨结构与桥墩或桥台的支承处设置的传力装置，称为支座，它不仅要传递很大的荷载，并且要保证桥跨结构能产生依照设计意图的变位（变形）。

在路堤与桥台衔接处，一般还在桥台两侧设置石砌的锥形护坡，以保证迎水部分路堤边坡的稳定。

在桥梁建筑工程中，除了上述基本结构外，根据需要还常常修筑护岸、导流结构物等附属工程。河流中的水位是变动的，在枯水季节的最低水位称为低水位；洪峰季节河流中的最高水位称为高水位。桥梁设计中按规定的设计洪水频率计算所得的高水位，称为设计洪水位。

下面介绍一些与桥梁布置和结构有关的主要尺寸和术语名称。

1. 净跨径

对于梁式桥，净跨径是设计洪水位上相邻两个桥墩（或桥台）之间的净距，用 L_0 表示（图 1–1）；对于拱式桥，净跨径是每孔拱跨两个拱脚截面最低点之间的水平距离（图 1–2 所示 L_0）。

2. 总跨径

总跨径是多孔桥梁中各孔净跨径的总和，也称桥梁孔径（$\sum l_0$），它反映了桥下宣泄洪水的能力。

3. 计算跨径

对于具有支座的桥梁，计算跨径是指桥跨结构相邻两个支座中心之间的距离，用 l 表示。对于图 1-2 所示的拱式桥，计算跨径是两相邻拱脚截面形心点之间的水平距离。桥跨结构的力学计算是以 l 为基准的。

4. 桥梁全长

桥梁全长简称桥长，是桥梁两端两个桥台的侧墙或八字墙后端点之间的距离，以 L 表示。

5. 桥梁高度

桥梁高度简称桥高，是指桥面与低水位之间的高差（图 1-1 所示 H_1），或为桥面与桥下线路路面之间的距离，桥高在某种程度上反映了桥梁施工的难易程度。

6. 桥下净空高度

桥下净空高度是设计洪水位或计算通航水位至桥跨结构最下缘之间的距离，以 H 表示，它应保证桥梁能安全排洪，并不得小于对该河流通航所规定的净空高度。

7. 建筑高度

建筑高度是桥上行车路面（或轨顶）至桥跨结构最下缘之间的距离（图 1-1 所示 h 及 h'），它不仅与桥跨结构的体系和跨径大小有关，而且还随行车部分在桥上布置的高度位置而异。公路（或铁路）定线中所确定的桥面（或轨顶）高程，与通航净空顶部高程之差，又称为容许建筑高度。显然，桥梁的建筑高度不得大于其容许建筑高度，否则就不能保证桥下的通航要求。

8. 净矢高

净矢高是从拱顶截面下缘至相邻两拱脚截面下缘最低点之连线的垂直距离，以 f_0 表示（图 1-2）。

9. 计算矢高

计算矢高是从拱顶截面形心至相邻两拱脚截面形心之连线的垂直距离，以

f 表示（图 1-2）。

10. 矢跨比

矢跨比是拱桥中拱圈（或拱肋）的计算矢高 f 与计算跨径 l 之比（f / l），也称矢拱度，它是反映拱桥受力特性的一个重要指标。

11. 标准跨径（l_b）

对于梁式桥，标准跨径是指两相邻桥墩中线之间的距离，或墩中线至桥台台背前缘之间的距离；对于拱式桥，则是指净跨径。我国《公路工程技术标准》（JJG B01—2014）中规定，对标准设计或新建桥涵跨径在 60 m 以下时，一般均应尽量采用标准跨径（l_b）。

二、桥梁的主要类型

桥梁的种类繁多。人们在长期的生产活动中，通过反复实践和不断总结，逐步创造发明出各种各样的桥梁。

（一）按桥梁工程的使用功能分类

按桥梁工程的使用功能，可划分为公路桥梁、铁路桥梁、立体交叉桥梁、水渠桥梁、厂（场）内运输桥梁、管线桥梁等。

（二）按桥梁受力的基本体系分类

结构工程上的受力构件，总离不开拉、压和弯三种基本受力方式。由基本构件所组成的各种结构物，在力学上也可归结为梁式、拱式和悬吊式三种基本体系，以及它们之间的各种组合。现代的桥梁结构也一样，不过其内容更丰富，形式更多样，材料更坚固，技术更先进。

按桥梁受力的基本体系，可分为梁式桥、拱式桥、刚架桥、吊桥、斜拉桥及组合体系桥梁。

1. 梁式桥

（1）梁式桥的特点。

梁式桥是一种在竖向荷载作用下无水平反力的结构，如图 1-3（a）和（b）

所示。由于外力（永久作用和可变作用）的作用方向与承重结构的轴线接近垂直，故与同样跨径的其他结构体系相比，梁内产生的弯矩最大，通常需用抗弯能力强的材料（钢、木、钢筋混凝土等）来建造。为了节约钢材和木料（木桥使用寿命短），除临时性桥梁如施工、战备、抢险所需便桥外，一般不宜采用。

（2）梁式桥的结构形式（图1-3）

目前公路桥常采用的梁式桥有简支梁桥、悬臂梁桥和连续梁桥三种。

应用最广泛的是预制装配式的钢筋混凝土简支梁桥。这种梁桥的结构简单，施工方便，对地基承载能力的要求也不高，但其常用跨径在25 m以下，如图1-3（a）所示。当跨度较大时，需要采用预应力混凝土简支梁桥，但跨度一般也不超过50 m。为了达到经济、省料的目的，可根据地质条件等因素修建悬臂梁桥或连续梁桥，如图1-3（c）和（d）所示。对于很大跨径及承受很大外力的特大桥梁，一般使用高强度材料（如高强度钢筋、高强度等级混凝土）及预应力工艺，制作成预应力混凝土梁桥，也可建造钢桥，如图1-3（e）所示。

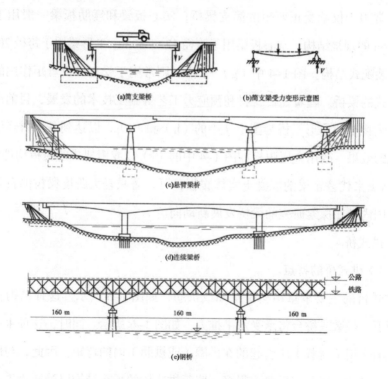

图1-3　梁式桥的结构形式

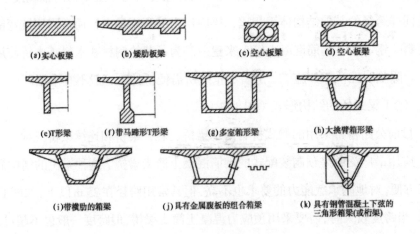

(a)实心板梁　(b)矮肋板梁　(c)空心板梁　(d)空心板梁

(e)T形梁　(f)带马蹄形T形梁　(g)多室箱形梁　(h)大挑臂箱形梁

(i)带横肋的箱梁　(j)具有金属腹板的组合箱梁　(k)具有钢管混凝土下弦的三角形箱梁(或桁架)

图 1-4 梁式桥的横截面形式

（3）梁式桥主梁横截面形式。

公路梁式桥常用的主梁横截面形式，如图 1-4 所示。其中（a）～（f）的横截面常用于仅承受正弯矩的简支梁桥；实心板梁和矮肋板梁一般用于小跨径 6～16 m 的现浇结构；空心板梁用于跨径 12～30 m；T 形梁用于跨径 20～50 m 的预制装配式结构。图 1-4 中（g）～（k）则常用于受正、负弯矩作用的悬臂式或连续式的梁桥。随着建桥材料和预应力工艺等施工技术的发展，目前已广泛采用具有大挑臂的箱形梁桥为图 1-4 中的（h）和（i），以达到既用材经济，又轻盈美观的效果。改用金属腹板如图 1-4 中的（i），或桁架式的腹板构件如图 1-4 中的（k）来代替箱梁的混凝土实体腹板，可显著减轻大跨度梁桥的自重，这是近年来国内外在探索研究的梁桥发展新动向。

2.拱式桥

（1）拱式桥的特点。

拱式桥的主要承重结构是拱圈或拱肋，如图 1-5 所示。这种结构在竖向荷载作用下，桥墩或桥台将承受水平推力，如图 1-6 所示。同时，这种水平推力将显著抵消作用（荷载）所引起的在拱圈（或拱肋）内的弯矩。因此，与同跨径的梁相比，拱的弯矩和变形要小得多。鉴于拱式桥的承重结构以受压为主，通常可用抗压能力强的施工材料（如砖、石、混凝土）和钢筋混凝土等来建造。

拱式桥的跨越能力很大，外形也较美观，在一定条件下（如在深峡谷、有通航要求的深水河道），采用拱式桥可以避免高桥墩和深水下作业，修建拱式桥往往是经济合理的。同时应当注意，为了确保拱式桥能安全使用，下部结构和地基必须能经受住很大的水平推力的不利作用。此外，拱式桥的施工一般要比梁式桥困难些。对于很大跨度的桥梁，也可建造钢拱桥。

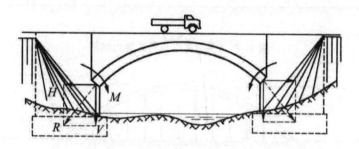

图1-5　拱式桥（上承式）

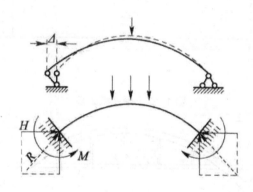

图1-6　拱式桥受力及变形示意图

在地基条件不适于修建具有强大水平推力的拱式桥的情况下，必要时也可建造水平推力由钢或预应力筋做成抗拉系杆来承受的系杆拱桥。近年来还发展了一种所谓"飞鸟式"三跨无推力拱桥，如图1-7所示，即在拱桥边跨的两端施加强大的预加力，传至拱脚，以抵消主跨拱脚永久作用产生的巨大水平推力。

（2）拱式桥的分类。

①按车辆在主要承重结构物的位置分类。

拱式桥分为上承式、中承式、下承式三种不同承式的桥梁。如图1-5所示，通常称车辆在主要承重结构（拱或梁）之上行驶者为上承式拱式桥；车辆在主要承重结构之下行驶者为下承式拱式桥，如图1-8所示；图1-9所示则称为中承式拱式桥。

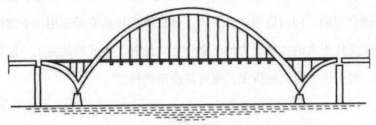

图1-7 "飞鸟式"三跨无推力拱桥

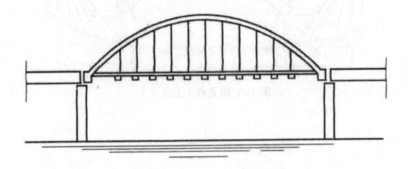

图1-8 下承式拱式桥

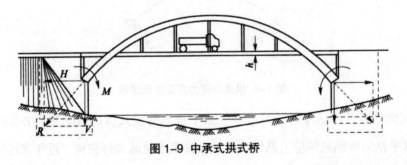

图1-9 中承式拱式桥

上承式拱式桥的构造较简单，施工方便，而且其主梁或拱肋等的间距可按需要调整，以求得经济合理的布置。一般说来，上承式拱式桥的承重结构宽度可做得小些，因而可节约墩台圬工数量。此外，在上承式拱式桥上行车时，视野开阔、感觉舒适也是其重要优点。所以，公路桥梁一般尽可能采用上承式拱式桥。上承式拱式桥的不足之处是桥梁的建筑高度较大。因此，在建筑高度受严格限制的情况下，就应采用下承式拱式桥或中承式拱式桥。

②按建筑材料分类。

拱式桥可分为砖桥、石桥、混凝土桥、钢筋混凝土桥、钢管混凝土桥、钢拱桥等。

③按拱圈截面形式分类。

拱式桥可分为实腹式拱式桥和空腹式拱式桥。

④按拱轴线形式分类。

拱式桥可分为圆弧拱式桥、悬链线拱式桥、抛物线拱式桥。

⑤按受力体系分类。

拱式桥可分为无铰拱式桥、二铰拱式桥、三铰拱式桥。

（3）拱式桥主拱圈的横截面形式。

图 1–10 所示是拱式桥常用的主拱圈或拱肋横截面形式。实心的板拱圈常用于圬工拱桥。图 1–10（c）所示为我国在 20 世纪 60—70 年代曾经广泛推广采用的双曲拱桥横截面，由于使拱圈截面"化整为零"采用装配整体法施工，这样就可简化施工支架或减轻拱圈构件的吊装重量。但实践表明，这种结构的整体性较差，易于产生裂缝，且施工中风险性也较大，随着施工技术的不断发展，这种拱式桥已被图 1–10（d）所示的钢筋混凝土箱形拱桥所替代。图 1–10 中（e）～（i）均为采用拱肋的横截面形式。图 1–10（e）～（g）是常用钢筋混凝土拱肋截面。近年来经研究并不断实践成功的钢管混凝土结构，如图 1–10 中（h）～（k），具有在强度上和施工性能上的很多优点，因此已在许多大跨度拱式桥上得到应用。如果利用钢管混凝土作为拱式桥施工过程中的劲性骨架，再外包混凝土构成箱形截面，如图 1–10（i）所示，这样又可显著加大钢筋混凝土拱桥的跨越能力。

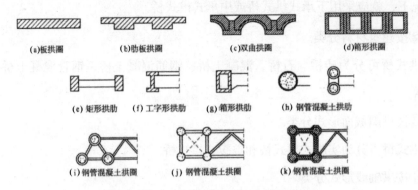

图 1-10 拱式桥主拱圈或拱肋的横截面形式

3. 刚架桥（也称为刚构桥）

刚架桥的主要承重结构是梁或板和立柱或竖墙整体结合在一起的刚架式结构，梁和柱的连接处具有很大的刚性，如图 1-11（a）所示。在竖向荷载作用下，梁部主要受弯，而在柱脚处也具有水平反力，如图 1-11（b）所示，其受力状态介于梁桥与拱桥之间。刚架桥跨中的建筑高度可以做得较小。当遇到线路立体交叉或需要跨越通航江河时，采用这种桥型能尽量降低线路高程以改善纵坡，并能减少路堤土方量。但普通钢筋混凝土修建的刚架桥施工比较困难，梁柱钢结构处较易裂缝。

图 1-11（c）所示的 T 形刚构桥是修建较大跨径钢筋混凝土桥曾采用的桥型，它是结合了刚架桥和多孔静定悬臂梁桥的特点发展起来的一种多跨结构。对于普通钢筋混凝土 T 形刚构桥，由于悬臂根部的负弯矩很大，修建时不仅钢材用量大，而且控制混凝土裂缝的开展成为关键，因此跨径就不能做得太大（通常 40 ~ 50 m），目前已很少修建。

预应力混凝土工艺的发展，使得 T 形刚构桥和连续刚构桥得到了进一步的推广，特别是由于采用了悬臂安装或悬臂浇筑的分段施工方法，不但加速了修建大跨度桥梁的施工速度，而且也克服了在江河或深谷中搭设支架的困难。

图 1-11（d）所示的多跨连续刚构桥，属多次超静定结构，在设计中一般应减小墩柱的抗弯刚度，否则会在结构内引起较大的附加内力。对大跨度的桥，为了降低这种附加内力，往往在两侧的边跨设置活动铰支座，甚至将主跨的墩柱做

成双壁式结构。

当跨越陡峭河岸和深邃峡谷时，修建斜腿刚构桥往往既经济合理又造型轻巧美观，如图1-11（e）所示。由于斜腿墩柱置于岸坡上，有较大斜角，在主梁跨度相同的条件下，斜腿刚构桥的桥梁跨度比门式刚构桥要大得多。

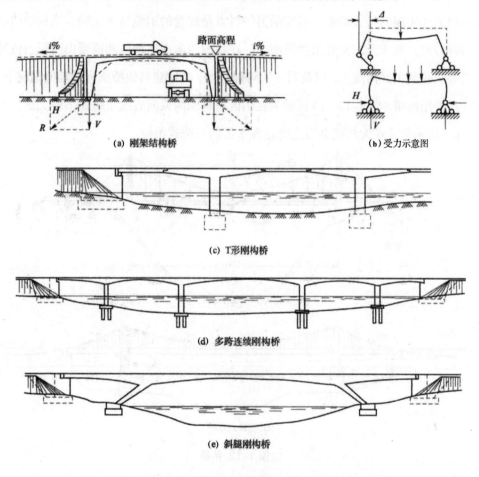

(a) 刚架结构桥　　　　　　　　　　　　　(b) 受力示意图

(c) T形刚构桥

(d) 多跨连续刚构桥

(e) 斜腿刚构桥

图1-11 刚架桥

T形刚构桥的悬臂主梁主要承受负弯矩，因此横截面宜用箱形截面。连续刚构桥和斜腿刚构桥的主梁受力与连续梁相近，通常也采用如图1-4（g）～（i）所示的各式横截面。

4.吊桥

传统的吊桥（也称悬索桥）均用悬挂在两边塔架上的强大缆索作为主要承

重结构，如图 1-12 所示。在竖向荷载作用下，通过吊杆使缆索承受很大的拉力，通常就需要在两岸桥台的后方修筑非常巨大的锚碇结构。吊桥也是具有水平反力（拉力）的结构。现代的吊桥上，广泛采用高强度的钢丝编制的钢缆，以充分发挥其优异的抗拉性能，因此结构自重较轻，就能以较小的建筑高度跨越其他任何桥型无法实现的特大跨度。吊桥的另一特点是成卷的钢缆易于运输，结构的组成构件较轻，便于无支架悬吊拼装施工。在我国西南山岭地区和遭受山洪泥石流冲击等威胁的山区河流上，以及对于大跨径桥梁，当修建其他桥梁有困难的情况下，往往采用吊桥。图 1-12（a）所示为在山区跨越深沟或河谷的单跨式吊桥。图 1-12（b）所示则是在大江或湖海上跨越深水区的三跨式吊桥。

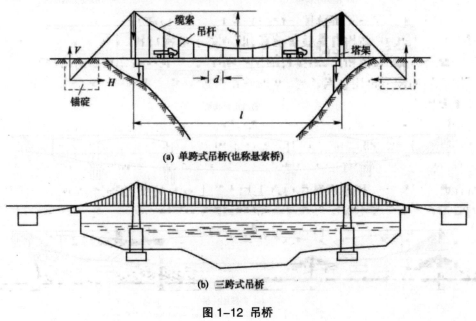

(a) 单跨式吊桥(也称悬索桥)

(b) 三跨式吊桥

图 1-12 吊桥

图 1-13 示出两种较典型的吊桥加劲梁横截面。图 1-13（a）所示是现代大跨度公路悬索桥最常采用的钢制扁箱梁结构；而图 1-13（b）所示是顶层行驶汽车（公路）和下层铺设铁轨（铁路）的公铁两用吊桥的横截面构造。

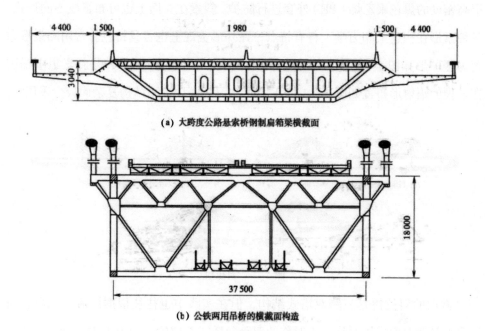

（a）大跨度公路悬索桥钢制扁箱梁横截面

（b）公铁两用吊桥的横截面构造

图 1-13 典型吊桥（尺寸单位：mm）

事实上，相对于其他体系的桥梁而言，吊桥的自重轻、结构的刚度差，在车辆动荷载和风荷载作用下，桥有较大的变形和振动。所以，控制吊桥的变形与振动是设计的关键问题。

5.斜拉桥

斜拉桥由斜索、塔柱和主梁所组成，如图 1-14 所示。用高强度钢材制成的斜索将主梁多点吊起，并将主梁的永久作用和车辆的可变作用荷载传至塔柱，再通过塔柱基础传至地基。这样，跨度较大的主梁就像一根多点弹性支承（吊起）的连续梁一样工作，从而可使主梁尺寸大大减小，结构自重显著减轻，既节省了结构材料，又大幅度地增大了桥梁的跨越能力。此外，与悬索桥相比，斜拉桥的结构刚度大，即在荷载作用下的结构变形小得多，且其抵抗风振的能力也比悬索桥好，这也是斜拉桥在可能达到的大跨度情况下使悬索桥逊色的重要因素。

斜拉桥的斜索组成和布置、塔柱形式及主梁的截面形状是多种多样的。我国常用平行高强钢丝束、平行钢绞线束等制作斜索，并用热挤法在钢丝束上包一层高密度的黑色聚乙烯（PE）外套进行防护。斜索在立面上也可布置成不同形式。各种索形在构造上和力学上各有特点，在外形美观上也各具特色。常用的索形布置为竖琴形如图 1-14（b）和扇形如图 1-14（c）两种。另一种是斜索集中锚固在塔顶的辐射形布置如图 1-14（a）所示，因其塔顶锚固结构复杂而较少采用。

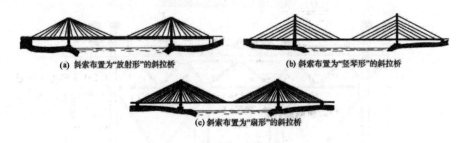

(a) 斜索布置为"放射形"的斜拉桥　　(b) 斜索布置为"竖琴形"的斜拉桥

(c) 斜索布置为"扇形"的斜拉桥

图 1-14 斜拉桥

常用的斜拉桥是三跨双塔式结构，但在实践中也往往根据河流、地形、通航要求等情况而采用对称与不对称的双跨独塔式斜拉桥，如图 1-15 所示。

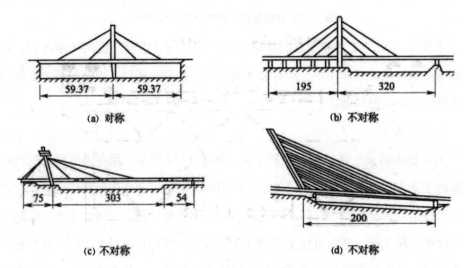

(a) 对称

(b) 不对称

(c) 不对称

(d) 不对称

图 1-15 双跨独塔式斜拉桥（尺寸单位：m）

在横向，除了常用双索面布置的斜拉桥外，还采用中间布置单索面的结构。对于特别宽（8 车道或以上）的桥梁，采用三索面或四索面的结构可能更趋经济合理。

斜拉桥的塔柱除了支撑斜索的功能外，因其雄伟高大，其造型、颜色往往更起到景观作用，所以在设计时更是要从审美的角度出发，与周围环境、文化氛围相协调，形式丰富，多姿多彩。从桥的立面来看，塔柱有独柱型、A 形和倒 Y 形三种。

斜拉桥主梁的截面形式，视采用材料、索面布置、施工工艺等的不同而异。从力学体系上说，主梁在纵向可以做成连续的、带悬臂的和既连续又与桥墩固结的等。常用钢斜拉桥的主梁截面形式与悬索桥的雷同。

斜拉桥是半个多世纪来最富于想象力和构思内涵最丰富而引人注目的桥型，它具有广泛的适应性。一般说来，对于跨度从 200 m 至 700 m 的桥梁，斜拉桥在技术上和经济上都具有相当优越的竞争能力。诚然，随着斜拉桥跨度的增大，其将会面临桥塔过高和斜索过长等一系列技术难点，这不仅涉及高耸塔柱抗震和抗风等动力稳定方面的问题，而且还有主梁受压力过大，以及长斜索因自重垂度增大而引起的种种技术问题。另外，必须提到的是，斜拉桥的斜索可以说是这种桥梁的生命线，至今国内外已发生过几起通车仅几年就因斜索腐蚀严重而导致全部换索的不幸工程实例。因此，如何做好斜索的防腐工作，确保其使用寿命，仍是当今桥梁界十分关切和重视的重要课题。可以相信，随着高性能新材料的开发、计算理论的进一步完善、施工方法的改进，特别是设计构思的不断创新，斜拉桥还在向更大跨度和更新的结构形式发展。

6. 组合体系桥梁

除了以上五种桥梁的基本体系以外，根据结构的受力特点，由几种不同体系的结构组合而成的桥梁称为组合体系桥梁。图 1-16（a）所示为一种梁和拱的组合体系，其中梁和拱都是主要承重结构，两者相互配合共同受力。由于吊杆将梁向上（与荷载作用的挠度方向相反）吊住，这样就显著减小了梁中的弯矩。同时由于拱与梁连接在一起，拱的水平推力就传给梁来承受，这样梁除了受弯以外尚且受拉。这种组合体系桥能跨越较一般简支梁桥更大的跨度，而对墩台没有推力作用，因此对地基的要求就与一般简支梁桥一样。图 1-16（b）所示为拱置于梁的下方、通过立柱对梁起辅助支承作用的组合体系桥。

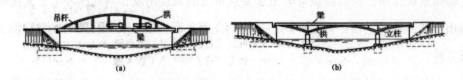

图1-16 拱梁组合体系桥梁

三、桥梁的其他分类简述

除了上述按受力特点分成不同的结构体系外，人们还习惯按桥梁的用途、全长和跨径的不同、主要承重结构所用的材料、跨越障碍的性质等其他方面来进行分类。

1. 按用途来划分

桥梁有公路桥、铁路桥、公路铁路两用桥、农桥、人行桥、运水桥（渡槽）及其他专用桥梁（如通过管路电缆等）。

2. 按桥梁全长和跨径的不同划分

桥梁分为特大桥、大桥、中桥、小桥和涵洞。

3. 按主要承重结构所用的材料划分

桥梁有圬工桥（包括砖、石、混凝土桥）、钢筋混凝土桥、预应力混凝土桥、钢桥和木桥等。木材易腐，而且资源有限，因此除了少数临时性桥梁外，一般不采用。

4. 按跨越障碍的性质划分

桥梁可分为跨河桥、跨线桥（立体交叉）、高架桥和栈桥。高架桥一般指跨越深沟峡谷以代替高路堤的桥梁。为将车道升高至周围地面以上并使其下面的空间可以通行车辆或作其他用途（如堆栈、店铺等）而修建的桥梁，称为栈桥。而在现代大城市，为了满足日益增长的交通量的需求，或为开通快速路，把较长路段（数十至几十千米）全部由栈桥连接，形成独立的专用道路，通常称为高架路。

第二节　桥梁在交通运输领域的重要性

桥梁工程是用木、砖、石、混凝土、钢筋混凝土和钢材建造的结构工程。在公路、铁路、城市和农村道路交通及水利等建设中，为了跨越各种障碍，如河流、沟谷或其他线路等，必须修建各种类型的桥梁与涵洞，因此桥梁与涵洞是陆路交通中的重要组成部分。

大力发展交通运输事业，建立四通八达的现代交通网络，对于促进全国各族人民的团结、发展国民经济、促进文化交流、缩小乃至消灭城乡差别和巩固国防等方面，都具有非常重要的作用。特别是我国实行改革开放政策以来，路、桥建设突飞猛进地发展，对创造良好的投资环境，促进地域性的经济腾飞，起到了关键性的作用。

桥梁既是一种功能性的结构物，也往往是一座立体的造型艺术工程，是一处景观，具有时代的特征。现代高速公路上迂回交叉的各色立交桥，城市内环线建设的各种高架桥，长江、黄河等大江大河上的新颖大跨度桥梁等，如雨后春笋，频频建成。而且几十千米长的跨越海湾、海峡的特大桥梁的宏伟建设工程已经陆续建成。这些辉煌的建设成就无不体现出其磅礴的艺术价值和观赏价值。

我国幅员辽阔，大小山脉和江河湖泽纵横全国，并且随着社会主义工业、农业、国防和科学技术现代化的逐步实现，还迫切需要修建许多公路、铁路和桥梁。尤其是大量高速公路、高速铁路的建设，对桥梁建筑提出了更高的要求。为此，我们广大桥梁工程技术人员将不断面临设计和建造新颖、复杂桥梁结构的挑战，肩负光荣而艰巨的任务。

第三节　桥梁工程的发展方向

近百年来桥梁的发展趋势：结构在向轻巧、纤细方面发展，而载重和跨度却不断在增长。为了适应这种发展需要，就要对建筑材料、结构构造、设计计算理论、施工方法等方面提出新的要求，特别是要在创造新桥型方案的构思方面努力探索。

一、新材料的应用和发展

新材料对桥梁工程的发展具有关键性作用。没有材料科学的发展，就不会有大跨度及新桥型的诞生。

目前，各类桥形体系中最大跨径者均离不开钢材和混凝土。对于桥梁用钢，不但要提高其强度，还要提高其韧性、耐腐性、耐疲劳性、可焊性。我国目前常用桥钢为 A3、16Mnq、Q235、Q345 和 Q460 低合金钢，屈服点相应为 240 ~ 460 MPa，极限强度相应为 380 ~ 520 MPa。九江长江大桥由于采用 15MnVNq 钢，强度提高，比采用 16Mnq 钢节省钢材 14 % 左右。

预应力钢筋也在向高强度、低松弛、耐腐蚀、强黏结和便于拼接等方面发展。我国现有高强度钢筋直径为 18 ~ 40 mm，抗拉强度为 540 ~ 930 MPa。世界各国都在大力发展大直径预应力高强钢筋，德国、美国、英国、日本等国目前已发展到直径 26 ~ 44 mm，抗拉强度等级为 800 ~ 1 350 MPa。

高强钢丝和钢绞线已在大跨度桥梁中广泛使用，我国目前常用的此种钢材的极限强度相应为 1 600 MPa 和 1 860 MPa。将 7 股钢绞线通过硬钢模拔出，使之挤紧，以减少钢丝间空隙，这样不但在外径相同之下使有效面积增大 20 %，而且强度可提高 10 %。目前一些国家已开发了 Φ4 ~ Φ9 mm 的高强镀锌钢丝，强度提高到 1 550 ~ 1 800 MPa。日本已为明石海峡大桥研制出镀锌后强度可达 1 800 ~ 2 000 MPa 的低合金钢丝。

我国一般把强度等级大于 C60 的混凝土称为高强混凝土，大于 C100 的称为超高强混凝土。高强混凝土不但强度要高，而且抗冲击性能和耐久性也要好。据统计，预应力钢筋混凝土桥梁采用高强混凝土可提高 30 % ～ 40 % 的经济效益。我国在桥梁中已开始用 C60 混凝土，而在铁路桥工程中现浇混凝土强度等级已达 C60 甚至 C70，预制混凝土强度等级达 C80。

开展使用轻质混凝土，也是使预应力混凝土桥梁向大跨度发展并取得经济效益的一种方法。目前用于工程结构的轻质混凝土重度为 16 ～ 19 kN/m，强度为 C30 ～ C70。粗集料过去用陶粒，为降低成本，现在趋于采用工业废渣。近年来国外在混凝土强度的取值方面，还考虑超龄期的强度提高系数。欧洲混凝土委员会建议：对波特兰水泥的重混凝土，龄期为 40 d 时，系数为 1.2；龄期为 360 d 时，系数为 1.35。新型非金属纤维强化复合材料的开发研究，已得到世界各国的重视，包括玻璃纤维、阿拉米特纤维和碳纤维同聚合物强化合成的超高强材料，它们不仅具有强度高、重量轻的重要特性，而且具有耐疲劳、抗腐蚀、热传导率低、非磁性、在制造和使用中的耗能低等优异性能。有分析表明，若用碳纤维强化复合材料来修建悬索桥，其极限跨长可比钢悬索桥提高一倍以上。

二、设计理论和 CAD 技术的应用

目前，世界各国桥梁设计理论都由容许应力状态理论向极限状态理论过渡。我国公路和铁路部门已开始了可靠度理论的研究，正在积极创造条件迈入先进的基于可靠度理论的极限状态法设计时代，以期充分发挥结构潜在的承载能力，充分利用材料强度，使桥梁结构安全度的确定更加科学和可靠，对于大跨度桥梁的设计，越来越重视空气动力学、振动、稳定、疲劳、非线性等影响因素的研究。

CAD 技术已在各工程领域迅速发展。桥梁 CAD 技术主要有以下五部分内容：结构分析、图形绘制、结构优化、工程数据库、专家系统。目前使用最多的是前三部分，后两部分有待不断积累数据和知识，才能达到实际运用。在结构分析方面的 ADINA、SAP、ANSYS 等著名的商业化通用程序已遍布全球。如果我们能集中力量、统筹规划，经过认真开发，定能使 CAD 技术赶超世界水平。

三、施工技术的发展

桥梁工程的施工技术水平，取决于国家的整体科学水平和工业发展水平。我国通过近30年来的引进和发展，已逐步达到或接近国际水平。在钢桥制造方面，已较普遍应用电子计算机放样、画线和管理，采用数控坐标精密切割代替刨铣机械加工，采用光电跟踪焊接技术等。

在混凝土桥梁的预应力体系方面，在20世纪60—70年代已开发完善了如瑞士VSL体系、法国弗莱西奈体系、德国迪维达克体系等一系列适用于平行钢绞线、钢丝束、粗钢筋等的预应力筋锚固体系和相应的连接器及张拉设备。

在桥跨结构施工和架设方面，无论是平衡悬臂施工法、顶推法还是转体法等，我国已积累了许多经验，接近世界先进水平。特别是转体法修建大跨度拱桥的技术，我国已居领先地位。而在逐节预制拼装、逐孔无支架施工，特别是在整孔预制安装技术方面，我国也已接近世界先进水平。

在深水基础施工方面，我国在修建长江上多座大桥的过程中（水深达30多米）已取得了不少经验。钻孔技术也是目前桥梁基础施工的重要手段之一。

总之，近几十年以来，我国桥梁工程的技术水平已有很大提高，而且在某些领域已居世界领先地位。在桥型构思创新方面，以及在新型材料、施工技术、项目组织管理等方面，还有待我国广大的桥梁工程技术人员在桥梁施工中努力实践，不断创新，进一步提高技术水平。

第二章　桥梁基础施工

第一节　明挖扩大基础施工

明挖扩大基础施工的内容包括：基础定位放样、基坑开挖、基坑排水、基底处理及基础浇筑等。

一、基础定位放样

在基坑开挖前，先进行基础的定位放样工作，以便将设计图上的基础位置准确地设置到桥址上。放样工作是指根据桥梁中心线与墩台的纵横轴线，推出基础边线的定位点，再放线画出基坑的开挖范围。基坑各定位点的高程及开挖过程中高程检查，一般用水准测量的方法进行。

二、基坑开挖

基坑开挖的主要工作有挖掘、出土、支护、排水、防水、清底及回填等。施工时，应根据地质条件、水文条件、基坑开挖深度、开挖所采用的方法和机具等，采用不同的开挖工艺。

基坑在开挖前通常需完成下列准备工作：施工场地的清理、地面水的排除、临时道路的修筑、供电与供水管线的敷设、临时设施的搭建、基坑的放线等。

场地清理包括拆除房屋、古墓，拆迁或改建通信设备、电力设备、上下水道及其他建筑物，迁移树木等工作。

场地内低洼地区的积水必须排除，同时应注意雨水的排除，使场地保持干燥，以便基坑开挖。

地面水的排除一般采用设置排水沟、截水沟、挡水土坝等措施。应尽量利用自然地形来设置排水沟，使水直接排至基坑外，或流向低洼处，再用水泵抽走。主排水沟最好设置在施工区域的边缘或道路的两旁，其横断面和纵向坡度应根据最大流量确定。在基坑开挖过程中，要注意保持排水沟畅通，必要时应设置涵洞。

（一）土方边坡及其稳定

1. 土方边坡

为了防止塌方，保证施工安全，在开挖深度超过一定限度时，均应在其边沿做成一定坡度的边坡。

土方边坡坡度是以其高度 H 与宽度 B 之比表示。图 2-1 所示为 $l : m$，即：

$$土方边坡坡度 = \frac{H}{B} = \frac{1}{B / H} = l : m$$

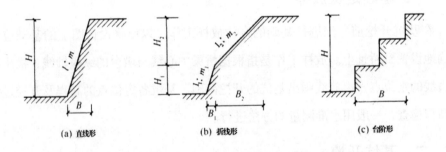

(a) 直线形   (b) 折线形   (c) 台阶形

图 2-1 土方边坡

根据各层土质及土体所受的压力，土方边坡可做成直线形、折线形和台阶形。合理地选择基坑边坡是减少土方量的有效措施。

2. 边坡的稳定

基坑边坡的稳定，主要是基于土体内土颗粒之间存在摩擦阻力和内聚力，使土体具有一定的抗滑力，从而保持稳定。当土体的下滑力大于抗滑力，边坡就会失去稳定而发生滑动，这种滑动一般是在一定范围内整体沿某一滑动面向下和向外移动。一旦土体无法保持稳定，土体就会塌方，不仅会造成人身安全事故，影响工期，有时还会危及邻近建筑物的安全。

基坑边坡的失稳往往是在外界不利因素影响下触发和加剧的。这些外界不利因素往往会导致土体剪应力的增加或抗剪强度的降低。

引起土体剪应力增加的因素主要有以下几点：坡顶上堆积物、行车等荷载；雨水或地面水渗入土中，使土中的含水量增加而造成土的自重增加；地下水的渗流产生一定的动水压力；土体的竖向裂缝中的积水产生侧向静水压力；边坡过陡，土体本身稳定性不够。

引起土体抗剪强度降低的因素主要有以下几点：土质本身较差或因气候影响使土质松软；土体内含水量增加使土体内聚力降低、产生润滑作用；饱和的细砂、粉砂因受振动而液化等。

（二）基坑开挖的方式

基坑开挖的方式与基础的埋置深度、地质土的性质、施工周期的长短有关。其有直立壁开挖、放坡开挖、支护开挖三种方式。按其基坑所处的环境可分为陆地基坑开挖和水中基础的基坑开挖两种。

1. 陆地基坑开挖

基坑大小应满足基础施工要求，对有渗水土质的基坑坑底开挖尺寸，需按基坑排水设计（包括排水沟、集水井、排水管网等）和基础模板设计而定，一般基底尺寸应比设计平面尺寸各边增宽 0.5～1.0 m。基坑可采用垂直开挖、放坡开挖、支撑加固或其他加固的开挖方法，具体应根据地质条件、基坑深度、施工期限与经验，以及有无地表水或地下水等现场因素来确定。

（1）坑壁不加支撑的基坑。

对于在干涸无水河滩、河沟中，或有水经改河或筑堤能排除地表水的河沟中，在地下水位低于基底，或渗透量少，不影响坑壁稳定，以及基础埋至不深（一般在 5 m 以内），施工期较短，挖基坑时不影响邻近建筑安全的施工场所，可考虑选用坑壁不加支撑的基坑。

不加支撑的基坑开挖时，坑壁依靠土体本身的抗剪强度，或采取适量放坡的方式来解决边坡的稳定问题。

基坑开挖时，坑壁的形式有直坡式、斜坡式和踏步式等，如图 2-2 所示。

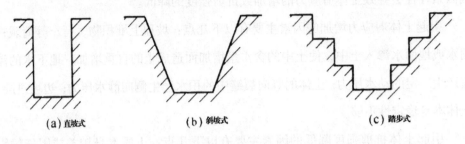

(a) 直坡式　　　　　　(b) 斜坡式　　　　　　(c) 踏步式

图 2-2 基坑形式

直坡式坑壁基坑：当基础土质均匀，地下水位低于基坑，基坑顶边缘无荷载，土体处于半干硬或硬塑状态时，可采用坑壁不加支撑而垂直开挖的方法。如果坑壁垂直开挖超过挖深限值时，可采取踏步式坑壁开挖法，或考虑放坡开挖，以及做成直立壁加支撑。

斜坡式坑壁基坑：在天然土层上挖基坑，若深度在 5 m 以内，施工期较短，基底处于地下水位以下，且土的湿度正常，构造均匀，可采用放坡开挖。如果基坑开挖通过不同的土层时，可按土层分层选定边坡坡度，并留出至少 0.5 m 宽的台阶。若土的湿度过大，可能引起坑壁坍塌，坑壁坡度应采用该湿度下土的天然坡度。

（2）坑壁有支撑的基坑。

当基坑壁坡不易稳定并有地下水渗入，或放坡开挖场地受到限制，或基坑较深、放坡开挖工程数量较大，不符技术经济要求时，可视具体情况，采用以下加固坑壁措施：挡板支撑、钢木结合支撑、混凝土护壁及锚杆支护等。常用的坑壁支撑形式：直衬板式坑壁支撑、横衬板式坑壁支撑、框架式支撑及其他形式的支撑（如锚桩式、锚杆式、锚锭板式、斜撑式等）。

常用的支撑方法：

①横撑式支撑。

横撑式支撑分为水平式支撑和垂直式支撑。

水平式支撑，断续或连续的挡土板水平放置。断续式水平挡土板支撑，适于能保持直立壁的干土或天然湿度的黏土，深度在 3 m 以内的基坑。连续式水平挡土板支撑，适于较潮湿的或散粒的土，深度在 5 m 以内的基坑。

垂直式支撑，断续或连续的挡土板垂直放置。适于土质较松散或土的湿度很高、地下水较少、深度不限的基坑。

②锚拉支撑。

水平挡土板支在柱桩的内侧，柱桩一端打入土中，另一端用拉杆与锚桩拉紧，锚桩必须设在土的破坏范围以外，在挡土板内侧回填土。适用于开挖面积较大、深度不大的基坑，或使用机械挖土的基坑。

③短柱横隔支撑。

打入短木桩，部分打入土中，部分露出地面，钉上水平挡土板，在背面填土。适于开挖宽度大的基坑，当部分地段下部放坡不够时使用。

④钢板桩支撑。

挖土之前在基坑的周围打入钢板桩或钢筋混凝土板桩，板桩入土深度及悬臂长度应经计算确定，如基坑深度较大，可加水平支撑。它适于在地下水位较高的黏性或砂土层中应用。

⑤大型钢构架横撑。

在开挖的基坑周围打钢板桩或钢筋混凝土桩，在柱位置上打入暂设的钢柱，在基坑中挖土，每下挖 3～4 m，装上一层钢构架支撑体系，挖土在钢构架网格中进行，亦可不预先打下钢柱，随挖随接长支柱，适于在饱和软弱土层中开挖较大、较深基坑，钢板桩刚度不够时采用。

⑥钢筋混凝土灌注桩支撑。

在开挖的基坑周围，现场灌注钢筋混凝土桩，达到强度后，在基坑中间用机械或人工挖土，下挖 1 m 左右装上横撑，在桩背面装上拉杆与已设锚桩拉紧，然后继续挖土至要求深度。桩间土方挖成外拱形，使之起土拱作用。如基坑深度小于 6 m，或附近有建筑物，亦可不设锚拉杆，采取加密桩距或加大桩径处理，适于开挖较大、较深的基坑，附近有建筑物，不允许支护，背面地基有下沉、位移时采用。

⑦土层锚杆支护。

沿开挖基坑边坡每 2～4 m 设置一层水平土层锚杆，直到挖土至要求深度。适于在较硬土层中或破碎岩石中开挖较大、较深基坑，如附近有建筑物，必须在边坡稳定时才可采用。

⑧地连墙加锚杆支护。

在基坑周围现浇地下连接墙，开挖土方至锚杆部位，用锚杆钻机在要求位置钻孔，放入锚杆，进行灌浆，待达到强度，装上锚杆横梁，或锚头垫座，然后继续下挖至要求深度。根据需要，锚杆可设 2～3 层，每挖一层装一层，采用快凝砂浆灌浆。适于开挖放大、较深（>10 m）、不允许内部设支撑、有地下水的大型基坑。

2. 水中基础的基坑开挖

桥梁墩台基础大多位于地表水位以下，有时水流还比较大，施工时都希望在无水或静止水条件下进行。桥梁水中基础最常用的施工方法是围堰法。围堰的作用主要是防水和围水，有时还起着支撑施工平台和基坑坑壁的作用。公路桥梁常用的围堰类型：土石围堰、木笼围堰或竹笼围堰、钢板桩围堰、套箱围堰。

围堰必须满足以下要求：①围堰顶高宜高出施工期间最高水位 700 mm，最低不应小于 500 mm，用于防御地下水的围堰宜高出水位或地面 200～400 mm。②围堰的外形应适应水流排泄，大小不应压缩流水断面过多，以免壅水过高危害围堰安全，以及影响通航、导流等。围堰的内形应适应基础施工的要求，并留有适当的工作面积。堰身断面尺寸应保证有足够的强度和稳定性，使基坑开挖后，围堰不致发生破裂、滑动或倾覆。③围堰要求防水严密，应尽量采取措施防止或减少渗漏，以减轻排水工作。对围堰外围边坡的冲刷和筑围堰后引起的河床的冲刷均应有防护措施。④围堰施工一般应安排在枯水期进行。

三、基坑排水

桥梁基础施工中常用的基坑排水方法有以下两类。

（一）集水坑排水法

除严重流沙外，一般情况下均可采用集水坑排水法。基坑坑底一般位于地下水位以下，而地下水会经常渗进坑内，因此必须设法将坑内的水排除，以便于施工。集水坑（沟）的大小，主要根据渗水量的大小而定，排水沟底宽不小于 0.3 m，纵坡为 1% ～ 5%。如排水时间较长或土质较差时，沟壁可用木板或荆篱支撑。

（二）其他排水法

对于土质渗透较大、挖掘较深的基坑可采用板桩法或沉井法。此外，视现场条件、工程特点及工期等因素，还可采用帷幕法，即将基坑周围土用硅化法、水泥灌浆法、沥青灌浆法及自然冻结法等处理成封闭的不透水的帷幕。这类方法除自然冻结法外，其余均因设备多、费用大，在桥涵基础施工时较少采用。

四、基底处理

（一）基底检验

基坑已挖至基底设计高程，或已按设计要求加固、处理完毕后，须经过基底检验，方可进行基础结构施工。

基坑施工是否符合设计要求，在基础浇筑前应按规定进行检验。其目的在于确定地基的容许承载力的大小，以及基坑位置与高程是否与设计文件相符，以确保基础的强度和稳定性，不致发生滑移等病害。基底检验的主要内容包括：检查基底平面位置、尺寸、高程；检查基底土质均匀性、地基稳定性及承载力等；检查基底处理和排水情况；检查施工日志及有关试验资料等。

为使基底检验及时，以免因等候检验、基底暴露时间过久而风化变质，施工负责人应提前通知检验人员，安排检验。

1.检验内容

①检查基底的平面位置、尺寸、高程是否符合设计要求，偏差是否在现行有关规定允许范围以内。②检验基底土质及其均匀性、稳定性，坑壁坡面是否平

顺稳定，有无排水措施，容许承载力能否满足设计要求。③检查基坑和地基加固、处理过程中的有关施工记录和试验等资料。④检查基底地基经加固、处理后的效果是否达到设计要求。

2. 检验方法

（1）小桥和涵洞基底的地基检验。

一般经过直观或触探器确定土质与设计要求符合时，即可签认进行浇砌基础。

经过直观或触探对土质有疑问时，应取土样做土的物理力学性能试验，如颗粒分析、天然密度、天然含水量、天然孔隙比、液限、塑限、密度、可塑性、压缩性和抗剪强度等，以鉴定土的容许承载力，或钻探 2 ~ 4 m，检查下卧层土质。

特殊设计的小桥涵洞对地基沉降有严格要求，当属于不良土质情况时，宜进行载荷试验。对经过加固处理的地基，应根据不同加固方法的质量要求采用相应的检验方法，包括量测加固范围、桩位偏差和桩体垂直度偏差；用环刀法取样或灌砂法测定压实度或干密度；用静力触探或动力触探检验加固处理后的效果。

（2）大、中桥和填土在 12 m 以上涵洞基底的地基检验。

一般由检验人员用直观、触探、挖试坑或钻探（钻探至少 4 m 以上）试验等方法确定土质容许承载力，确认符合设计要求后，即可进行基础施工。

在地质特别复杂，或在设计文件中有特殊要求必须做载荷试验时，才做载荷试验。必要时还应做土工试验，与载荷试验核对。

在特殊地基上已经加固处理又经触探、密实度检验后，尚有疑问时，则应再做载荷试验。确认符合设计要求后，才能进行基础圬工的施工。

（3）检验注意事项。

地基经检验后，需要做大的加固处理时，应由施工单位邀请建设单位及设计单位共同研究确定。加固处理完毕，应再经检验合格后，方可进行基础施工。

桥涵地基检验，除了进行平面尺寸和地基变形观测外，检验方法主要有静力触探、动力触探、标准贯入试验，土压力、孔隙水压力及土位移测试，载荷试验和旁（横）压试验，排水固结法加固的地基有时还需做十字板剪切试验。无论何种测试方法都有一定的局限性，故宜采用多种方法进行综合评价。现场测试要辅以取样，做室内土工试验，如加固设计已规定有检验项目和检验方法，应按设计规定办理。

为了有较好的可比性，加固前后两次的测试项目需力求对应，甚至最好由同一组织、用同一仪器、按同一标准进行。

检验后按规定格式填写地基检验表，由参加检验人员会签，作为竣工验收的原始资料。

（二）基底处理

天然地基上的基础是直接靠基底土壤来承担荷载的，故基底土壤状态的好坏，对基础及墩台、上部结构的影响极大，不能仅检查土壤名称与容许承载力大小，还应为土壤更有效地承担荷载创造条件，即要进行基底处理工作。

1. 未风化岩石基底

对未风化岩层开挖至岩层面后，应清除岩面松碎石块，凿出新鲜岩面，并用水冲洗干净，岩面不得存有淤泥、苔藓等表面附着物。岩面倾斜时，应将岩面基本凿平或凿成台阶。对基坑内岩面有部分破碎带时，应会同设计人员研究处理，采用混凝土封填或设混凝土拱等方法进行处理，以满足承载力的要求。

2. 风化岩层基底

岩石的风化程度对其承载力影响很大。在开挖至风化岩层时，应会同设计人员认真观察其风化程度，检查基底是否符合设计承载力要求。按设计要求适当凿去风化表层，或清理到新鲜岩面，将基坑填满封闭，防止岩层继续风化。

3. 碎石或砂类土层

将基底修理平整并夯实，砌筑基础混凝土时，应先铺一层 20 mm 厚水泥砂浆。

4. 黏土基底

基坑开挖时，留 200 ～ 300 mm 深度不挖，以防止地面、地下水渗流至基面，浸泡基面，降低强度。砌筑前，再用铁锹加以铲平。如基底原状土含水量较大或在施工中浸水泡软，可在基坑中夯入 100 mm 以上厚度的碎石，但碎石顶面不得高于设计高程。当基底土质不均，部分软土层厚度不大时，可挖除后换填砂土，并分层夯实。

5. 湿陷性黄土

湿陷性黄土地基开挖时，必须保持基坑不受水浸泡，并尽量避免在雨期施工，否则应有专门的防洪排降水设施，并应按设计要求采用重锤夯实、换填或挤密桩法进行加固。

6. 软土层

软土层应按设计要求进行加固，可采用换土、砂井、砂桩或其他软土层地基处理方法。在软土地基上修建桥梁时，应按设计预留沉降量。采用砂井加固的软土地基，按设计要求采取预压。桥涵主体必须分期均匀施工。在砌筑墩台、填土和架梁工程中，随时观测软土层的沉降量，用以控制施工进度，使软土层地基缓慢平均受载，防止发生剧烈变化或不均匀下沉。

7. 泉眼

对于泉眼，应用堵塞或导流的方法处理。泉眼水流较小时，可用木塞、速凝水泥砂浆、带螺帽钢管等堵塞泉眼。堵眼有困难时，采用竹管、塑料管或钢管引流，待基础圬工灌注完后，向管内压浆将其封闭，也可在基底以下设置暗沟或盲沟，将水引至基础施工以外的汇水井中抽排，施工完后用水泥砂浆封闭。

8. 溶洞地基处理

在地基下出现溶洞时，应会同设计部门研究处理，一般采取以下加固措施进行处理：①首先用勘测方法探明溶洞的形态、深度和范围，以便采取相应的处理方法。②当溶洞埋深较浅时，可用高压射水清除溶洞中的淤泥，灌注混凝土进行填充；当溶洞较深且狭窄、洞内土壤不易清除时，可在洞内打入混凝土桩。③当洞处在基础底面，溶洞窄且深时，可用钢筋混凝土板盖在溶洞上面，跨越溶洞。④当埋藏较深，溶洞内有部分软黏土时，可用钻机钻孔，从孔中灌入砂石混合料，并压灌水泥砂浆封闭。

五、基础浇筑

基础施工分为无水浇筑、排水浇筑和水下浇筑三种情况。

排水施工的要点：确保在无水状态下砌筑圬工；禁止带水作业，以及用混凝土将水赶出模板外的灌注方法；基础边缘部分应严密隔水；水下部分圬工必须待水泥砂浆或混凝土终凝后才允许浸水。

水下浇筑混凝土只有在排水困难时才会采用。基础圬工的水下灌注分为水下封底和水下直接灌筑基础两种。前者封底后仍要排水再砌筑基础，封底只是起封闭渗水的作用，其混凝土只作为地基而不作为基础本身，适用于板桩围堰开挖的基坑。浇筑基础时，应做好与台身、墩身的接缝联结，一般要求：①混凝土基础与混凝土墩台身的接缝，周边应预埋直径不小于 16 mm 的钢筋或其他铁件，埋入与露出的长度不应小于钢筋直径的 20 倍。②混凝土或浆砌片石墩台身的接缝，应预埋片石，片石厚度不应小于 150 mm，片石的强度要求不低于基础或墩台身混凝土或砌体的强度。

第二节　钻孔灌注桩基础施工

一、场地准备

钻孔前要进行准备工作，其内容包括：场地为旱地时，应除杂物，换除软土，整平夯实；场地为陡坡时，可用枕木、型钢等搭设工作平台；场地为浅水时，宜采用筑岛施工，筑岛面积应根据钻孔方法、设备大小等要求确定；场地为深水或淤泥较厚时，可搭设工作平台，平台必须牢固稳定，能承受工作时所有静、动荷载，并考虑施工机械能安全进出。

二、设备准备

根据地质资料，确定科学合理的钻孔方法和钻孔设备，架设好电力线路，配备适合的变压器。若用柴油机提供动力，则应购置与设备动力相匹配的柴油机和充足的燃油。混凝土拌和机、电焊机、钢筋切割机，以及水泥、砂石材料均要在钻孔开始前准备妥当。

三、埋设护筒

可以采用钢护筒，也可以采用现场预制的钢筋混凝土护筒，在放样好的桩位处，开挖一个圆形基坑将护筒埋入。护筒应坚实、不漏水，护筒内径应比桩径大 20～30 cm。采用反循环钻时应使护筒顶高程高出地下水位 2.0 m；采用正循环钻时应高出地下水位 1.0～1.5 m；处于旱地时，护筒在满足上述条件的基础上还应高出地面 0.3 m。

四、泥浆制备

钻孔泥浆由水、黏土（膨润土）和添加剂组成。具有浮悬钻渣、冷却钻头、润滑钻具、增大静水压力，并有在孔壁形成泥膜、隔断孔内外渗流、防止坍孔的作用。调制的钻孔泥浆及经过循环净化的泥浆，应根据钻孔方法和地层情况采用不同的性能指标。泥浆稠度应视地层变化或操作要求，灵活掌握。泥浆太稀，排渣能力小，护壁效果差；泥浆太稠，会削弱钻头冲击功能，降低钻进速度。

通常采用塑性指数大于 25、粒径小于 0.002 mm、颗粒含量大于 500％的黏土，通过泥浆搅料机或人工拌和，储存在泥浆池内，再用泥浆泵输入钻孔内。泥浆泵应有足够的流量，以免影响钻进速度。大直径深孔采用正循环旋转法施工时，泥浆泵应经过流量和泵压计算来选择。对孔深百米以内的钻孔，一般可采用不小于 2 MPa 的泵压。

五、施工方法

（一）基础施工

钻孔就位前，应对钻孔的各项准备工作进行检查，包括场地与钻机坐落处的平整和加固，主要机具的检查与安装。必须及时填写施工记录表，交接班时应交代钻进情况及下一班应注意的事项。钻机底座和顶端要平稳，在钻进和运行中不应产生位移和沉陷。回转钻机顶部的起吊滑轮缘、转盘中心和桩位中心三者应在同一铅垂线上，偏差不超过 2 cm。钻孔作业应分班连续进行，经常对钻孔泥浆性能指标进行检验，不符合要求时要及时改正。

1. 冲击法

用冲击钻机或卷扬机带动冲锥，借助锥头自重下落产生的冲击力，反复冲击破碎土石或把土石挤入孔壁中，用泥浆浮起钻渣，或用抽渣筒或空气吸泥机排出而形成钻孔。

2. 冲抓法

用冲抓锥靠自重产生冲击力，切入土层或破碎土层，叶瓣抓土、弃土以形成钻孔。

3. 旋转法

用钻机通过钻杆带动锥或钻头旋转切削土，用泥浆浮起并排出钻渣形成钻孔。

（二）钻孔

一般采用螺旋钻头或冲击锥等成孔，或用旋转机具辅以高压水冲成孔。根据井孔中土（钻渣）的取出方法不同，常用方法：正循环回转钻孔、反循环回转钻孔、旋挖钻机钻孔、潜水钻机钻孔、冲抓钻孔、螺旋钻孔、冲击钻孔。

正循环回转钻孔：利用钻具旋转切削土体钻进，泥浆泵将泥浆压进泥浆龙头，通过钻杆中心从钻头喷入钻孔内，泥浆挟带钻渣沿钻孔上升，从护筒顶部排浆孔排出至沉淀池，钻渣在此沉淀而泥浆流入泥浆池循环使用。其特点是钻进与排渣同时连续进行，在适用的土层中钻进速度较快，但需设置泥浆槽、沉淀池等，施工占地较多，且机具设备较复杂。

反循环回转钻孔：与正循环回转钻孔不同的是，泥浆输入钻孔内，然后从钻头的钻杆下口吸进，通过钻杆中心排出至沉淀池内。其钻进与排渣效率较高，但接长钻杆时装卸麻烦，钻渣容易堵塞管路。另外，因泥浆是从上向下流动的，孔壁坍塌的可能性较正循环回转钻孔的大，为此需用较高质量的泥浆。

旋挖钻机钻孔：旋挖钻机是一种高度集成的桩基施工机械，采用一体化设计、履带式 360° 回转底盘及桅杆式钻杆，一般为全液压系统。旋挖钻机采用筒式钻斗，钻机就位后，调整钻杆垂直度，注入调制好的泥浆，然后进行钻孔。当钻头下降到预定深度后，旋转钻斗并施加压力，将土挤入钻斗内，仪表自动显示筒满时，钻斗底部关闭，提升钻斗将土卸于堆放地点。钻进施工过程中应保证泥浆面始终不得低于护筒底部，保证孔壁稳定性。通过钻斗的旋转、削土、提升、卸土和泥浆撑护孔壁，反复循环直至成孔。

旋挖钻机特殊的桶型钻头直接取土出渣，不需接长钻杆，钻孔时孔口注浆以保持孔内泥浆高度即可，因而能大大缩短成孔时间，提高施工效率。由于带有自动垂直度控制和自动回位控制，成孔垂直度和孔位等能得到保证。桶钻取土上提过程中对孔壁扰动较小，桶钻周边设有溢浆孔，溢出泥浆可起到护壁作用。

旋挖钻机一般适用于黏土、粉土、砂土、淤泥质土、人工回填土，以及含有部分卵石、碎石的地层。具有大扭矩动力头和自动内锁式伸缩钻杆的钻机，可适用微风化岩层的钻孔施工。

（三）孔径检查与清孔

钻孔的直径、深度和孔形直接关系到成桩质量，是钻孔桩成败的关键。为此，除了钻孔过程中严谨操作、密切观测监督外，在钻孔达到设计要求深度后，应采用适当器具对孔深、孔径、孔形等认真检查，符合设计要求后，填写终孔检查表。

清孔的方法有抽浆法、换浆法、掏渣法、喷射清孔法，以及用砂浆置换钻渣清孔法等，应根据设计要求、钻孔方法、机具设备和土质条件决定。其中抽浆法清孔较为彻底，适用于各种钻孔方法的灌注桩。对孔壁易坍塌的钻孔，清孔时操作要细心，防止坍孔。

清孔的质量要求：对摩擦桩，孔底沉淀土的厚度，中、小桥不得大于（ $0.4 \sim 0.6$ ） d（ d 为桩的直径），大桥按设计文件规定。清孔后的泥浆性能指标，含砂率为 $4\% \sim 8\%$，相对密度为 $1.10 \sim 1.25$，黏度为 $18 \sim 20\,s$。对支承桩（柱桩、嵌岩桩）宜用抽浆法清孔，并宜清理至吸泥管出清水为止。灌注混凝土前，孔底沉淀土厚度不得大于 $50\,mm$。若孔壁易坍塌，必须在泥浆中灌注混凝土，建议采用砂浆置换钻渣清孔法，清孔后的泥浆含砂率不大于 4%。其他泥浆性能指标同摩擦桩要求。对于沉淀土厚度的测量，用冲击、冲抓锤时，沉淀土厚度从锥头或抓锥底部所到达的孔底平面算起。沉淀土厚度测量方法可在清孔后用取样盒（开口铁盒）吊到孔底，待到灌注混凝土前取出，直接测量沉淀在盒内的沉渣厚度。

（四）钢筋笼制作与吊装

钢筋笼的制作应符合设计和规范要求，长桩骨架宜分段制作，分段长度应根据吊装条件确定；后场制作时应在固定胎架上进行，以保证钢筋笼的顺直；注意在钢筋笼外侧设置控制保护层厚度的垫块；钢筋笼起吊入孔一般用吊机，无吊机时，可采用钻机钻架、灌注塔架。

（五）灌注混凝土

1.灌注普通混凝土

在土中形成一定直径的井孔，达到设计标高后，将钢筋骨架（笼）吊入井孔中，灌注混凝土形成桩基础。每根灌注桩应留取不少于两组混凝土抗压强度试件。同时应以钻取芯样法或超声波法、机械阻抗法、水电效应法等无破损检测法对桩的匀质性进行检测。检测应符合下列规定：其一，宜对各墩台有代表性的桩用无破损法进行检测，重要工程或重要部位的桩宜逐根检测。其二，对质量有怀疑的桩及因灌注故障处理过的桩，均应进行检测。

2.灌注水下混凝土

灌注水下混凝土时配备的搅拌机等设备，应能满足桩孔在规定时间内灌注完毕。灌注时间不得长于首批混凝土初凝时间。若估计灌注时间长于首批混凝土初凝时间，则应掺入缓凝剂。

水下混凝土一般用钢导管灌注，导管内径为 200～350 mm，视桩径大小而定。导管使用前应进行水密承压和接头抗拉试验，严禁用压气试压。

混凝土拌和物运至灌注地点时，应检查其均匀性和坍落度等，如不符合要求，应进行第二次拌和，二次拌和后仍不符合要求时，不得使用。

首批灌注混凝土的数量应能满足导管首次埋置深度和填充导管底部的需要。首批混凝土拌和物下落后，混凝土应连续灌注。

在灌注过程中，导管的埋置深度宜控制在 2 ～ 6 m，在灌注过程中，应经常测探井孔内混凝土面的位置，及时调整导管埋深。

为防止钢筋骨架上浮，当灌注的混凝土顶面距钢筋骨架底部 1 m 左右时，应降低混凝土的灌注速度。当混凝土拌和物上升到骨架底口 4 m 以上时，提升导管，使其底口高于骨架底部 2 m 以上，即可恢复正常灌注速度。

在灌注过程中，特别是潮汐地区和有承压水地区，应注意保持孔内水头。

在灌注过程中，应将孔内溢出的水或泥浆引流至适当地点处理，不得随意排放，污染环境及河流。

灌注中发生故障时，应查明原因，确定合理处理方案，及时处理。

混凝土应连续灌注直至设计的混凝土顶面，以保证截切面以下的全部混凝土具有优良质量。

第三节　沉井施工

一、施工方法

沉井施工就是在墩台位置上，按照基础的外形尺寸，用钢筋混凝土或混凝土预先制成一段井筒，然后在井筒内挖土，随着挖土，井筒借助自重逐渐下沉，沉完一段，接筑一段，一直下沉到设计高程为止。

若为陆地基础，它在地表建造，由取土井排土以减少刃脚土的阻力，一般借自重下沉；若为水中基础，可用筑岛法，或浮运法建造。在下沉过程中，如侧摩阻力过大，可采用高压射水法、泥浆套法或空气幕等加速下沉。

泥浆套法是把拌制好的泥浆，用高压泥浆泵（压力 150 ～ 500 kN/cm^2），通过预埋在井壁中的压浆管，直送井筒下部，喷向井壁外部，在井壁外周形成一圈厚度为 10 ～ 20 mm 的泥浆润滑套，使沉井下沉得又快又稳。

空气幕法则是向预埋在井壁四周的气管中压入高压气流，气流由喷气孔喷出壁外，沿沉井外壁上升，在井壁外周形成一圈压气层（亦称空气幕），使周围的土松动或激化，减少摩擦力，促使沉井顺利下沉。

当水很深，筑岛困难时，一般采用浮运法下沉沉井。钢丝网水泥双壁浮运沉井的井筒由内外两层井壁组成，用横隔板相连，同时又将井筒分隔成多个空格。通过对不同空孔的灌注，可以调节井筒的下沉。井壁用钢筋网和铁丝网组成壁体，抹以强度等级不低于 M40 的水泥砂浆，使之充满网眼，并具有 1～3 cm 的保护层，就形成了井筒的两壁。

沉井下沉到达基底设计高程后，把井底清理干净，灌注一层封底混凝土，然后用混凝土或砂石填实井筒（也有留成空心的），再在筒顶灌注混凝土盖板，桥梁墩身和台身就是建立在盖板上的。

二、排除障碍

（一）施工过程中遇孤石

可采取潜水员水下排除、爆破等方法。在水下爆破时，每次总药量不应超过 0.2 kg 炸药当量。井内无水时，计算后，可适当加大药量。

（二）施工过程中遇铁件

可采取水下切割排除。

（三）施工前已经查明在沉井通过的地层中夹有胶结硬层

可采取钻孔投放炸药爆破的办法预先破碎硬层。

三、不排水清底

沉井下沉至设计高程后基底面地质满足设计要求，如有不符须进行处理时，其方法征得设计单位同意，必要时取样检查。基底土面或岩面尽量整平。基底面距隔墙底面的高度和刃脚斜面露出的高度，满足设计规定的最小高度。基底浮泥或岩面残存物（风化岩碎块、卵石、砂等）均应清除，封底混凝土与基底间不得产生有害夹层。清理后的有效面积（沉井底面积扣除在刃脚斜面下一定宽度内不可能完全清除干净的面积）不得小于设计要求。隔墙底部及封底混凝土高度范围内井壁上的泥污应清除。

第四节　承台和系梁的施工

一、承台施工

（一）围堰及开挖方式的选择

当承台处于干处时，一般直接采用明挖基坑，并根据基坑状况采取一定措施后，在其上安装模板，浇筑承台混凝土。

当承台位于水中时，一般先设围堰（钢板桩围堰或吊箱围堰）将群桩围在堰内，然后在堰内河底灌注水下混凝土封底，凝结后，将水抽干，使各桩处于干处，再安装承台模板，在干处灌注承台混凝土。

当承台底位于河床以上的水中时，采用有底吊箱或其他方法在水中将承台模板支撑和固定，如利用桩基，或临时支撑。承台模板安装完毕后抽水、堵漏，即可在干处灌注承台混凝土。

承台模板支承方式的选择应根据水深、承台的类型、现有的条件等因素综合考虑。

（二）承台底的处理

1. 低桩承台

当承台底层土质有足够的承载力，又无地下水或能排干水时，可按天然地基上修筑基础的施工方法进行施工。当承台底层土质为松软土，且能排干水施工时，可挖除松软土，换填 10 ~ 30 cm 厚沙砾土垫层，使其符合基底的设计标高并整平，即立模灌注承台混凝土。

2. 高桩承台

当承台底以下河床为松软土时，可在板桩围堰内填入沙砾至承台底面标高。填沙时视情况决定，可抽干水填入或静水填入，要求能承受灌注封底混凝土的质量。

（三）模板及钢筋

模板一般采用组合钢模，纵、横楞木采用型钢，在施工前必须进行详细的模板设计，以保证模板有足够的强度、刚度和稳定性，能可靠地承受施工过程中可能产生的各项荷载，保证结构各部形状、尺寸的准确。模板要求平整，接缝严密，拆装容易，操作方便。一般先拼成若干大块，再由起重机或起重船安装就位，支撑牢固。

钢筋的制作严格按技术规范及设计图纸的要求进行，墩身的预埋钢筋位置要准确、牢固。

（四）混凝土的浇筑

混凝土的配制除要满足技术规范及设计图纸的要求外，还要满足施工的要求，如泵送对坍落度的要求。为改善混凝土的性能，根据具体情况掺加合适的混凝土外加剂，如减水剂、缓凝剂、防冻剂等。

混凝土采用拌和站集中拌和，混凝土罐车通过便桥或船只运输到浇筑位置，采用流槽、漏斗或泵车浇筑。也可由混凝土地泵直接在岸上泵入。

混凝土浇筑时要分层，分层厚度要根据振捣器的功率确定，要满足技术规范的要求。

（五）混凝土养护和拆模

混凝土浇筑后要适时进行养护，体积较大、气温较高时要尤其注意，防止混凝土开裂。混凝土强度达到拆模要求后再进行拆模。

二、系梁施工

（一）施工工艺流程

测量放样→铺设底模→钢筋安装→模板安装→混凝土浇筑→养护→模板拆除。

（二）具体施工工艺方法

1. 铺设底模

按墩身系梁位置进行底模铺设。

2. 钢筋安装

钢筋在加工场地预制成型，运至施工现场，采用常规方法进行焊接、安装。

在进行主筋（水平筋）接头时，将预埋筋按单面焊的搭接长度进行搭接，并满足同一搭接长度区段内接头错开 500％，焊接标准执行施工规范的要求。安装时应注意预埋盖梁、预埋钢筋。

3. 模板安装

模板找正采用经纬仪跟踪测量，水平仪测量顶面高程的方法控制，模板支立前涂刷优质脱模剂，以保证混凝土外观质量及拆模便利。

4. 混凝土浇筑

系梁混凝土采用集中搅拌站拌和，人工手持振捣棒分层浇筑振捣，塑料布覆盖洒水保湿养护的方法施工。

5. 拆模

待混凝土强度达到设计规定强度再行拆模，采用人工配合起重机扶模拆卸。拆模时应注意不能损坏台体混凝土。

第三章 桥梁下部结构施工

桥梁基础与墩台属于桥梁的下部分。基础与墩台的施工质量对桥梁的整体质量有非常重要的影响。因此，在桥梁基础与墩台的施工过程中，需要根据实际情况选择合理的施工方法，并且加强施工管理，提高桥梁的使用寿命。

第一节 桥梁基础施工

桥梁上部承受的各种荷载，通过桥台或桥墩传至基础，再由基础传至地基。基础是桥梁下部结构的重要组成部分，因此基础工程在桥梁结构物的设计与施工中占有极为重要的地位，它对结构物的安全使用和工程造价有很大的影响。

一、桥梁基础概述

（一）基础的作用与要求

基础指桥梁结构物直接与地基接触的部分，是桥梁下部结构的重要组成部分。承受基础传来荷载的那一部分地层（岩层或土层）则称为地基。地基与基础受到各种荷载后，其本身将产生应力和变形。为了保证桥梁的正常使用和安全，地基和基础必须具有足够的强度和稳定性，变形也应在容许范围之内。

根据地基土的土层变化情况、上部结构的要求和荷载特点，桥梁基础可采用各种类型。基础类型的选定主要取决于地质土层的工程性质与水文地质条件、荷载特性、桥梁结构及使用要求，以及材料的供应和施工技术等因素。

选择的原则：力争做到使用上安全可靠、施工上简便可行、经济上节约合理。因此，必要时应作不同方案的比较，从中得出较为适宜与合理的设计和施工方案。

众多工程实例表明，桥梁基础的设计与施工的质量，关系到整座桥梁的质量。基础工程是隐蔽工程，如有缺陷，较难发现，也较难弥补或修复，而这些缺陷往往直接影响整座桥梁的使用甚至安危。基础工程施工的进度经常控制全桥施工进度。下部工程的造价，尤其是在复杂地质条件下或深水基础，通常占全桥相当大的比重。因此，从事这项工作必须做到精心设计、精心施工，确保万无一失。

桥梁结构是一个整体，上下部结构和地基是共同工作、相互影响的。地基的任何变形都必然引起上下部结构的相应位移，上下部结构的受力行为也必然关系到地基的强度和稳定条件。所以，桥梁基础的设计、施工都应紧密结合桥梁结构的特点和要求，全面分析、综合考虑。

（二）桥梁基础的特点

桥梁基础起着支承桥跨结构，保持体系稳定的作用，它把上部结构、墩台自重及车辆荷载传递给地基，是桥梁结构物的一个重要组成部分。

对于浅基础而言，从地基的层次和位置看，它有持力层和下卧层之分。持力层即与浅基础底面相接触的那部分地层，直接承受基底压应力作用，持力层以下的地层称为下卧层。要保证建筑物的质量，必须保证有可靠的地基与基础，否则，整个建筑物就可能遭到损坏或影响正常使用。

从实践来看，建筑工程质量事故往往是地基与基础的失稳、破坏造成的，究其原因也是多方面的：第一，从客观上看，地基和基础属于隐蔽工程，施工条件差，一旦出现问题，很难发现，也很难处理、修复；第二，地基与基础在地下或水下，往往导致主观上的轻视；第三，地基和基础所占造价比重较大。因此，要求充分重视地基和基础的设计、施工质量，严格执行现行部颁公路桥涵设计、施工相关技术规范、标准。

（三）桥梁基础的分类

地基可分为天然地基和人工地基。直接在其上修筑基础的地层称为天然地基；如果天然地层土质过于软弱或有不良工程地质问题，则需要经过人工加固或处理后才能修筑基础，这种地基称为人工地基。

在一般情况下，应尽量采用天然地基。基础的类型，可按基础的刚度、埋置深度、构造形式及施工方法来分类。分类目的在于了解各种类型基础的特点，以便在设计时根据具体情况合理选用。

1. 按基础的刚度划分

按基础刚度分类，根据基础受力后的变形情况，可分为刚性基础和柔性基础。

受力后不发生挠曲变形的基础称为刚性基础，一般可用抗弯拉强度较差的圬工材料（如浆砌块石、片石混凝土等）做成。这种基础不需要钢材，造价较低，但黏土体积较大，且支承面积受一定的限制。

受力后容许发生较大挠曲变形的基础称为柔性基础或弹性基础，其通常须用钢筋混凝土做成。由于钢筋可以承受较大的弯拉应力和剪应力，所以当地基承载力较小时，采用这种基础可以有较大的支承面积。在桥梁工程中，一般情况下，多数采用刚性基础。

2. 按基础埋置深度划分

按基础埋置深度不同，可分为浅基础（5 m 以内）和深基础两种。

当浅层地基承载力较大时，可采用埋深较小的浅基础。浅基础施工方便，通常用明挖法从地面开挖基坑后，直接在基坑底面砌筑、浇筑基础，是桥梁基础首选方案。

如果浅层土质不良，需将基础埋置于较深的良好土层中，这种基础称为深基础。深基础设计和施工较复杂，但具有良好的适应性和抗震性。因此，目前高等级公路普遍应用，常见的形式有桩基础、沉井等基础形式。

3. 按构造形式划分

对桥梁基础来说，可归纳为实体式和桩柱式两类。

当整个基础都由圬工材料筑成时称为实体式基础。其特点是基础整体性好，自重较大，对地基承载力要求也较高。由多根基桩或小型管桩组成，并用承台连接成整体的基础，称为桩柱式基础。这种基础较实体式基础圬工体积小、自重较轻，对地基强度的要求相对较低，桩柱本身一般要用钢筋混凝土制成。

4.按施工方法划分

按施工方法不同，可分为明挖法、沉井、沉箱、沉桩、沉管灌注桩、就地钻（挖）孔灌注桩等。明挖法最为简单，但只适用于浅基础，其他方法均用于深基础。

5.按基础的材料划分

目前，我国公路构造物基础大多采用混凝土或钢筋混凝土结构，少部分采用钢结构。在石料丰富的地区，按照因地制宜、就地取材的原则，也常用砌石基础。只有在特殊情况下（如抢修、林区便桥），才采用临时的木结构。

二、桥梁浅基础施工

（一）桥梁浅基础的构造形式

1.刚性扩大基础

由于地基强度一般较墩台强度低，因而需要将基础平面尺寸扩大，以适应地基强度的要求；同时，相对于地基而言，基础类似于一个强大的刚体，故常被称为刚性扩大基础。

作为刚性基础，其每边的最大尺寸应该受到其自身材料刚性角的限制。当基础较厚时，可以利用刚性角将基础做成阶梯状，这样既可以减少基础的圬工量，又可以发挥基础的承载作用。

刚性角是材料的一种性质，由于刚性角的存在，设计基础时应当根据刚性角的限定范围将基础按照阶梯形状逐步放大，以便让放大的尺寸尽可能与刚性角保持一致，基础的高度与底边宽度不得随意设定。在充分考虑材料刚性角的前提下进行基础施工，既可以较好地扩散基底应力，又可以节省基础建造材料。

2.单独基础和联合基础

单独基础是立柱式桥墩中常用的基础形式之一，它的纵、横剖面均可砌筑成台阶式。但当两个立柱式桥墩相距较近，每个单独基础为了适应地基强度的要求而必须扩大基础平面尺寸时，有可能导致相邻的单独基础在平面上相接甚至重叠，此时可将基础扩大部分连在一起，形成联合基础。

3. 条形基础

条形基础是指基础长度远大于宽度和高度的基础形式，分为墙下钢筋混凝土条形基础和柱下条形基础。柱下条形基础又可分为单向条形基础和十字交叉条形基础。

条形基础必须有足够的刚度将柱子的荷载较均匀地分布到扩展的条形基础底面积上，并且调整可能产生的不均匀沉降。当单向条形基础底面积不足以承受上部结构荷载时，可在纵横两个方向将柱基础连成十字交叉条形基础，以增加桥梁的整体性，减小基础的不均匀沉降。

条形基础可分为梁板式条形基础和板式条形基础两类。梁板式条形基础适用于钢筋混凝土框架结构、框架—剪力墙结构、框支结构和钢结构。板式条形基础适用于钢筋混凝土剪力墙结构和砌体结构。

（二）桥梁浅基础基坑开挖

1. 基坑定位放样

在桥梁施工过程中，首先要建立施工控制网，其次进行桥梁轴线标定和墩台中心定位，最后进行墩台施工放样，定出基础和基坑的各部分尺寸。桥梁的施工控制网除了用来测定桥梁长度外，还要用于各个位置控制，保证上部结构的正确连接。

施工控制网常用三角控制网，其布设应根据总平面图设计和施工地区的地形条件来确定，并作为整个工程施工设计的一部分。布网时要考虑施工程序、方法及施工场地的布置情况，可以用桥址地形图拟定布网方案。

桥梁轴线的位置是在桥梁勘测设计中根据路线的总走向、地形、地质、河床情况等选定的，在施工时必须现场恢复桥梁轴线位置，并进行墩台中心定位。中小桥梁一般采用直接丈量法标定桥轴线长度并定出墩台的中心位置，有条件的可以用测距仪或全站仪直接确定。

施工放样贯穿整个施工过程，是质量保证的一个方面。施工放样的目的是将设计图上结构物的位置、形状、大小和高低在实地标定出来，以作为施工的依据。

桥梁施工放样的主要内容是：墩台纵横向轴线的确定；基坑开挖及墩台扩大基础的放样；桩基础的桩位放样；承台及墩身结构尺寸、位置放样；墩帽和支座垫石的结构尺寸、位置放样；各种桥型的上部结构中线及细部尺寸放样；桥面系结构的位置、尺寸放样；各阶段的高程放样。

基础放样是根据实地标定的墩台中心位置为依据来进行的，在无水地点可直接将经纬仪安置在中心位置，用木桩准确固定基础纵横轴线和基础边缘。由于定位桩随着基坑开挖必将被挖去，因此必须在基坑开挖范围以外设置定位桩的保护桩，以备施工中随时检查基坑位置或基础位置是否正确，基坑外围通常用龙门板固定或在地上用石灰线标出。对于建筑物标高的控制，常将拟建建筑物区域附近设置的水准点引测到施工现场附近不受施工影响的地方，设置临时水准点。

2. 陆上基坑开挖

（1）浅基坑无水开挖

浅基坑无水开挖指的是在陆地深水位地层中的开挖工作。由于这种类型的基坑很浅，而水位又很深，因此整个开挖过程都是在无水或者渗水量很小的情况下进行的。基坑壁的稳定性不会受水的影响，开挖工作可以比较简单地进行。坑壁形态可根据土质情况灵活选择，可选择竖直状、斜坡状、阶梯状。

（2）深基坑无水开挖

深基坑无水开挖是指开挖较深的基坑，但地下水依旧位于基坑地面以下，坑内有较少的渗水，一般情况下只需在坑底设置几个集水坑进行抽水即可。少量的渗水不会影响基坑壁的稳定性。

若条件允许，可以采用坑壁放坡或修筑台阶的方式进行开挖；若条件不允许全方位大尺度扩口，则应当采取适当的护壁措施开挖，以防止坑壁发生坍塌。通常采用的护壁措施有插打钢板桩围堰、钢轨、木桩，也可以采用挂网喷射混凝土、地下连续墙、钻孔搅拌桩连续墙等防护措施。

（3）浅基坑渗水开挖

如果桥梁施工位置的地下水位很浅，会出现严重渗水甚至涌水的情况。在这样的状态下，如果不消除水的影响，那么后续的工作将无法正常开展。

目前使用较多的排水方法主要有以下三种：降水井抽水排水法、钢板桩围堰封闭排水法、地下连续墙封闭排水法。其中，降水井抽水排水法适用于陆地高水位环境；钢板桩围堰封闭排水法既适用于水中基坑开挖，又适用于陆地高水位环境；地下连续墙封闭排水法适用于陆地高水位环境。在水中环境和陆地高水位环境中，采用集水坑抽水排水的方法是难以奏效的。

（4）深基坑渗水开挖

在水中开挖深基坑是浅基础施工中难度最大的。根据长期的工程实践经验，利用钢板桩围堰封闭开挖空间，使之与外围水源隔绝，在无渗水、无坑壁坍塌的环境中进行水中深基坑的开挖是值得推荐的方法。

3. 水中基坑开挖

桥梁墩台基础大多位于地表水位以下，有时水流还比较大，施工时都希望在无水或静止水条件下进行。桥梁水中基坑开挖最常用的施工方法是围堰法。

围堰的作用主要是防水和围水，有时还起着支撑施工平台和基坑坑壁的作用。围堰的结构形式和材料要根据水深、流速、地质情况、基础形式及通航要求等条件进行选择。任何形式和材料的围堰，均必须满足下列要求。

第一，围堰顶高宜高出施工期间最高水位 70 cm，最低不应小于 50 cm，用于防御地下水的围堰宜高出水位或地面 20 ～ 40 cm。

第二，围堰外形应适应水流排泄，大小不应过多压缩流水断面，以免壅水过高危害围堰安全，影响通航、导流等。围堰堰内的平面尺寸应满足基础施工的要求，并留有适当的工作面积。

第三，围堰的填筑应分层进行，减少渗漏，并应满足堰身强度和稳定性的要求，基坑开挖后，围堰不致发生破裂、滑动或倾覆。围堰要求防水严密，应尽量采取措施防止或减少渗漏，减轻排水工作。围堰施工一般安排在枯水期进行。

4. 地基处理

（1）多年冻土地基的处理

基础不应置于季节冻融土层上，并且不得直接与冻土接触；基础的基底修筑于多年冻土层（永冻土）上时，基底之上应设置隔温层或保温层材料，且铺筑宽度应在基础外缘加宽 1 m。

按保持冻结原则设计的明挖基础，其多年平均地温等于或高于 3℃时，应于冬期施工；多年平均地温低于 -3℃时，可在避开高温季节的其他季节施工。

施工前做好充分准备，组织快速施工。做好的基础应立即回填封闭，不宜间歇。必须间歇时，应以草袋、棉絮等加以覆盖，防止热量侵入。施工过程中，严禁地表水流入基坑。明水应在距坑顶 10 m 之外修排水沟。水沟之水，应远离坑顶排放并及时排除融化水。施工时，必须搭设遮阳棚和防雨篷，并及时排除季节冻层内的地下水和冻土本身的融化水。

（2）岩层基底的处理

风化的岩层应挖至满足地基承载力要求或其他方面的要求为止；在未风化的岩层上修建基础前，应先将淤泥、苔藓、松动的石块清除干净，并洗净岩石；坚硬的倾斜岩层，应将岩层面凿平；倾斜度较大，无法凿平时，则应凿成多级台阶，台阶的宽度宜不小于 0.3 m。

（3）溶洞地基的处理

影响基底稳定的溶洞，不得堵塞溶洞水路；干溶洞可用沙砾、碎石、干砌或浆砌片石及灰土等回填密实；基底干溶洞较大，回填处理有困难时，可采用桩基处理，桩基应进行设计，并经有关单位批准。

（4）泉眼地基的处理

可将有螺口的钢管紧紧打入泉眼，盖上螺帽并拧紧，阻止泉水流出，或向泉眼内压注速凝的水泥砂浆，再打入木塞堵眼。堵眼有困难时，可采用管子塞入泉眼，将水引流至集水坑排出或在基底下设盲沟引流至集水坑排出，待基础坼工完成后，向盲沟压注水泥浆堵塞。采用引流排水时，应注意防止沙土流失，引起基底沉陷。

5. 基坑施工过程中注意要点

在基坑顶缘四周适当距离处设置截水沟，防止水沟渗水，避免地表水冲刷坑壁，影响坑壁稳定性；坑壁边缘应留有护道，静荷载距坑边缘不小于 0.5 m，动荷载距坑边缘不小于 1.0 m，垂直坑壁边缘的护道还应适当增宽，水文地质条件欠佳时应有加固措施。

应经常注意观察坑边缘顶面土有无裂缝，坑壁有无松散塌落现象发生；基坑施工不可延续时间过长，自开挖至基础完成，应抓紧时间连续施工。

如用机械开挖基坑，挖至坑底时，应保留不小于 30 cm 厚度的底层，在基础浇筑圬工前用人工挖至基底标高；基坑应尽量在少雨季节施工；基坑宜用原土及时回填，对桥台及有河床铺砌的桥墩基坑，则应分层夯实。

三、桩基础施工

（一）沉入桩基础施工

当地基浅层土质较差，持力土层埋藏较深，需要采用深基础才能满足结构物对地基强度变形和稳定性要求时，可用桩基础。桩基础是常用的桥梁基础类型之一。应用锤击沉桩、振动沉桩、射水沉桩、静力压桩等施工方法的桩基础称为沉入桩。

基桩按材料分类有木桩、钢筋混凝土桩、预应力混凝土桩与钢桩，桥梁基础应用较多的是中间两种。

1. 沉入桩基础施工准备工作

沉桩前应掌握工程地质钻探资料、水文资料和打桩资料；沉桩前必须处理地上（下）障碍物，平整场地，且应满足沉桩所需的地面承载力；应根据现场环境状况采取降噪措施；城区、居民区等人员密集的场所不应进行沉桩施工。

2. 锤击沉桩法

锤击沉桩一般适用于中密沙类土、黏性土。由于锤击沉桩依靠桩锤的冲击能量将桩打入土中，对沉桩设备要求较高，因此一般桩径不能太大（不大于 0.6 m），入土深度在 40 m 左右。沉桩设备是桩基施工成败的关键，应根据土质，工程量，桩的种类、规格、尺寸，施工期限，现场水电供应等条件选择。

（1）沉桩设备

锤击沉桩的主要设备有桩锤、桩架、桩帽及送桩等。

桩锤：可以分为坠锤、单动气锤、双动气锤、柴油锤和液压锤等。

桩架：沉桩的主要设备，它的主要作用是装吊锤、吊桩、插桩、吊插射水管和在桩下沉过程中用于导向。桩架主要由吊杆、导向架、起吊装置、撑架和底盘组成。桩架可以用木料和钢材做成，分为轨道式桩架、液压步履式桩架、悬臂履带式桩架和三点支承式桩架，工程中常用的是钢制轨道式桩架。

桩帽：打桩时，要在锤和桩之间设置桩帽。它既要起缓冲保护桩顶的作用，又要保持沉桩效率。因此，在桩帽上方（锤与桩帽接触一方）应填充硬质缓冲材料，如橡木、树脂、硬桦木、合成橡胶等；在桩帽下方应垫以软质缓冲材料，如麻饼、草垫、废轮胎等。

送桩：当桩顶设计的标高在导杆以下时，需用送桩。送桩可以用硬木、钢或钢筋混凝土等制成。

（2）施工技术要求

第一，水泥混凝土桩要达到100％设计强度并具有28 d龄期。

第二，重锤低击混凝土管桩桩帽上宜开逸气孔。

第三，打桩顺序一般是由一端向另一端打；密集群桩由中心向四边打；先打深桩，后打浅桩；先打坡顶，后打坡脚；先打靠近建筑的桩，然后往外打。遇到多方向桩，应设法减少变更桩机斜度或方向的作业次数，避免桩顶干扰。

第四，在桩的打入过程中，应始终保持锤、桩帽和桩身在同一轴线上。

第五，沉桩时，以控制桩尖设计标高为主。当桩尖标高等于设计标高而贯入度较大时，应继续锤击，使贯入度接近控制贯入度。当贯入度达到控制贯入度，而桩尖标高未达到设计标高时，应继续锤击100 mm左右（或锤击30～50击）。如无异常变化，即可停锤。

第六，无论桩多长，打桩和接桩均须连续作业，中间不应有较长时间的停歇（一鼓作气）。

第七，在一个墩、台桩基中，同一水平面内的桩接头数不得超过桩基总数的1/4，但采用法兰盘按等强度设计的接头可不受此限制（抗水平剪力的需要）。

第八，沉桩过程中，若遇到贯入度剧变，桩身突然发生倾斜、位移或有严重回弹，桩顶或桩身出现严重裂缝、破碎等情况，应暂停沉桩，分析原因，采取有效措施。

第九，在硬塑黏土或松散的沙土地层下沉群桩时，如在桩的影响区内有建筑物，应防止地面隆起或下沉对建筑物的破坏（黏土隆起、沙土下陷）。

3. 振动沉桩法

振动沉桩法是用振动打桩机（振动桩锤）将桩打入土中的施工方法。其原理是：振动打桩机使桩产生上下方向的振动，在清除桩与周围土层间摩擦力的同时，松动桩尖地基，从而使桩贯入或拔出。振动沉桩法一般适用于砂土、硬塑及软塑的黏性土和中密及较软的碎石土。振动沉桩施工要点及注意事项如下。

（1）振动时间的控制

每次振动时间应根据土质情况及振动机能力大小，通过实地试验决定，一般不宜超过 15 min。一般当振动下沉速度由慢变快时，可以继续振动。由快变慢，如下沉速度小于 5 cm/min 或桩头冒水时，即应停振。当振幅过大（一般不应超过 16 mm；而桩不下沉时，则表示桩尖端土层坚实或桩的接头已振松，应停振继续射水，或另作处理。

（2）振动沉桩停振控制标准

应以通过试桩验证的桩尖标高控制为主，以最终贯入度（cm/min）或可靠的振动承载力公式计算的承载力作为校核。如果桩尖已达标高而最终贯入度或计算承载力相差较大时，应查明原因，报有关单位研究后另行确定。

（3）管桩改用开口桩靴振动吸泥下沉

若桩基土层中含有大量卵石、碎石或破裂岩层，采用高压射水振动沉桩难以下沉，可将锥形桩尖改为开口桩靴，并在桩内用吸泥机配合吸泥，非常有效。

（4）振动沉桩机、机座、桩帽应连接牢固

沉桩机和桩中心轴应尽量保持在同一直线上，开始沉桩时宜用自重下沉或射水下沉，桩身有足够稳定性后，再采用振动下沉。

4. 射水沉桩法

射水施工方法的选择应视土质情况而定，在沙夹卵石层或坚硬土层中，一般以射水为主，锤击或振动为辅；在亚黏土或黏土中，为避免降低承载力，一般以锤击或振动为主，以射水为辅，并应适当控制射水时间和水量；下沉空心桩，一般用单管内射水。当下沉较深或土层较密实，可用锤击或振动，配合射水；下沉实心桩，将射水管对称地装在桩的两侧，并沿着桩身上下自由移动，以便在任何高度上射水冲土。不论采取何种射水施工方法，在沉入最后阶段，距离设计标高 1～1.5 m 时，应停止射水，单用锤击或振动沉入至设计深度。

射水沉桩的主要设备包括水泵、水源、输水管路和射水管等。射水沉桩的施工要点是：吊插基桩时要注意及时引送输水胶管，防止拉断与脱落；基桩插正立稳后，压上桩帽桩锤，开始用较小水压，使桩靠自重下沉。初期应控制桩身不使下沉过快，以免阻塞射水管嘴，并注意随时控制和校正桩的方向；下沉渐趋缓慢时，可开锤轻击，沉至一定深度（8～10 m）已能保持桩身稳定后，可逐步加大水压和锤的冲击动能；沉桩至距设计标高一定距离（2.0 m 以上）停止射水，拔出射水管，进行锤击或振动使桩下沉至设计要求标高。若采用中心射水法沉桩，要在桩垫和桩帽上留有排水通道，防止射水从桩尖孔返入桩内，产生水压，造成桩身胀裂。管桩下沉到位后，如设计要求以混凝土填芯，应用吸泥法等清除沉渣以后，再用水下混凝土填芯。

5.静力压桩法

静力压桩适用于高压缩性黏土或沙性较轻的软黏土地基。

（1）静力压桩的特点

施工时无冲击力，噪声和振动较小；桩顶不易损坏，可预估和验证桩的承载力；较难压入 30 m 以上的长桩，但可通过接桩，分节压入；机械设备的拼装和移动耗时较多。

（2）静力压桩施工要求

选用压桩设备的设计承载力宜大于压桩阻力的 40 %；压桩前检查各种设备，使压桩工作不至于间断；用 2 台卷扬机同时启动，放下压梁时，必须使其同步运行；压桩尽量避免中途停歇；当桩尖标高接近设计标高时应严格控制进程；遇到特殊情况，应暂停施压。

（二）钻孔灌注桩施工

钻孔灌注桩桩长可以根据持力土层的起伏面变化，按使用期间可能出现的最不利内力组合配置钢筋。钢筋用量较少，便于施工，且承载能力强，故应用较为普遍。钻孔灌注桩施工的主要工序有埋设护筒，制备泥浆，钻孔、清孔，钢筋笼制作、运输及与吊装，灌注水下混凝土等。

1. 埋设护筒

护筒能稳定孔壁，防止坍孔，还有隔离地表水、保护孔口地面、固定桩孔位置和起到钻头导向作用等。护筒要求坚固耐用、不漏水，其内径应比钻孔直径大（旋转钻约大 20 cm，潜水钻、冲击或冲抓锥约大 40 cm），每节长度为 2～3 m。

一般常用钢护筒，在陆上与深水中均能使用，钻孔完成可取出重复使用。在深水中埋设护筒时，应先打入导向架，再用锤击或振动加压沉入护筒。护筒入土深度视土质与流速而定。护筒平面位置的偏差不得大于 5 cm，倾斜度不得大于 1 ％。

2. 制备泥浆

钻孔泥浆由水、黏土（膨润土）和添加剂组成，具有浮悬钻渣、冷却钻头、润滑钻具，增大静水压力，并在孔壁形成泥皮，隔断孔内外渗流，防止坍孔的作用。通常采用塑性指数大于 25，粒径小于 0.005 mm，颗粒含量大于 50 ％的黏土，通过泥浆搅拌机或人工拌和，储存在泥浆池内，再用泥浆泵输入钻孔内。

3. 钻孔

（1）正循环回转钻机钻孔

开始钻孔时，应稍提钻杆，在护筒内打浆，开动泥浆泵进行循环，待泥浆均匀后开始钻进；在黏土中宜选用尖底钻头，用中等转速、大泵量、稀泥浆的方法钻进，在沙土或软土层中宜选用平底钻头，用控制进入深度、轻压、低档慢速、大泵量、稠泥浆的方法钻进；在钻孔过程中，钻机的主吊钩应始终吊住钻具，钻机的全部重量不全由孔底承受，这样既可避免钻杆折断，又可保证钻孔质量。

（2）反循环回转钻机钻孔

反循环程序是泥浆由孔外流入孔内，用真空泵或其他方法（如空气吸泥机等），将钻渣通过钻杆中心从钻杆顶部吸出，或将吸浆泵随钻锥一同钻进，从孔底将钻渣吸出孔外。钻孔过程中，必须连续不断地补充水量或泥浆，保证护筒内水位稳定，维持应有的高度。

（3）冲击锥钻进成孔

利用钻锥不断地提锥、落锥，反复冲击孔底土层，把土层中的泥沙、石块挤向四壁或打成碎渣，钻渣悬浮于泥浆中，利用掏渣筒取出，重复上述过程冲击钻进成孔。要求钻头应有足够的重量、适当的冲程和冲击频率，以使它有足够的能量将岩石打碎。

（4）冲抓锥钻进成孔

用兼有冲击和抓土作用的抓土瓣，通过钻架，由带离合器的卷扬机操纵，靠冲锥自重冲下，使抓土瓣锥尖张开插入土层，然后由带离合器的卷扬机锥头收拢抓土瓣将土抓出，弃土后继续冲抓成孔。钻锥常采用六瓣和四瓣冲抓锥冲抓成孔适用于黏性土、沙性土及夹有碎卵石的沙砾土层，成孔深度宜小于 30 m。

4. 清孔

钻孔深度达到设计标高后，应对孔深、孔径进行检查，符合要求后方可清孔。清孔方法应根据设计要求、钻孔方法、机具设备条件和地层情况决定。在吊入钢筋骨架后，灌注水下混凝土之前，应再次检查孔内泥浆性能指标和孔底沉淀厚度，如超过规定，应进行第二次清孔，符合要求后方可灌注水下混凝土。

5. 钢筋骨架的制作、运输及吊装

钢筋骨架在场内制作，长桩骨架宜分段制作，分段长度应根据吊装条件确定，且应确保不变形，接头应错开。应在骨架外侧设置控制保护层厚度的垫块，其间距竖向为 2 m，横向圆周不得少于 4 处。骨架顶端应设置吊环，骨架入孔一般用吊机，无吊机时，可采用钻机钻架、灌注塔架。起吊应按骨架长度的编号入孔。钢筋骨架的制作和吊放的允许偏差为：主筋间距 ±10 mm、箍筋间距 ±20 mm、骨架外径 ±10 mm、骨架倾斜度 ±0.5 %、骨架保护层厚度 ±20 mm、骨架中心平面位置 20 mm、骨架顶端高程 ±20 mm，骨架底面高程 ±50 mm。

6.灌注水下混凝土

灌注水下混凝土时，配备的搅拌机等设备应能使桩孔在规定时间内灌注完毕。灌注时间不得长于首批混凝土初凝时间。若估计灌注时间长于首批混凝土初凝时间，则应掺入缓凝剂。水下混凝土一般用钢导管灌注，导管内径为200～350 mm，视桩径大小而定。导管使用前应进行水密承压和接头抗拉试验，严禁用压气试压。混凝土拌和物运至灌注地点时，应检查其均匀性和坍落度等。如不符合要求，应进行第二次拌和，若仍不符合要求，不得使用。首批灌注混凝土的数量应满足导管首次埋置深度和填充导管底部的需要。首批混凝土拌和物下落后，混凝土应连续灌柱。在灌注过程中，导管的埋置深度宜控制在2～6 m，在灌柱过程中，应经常测探井孔内混凝土面的位置，及时调整导管埋深。为防止钢筋骨架上浮，当灌柱的混凝土顶面距钢筋骨架底部1 m左右时，应降低混凝土的灌注速度。当混凝土拌和物上升到骨架底口4 m以上时，提升导管，使其底口高于骨架底部2 m以上，即可恢复正常灌注速度。在灌注过程中，特别是潮汐地区和有承压水地区，应注意保持孔内水头；在灌注过程中，应将孔内溢出的水或泥浆引流至适当地点处理，不得随意排放，污染环境及河流；灌注中发生故障时，应查明原因，确定合理处理方案，及时处理。

（三）挖孔灌注桩施工

1.开挖桩孔

一般采用人工开挖，开挖之前应清除现场四周及山坡上悬石、浮土等，排除一切不安全的因素，做好孔口四周临时围护和排水设备。孔口应采取措施防止土石掉入孔内并安排好排土提升设备（卷扬机或木绞车等），布置好弃土通道，必要时孔口应搭雨棚。挖孔过程中要随时检查桩孔尺寸和平面位置，防止误差。注意施工安全，下孔人员必须佩戴安全帽和安全绳，提取土渣的机具必须经常检查。孔深超过10 m时，应经常检查孔内二氧化碳含量，如超过0.3 %应增加通风措施。孔内如用爆破施工，采用浅眼爆破法，应严格控制炸药用量并在炮眼附近加强支护，以防止振坍孔壁。孔深大于5 m时，应采用电雷管引爆，爆破后应先通风排烟 15 min，经检查孔内无毒后，施工人员方可下孔继续开挖。

2. 护壁和支撑

挖孔桩开挖过程中，开挖和护壁两个工序必须连续作业，以确保孔壁不坍塌。应根据水质、水文条件、材料来源等情况因地制宜选择支撑及护壁方法。桩孔较深、土质较差、出水量较大或遇流沙等情况时，宜采用就地灌注混凝土护壁，每下挖 1 ～ 2 m 灌注一次，随挖随支。护壁厚度一般采用 0.15 ～ 0.20 m，混凝土为 C15 ～ C20，必要时可配置少量的钢筋，也可采用下沉预制钢筋混凝土圆管护壁。如土质较松散而渗水量不大时，可考虑用木料做框架式支撑或在木框架后面铺架木板做支撑。木框架或木框架与木板间应用扒钉钉牢，木板后面也应与土面塞紧。如土质情况尚好，渗水不大时也可用荆条、竹笆做护壁，随挖随护壁，以保证挖土安全进行。

3. 排水孔

内如渗水量不大，可采用人工排水（手摇木绞车或小卷扬机配合提升）；渗水量较大，可用高扬程抽水机或将抽水机吊入孔内抽水。若同一墩台有几个桩孔同时施工，可以安排一孔超前开挖，使地下水集中在一孔排除。

4. 吊装钢筋骨架及灌注桩身混凝土

挖孔达到设计深度后，应进行孔底处理。必须做到孔底表面无松渣、泥、沉淀土，保证桩身混凝土与孔壁及孔底密贴，受力均匀。如地质复杂，应钎探了解孔底以下地质情况是否能满足设计要求，若不满足则应与监理、设计单位研究处理。吊装钢筋骨架及灌注水下混凝土的有关方法及注意事项与钻孔灌注桩基本相同。

四、沉井基础施工

沉井基础是桥梁工程中经常用到的基础形式，因沉井在最初制作时无底无盖，形似筒状，故又称为井筒。

沉井通常采用钢材、混凝土或钢筋混凝土制成，具有强度高、质量大、外形庞大、容易下沉的特点。当采用合适的方式将其沉降到稳定地层中时，沉井将因其稳定的状态和较大的支撑截面，为建造在其顶面上的结构物提供强大、稳定的支撑。

因此，在软土沉积很厚的地方常选择沉井作为桥墩基础。沉井主要由井壁、刃脚和隔墙等组成。沉井既是基础结构的组成部分，又在下沉过程中起着挡土和挡水的围护作用，不需再另设坑壁支护结构，施工工艺简单，技术稳妥可靠，不需特殊的专业设备。此外，其可做成补偿性基础，既节省了材料又简化了施工，因而在深基础或地下结构中被广泛应用。

（一）沉井的类型

1. 按平面外形划分

按照平面外形，沉井可分为圆形沉井、矩形沉井和圆端形沉井。

圆形沉井：易控制下沉方向，取土方便，在水压力作用下，井壁只承受环向压力。

矩形沉井：制造简单，基础受力有利。其四角一般做成圆角，以减小井壁的摩阻力和降低取土清底的困难。但其阻水面积大，易造成严重冲刷，井壁承受的挠曲弯矩较大。

圆端形沉井：介于上述两者间，在控制下沉、受力状态、阻水冲刷方面较矩形沉井有利，但制造相对复杂。

2. 按仓室分布分类

当沉井平面尺寸较大时，往往根据井壁侧向承受的弯矩、施工要求及上部结构的需要，在沉井中设置面墙，将沉井平面分成多格，沉井内部空间被分成多个仓室。按照仓室的分布，沉井可分为圆形单仓沉井和矩形三仓沉井。

（二）沉井的构成

1. 刃脚

刃脚在沉井的最下端，用钢板做成，形如刀刃。当沉井下沉时，起切入土中的作用。

2. 井壁

井壁是沉井的外壁，用钢筋混凝土逐节现浇而成。下沉的过程中除起挡土作用外，还以其自重克服外壁与地基土间的摩阻力和刃脚底部的土阻力，使沉井逐渐下沉直至设计高程。

3. 隔墙

隔墙把沉井分成若干小间，以减小外侧土压力对井壁的弯矩，加强沉井的刚度。此外，在施工时，便于挖土和可以控制沉井下沉的偏差。

4. 井孔

井孔是挖土排土的工作场所和通道。井孔尺寸应满足施工要求，宽度（直径）不宜小于 3 m。井孔布置应对称于沉井中心轴，便于对称挖土使沉井均匀下沉。

5. 凹槽

凹槽设在井孔下端近刃脚处，其作用是使封底混凝土与井壁有较好的结合，使封底混凝土底面的反力更好地传给井壁（井孔全部填实的实心沉井也可不设凹槽）。凹槽的深度一般为 0.15 ~ 0.25 m，高约 10 m。

6. 射水管

当沉井下沉深度大，穿过的土质又较好，估计下沉会产生困难时，可在井壁中预埋设水管组。射水管应均匀布置，以利于控制水压和水量来调整下沉方向，一般水压不小于 600 kPa。

7. 封底和盖板

沉井沉至设计高程进行清基后，便浇筑封底混凝土。混凝土达到设计强度后，可从井孔中抽干水并填满混凝土或其他圬工材料。如井孔中不填料或仅填沙砾，则须在沉井顶面浇筑钢筋混凝土盖板，盖板厚度般为 1.5 ~ 2.0 m。

封底混凝土底面承受地基土和水的反力，这就要求封底混凝土有一定的厚度（可由应力验算决定），其厚度根据经验也可取不小于井孔最小边长的 1.5 倍。封底混凝土顶面应高出刃脚根部不小于 0.5m，并浇灌到凹槽上端。封底混凝土强度等级对岩石地基用 C15，一般地基用 C20。井孔中充填的混凝土，其强度等级不应低于 C10。

（三）水中沉井的施工

1. 筑岛法

水流速不大，水深在 3 m 或 4 m 以内，可用筑岛法。筑岛材料为沙或砾石，周围用草袋围护，如水深较大可作围堰防护。岛面应比沉井周围宽 2 m 以上，作为护道，并应高出施工最高水位 0.5 m 以上。砂岛地基强度应符合要求，然后在岛上浇筑沉井。如筑岛压缩水面较大，可采用钢板桩围堰筑岛。

2. 浮运法

水深较大，如超过 10 m 时，筑岛法很不经济，且施工也困难，可改用浮运法施工。沉井在岸边做成，利用在岸边铺成的滑道滑入水中，然后用绳索引到设计墩位。

沉井井壁可做成空体形式或采用其他措施（如带木底或装上钢气筒）使沉井浮于水上；也可以在船坞内制成，用浮船定位和吊放下沉，或利用潮汐，水位上涨浮起，再浮运至设计位置。沉井就位后，用水或混凝土灌入空体，徐徐下沉直至河底；或依靠在悬浮状态下接长沉井及填充混凝土，使它逐步下沉。每个步骤均需保证沉井本身足够的稳定性。沉井刃脚切入河床一定深度后，可按前述下沉方法施工。

（四）陆地沉井的施工

陆地上的沉井采用在墩台位置处就地制造，然后取土下沉的施工方法。因这种施工方法是在原地制作的，故不需大型设备，且施工方便、成本低。通常情况下，沉井比较高，故可以分段制造、分段下沉。其中，第一节沉井的制作和下沉尤为重要。

1. 第一节沉井的制作

第一节沉井应建造在较好的土质上。当土质强度不能满足第一节沉井制作的质量要求时，可对地基进行处理或减小沉井节段的高度。由于沉井自重较大，刃脚底部窄，应力集中，所以应在沉井刃脚下对称的位置铺垫枕木，再立模、绑扎钢筋，浇筑第一节沉井混凝土。下沉时，应按顺序对称地抽出枕木，以防止沉井出现倾斜和开裂。

2. 沉井下沉

在沉井仓室内不断取土可使沉井下沉。下沉方法可分为排水下沉和不排水下沉两种，两种方法对沉井下沉过程中井壁外侧的摩擦力有较大影响。

对于水位以上部分或渗水量小的土层，可采取人工和机械挖土；当井内水位上升时，可采用抓土斗或水力吸泥机取土，待沉井顶面高出地面 1 ~ 2 m 时应停止挖土，接高沉井。

3. 封底，填充填料及浇筑盖板

封底之前应对基底进行检验和处理，一般情况下，采用不排水封底，封底厚度应满足沉井底部不渗水的要求。封底施工完毕后再填充填料，浇筑盖板。

第二节　桥梁墩台施工

桥墩、桥台为桥梁的下部结构，是桥梁的重要组成部分。桥梁墩台的主要作用是承受上部结构传来的荷载，并将荷载及桥梁墩台本身自重传给地基。桥墩支承相邻的两孔桥跨，居于桥梁的中间部位。桥台居于全桥的两端，它的前端支承桥跨，后端与路基衔接，起着支挡台后路基填土并把桥跨与路基连接起来的作用。

桥梁墩台除承受上部结构的作用力外，桥墩还承受风力、流水压力，以及可能发生的冰压力、船只和漂流物的撞击力，桥台还需要承受台背填土及填土车辆荷载产生的附加侧压力。因此，桥梁墩台不仅本身应具有足够的强度、刚度和稳定性，而且对地基的承载能力沉降量、地基与基础之间的摩阻力等也都有一定的要求。

一、桥墩

（一）桥墩的分类

按构造特征分为：重力式（实心）桥墩、空心桥墩、柔性桥墩、V形桥墩等。

按变形能力分为：刚性桥墩、柔性桥墩。

按截面形状分为：矩形墩、圆形墩、圆端形墩、尖端形墩、组合截面墩。

（二）重力式桥墩

重力式桥墩依靠自身的重量和桥面传来的永久荷载抵抗水平荷载，通常截面尺寸较大。重力式桥墩在水平荷载作用下，桥墩内将产生弯矩，最大弯矩在墩底截面。

在此弯矩作用下，横截面内将产生弯曲正应力，一部分截面受拉，一部分截面受压。桥墩在自重和桥跨传来的竖向永久荷载作用下，横截面内产生压应力，此压应力完全抵消弯拉应力，因而最终横截面上没有抗拉应力（以下简称"拉应力"）。

重力式桥墩多采用简单的流线型截面形状，如圆端墩、尖端墩、圆角形墩等，以便桥下水流顺畅地绕过桥墩，减少阻水及墩旁冲刷。因重力式桥墩横截面内没有拉应力，一般采用抗拉强度很低的砖石材料或混凝土材料。

（三）空心桥墩

1.部分镂空实体桥墩

部分镂空实体桥墩仍保持了重力式桥墩的基本特点，如较大的轮廓、较大的圬工量、较少的钢筋量等。镂空的目的是在截面强度和刚度足以承担外荷载的条件下减少圬工量，使桥墩结构更经济。

但镂空部位受到一定的条件限制，如在墩帽下一定高度范围内，为保证上部结构的荷载能安全有效地传递给墩身镂空部分的墩壁，应设置一定的实体过渡段。在镂空部分与实体部分连接处，应设置倒角或配置构造钢筋，以避免在墩身的传力路径中产生局部应力集中。对于易遭漂浮物撞击或易磨损、需防冰害的墩身部分，一般不宜镂空。

2.薄壁空心桥墩

针对重力式桥墩建筑材料用量多、力学性能利用率低的情况，空心薄壁桥墩应运而生。一般高度的空心墩比实体墩省工20%～30%，钢筋混凝土空心墩则可省工50%左右。

当墩高小于50 m时，混凝土空心墩的壁厚一般要求不小于30 cm。有资料表明，跨度在12～26 m的多跨连续梁桥，桥墩壁厚可做成40～80 cm，造价比一般桥墩节约20%以上。如南京长江大桥，墩位水深40 m有余，江面通航万吨轮船，墩身高超过了上海24层的国际饭店，墩底面积相当于一个篮球场，这样一个庞然大物，桥墩就是空心的。

空心桥墩的截面形式有圆形、圆端形、长方形等。沿墩高一般采用可滑模施工的变截面，即斜坡式立面布置，墩顶和墩底部分可设实心段，以便设置支座与传递荷载。

（四）柔性桥墩

柔性桥墩是指在墩帽上设置活动支座，桥梁热胀冷缩时产生的水平推力及刹车制动力，以及通过桥梁对桥墩的水平力，都因活动支座而使桥墩免于承受这些压力。

柔性桥墩墩身比刚性桥墩细，柔性桥墩对水平力是柔性的而不是刚性的。柔性桥墩造型纤细，为了承受竖向荷载，墩身要加入一些粗钢筋和采用高强度材料。柔性桥墩也可以做成空心、薄壁的。高达146 m的空心薄壁预应力钢筋混凝土柔性桥墩，壁厚仅35～55 cm，比实体墩节省材料70%，它就是奥地利的欧罗巴公路大桥二号桥墩，建于山谷之中，采用了矩形截面形式。

（五）V形桥墩

V形桥墩的出现不仅扩展了桥墩的类型，还给桥梁结构的造型增添了新的形态。V形桥墩在改变桥墩受力特征的同时，也改变了桥墩以往那种拙朴的外形，使得桥梁结构的整体造型更显轻巧、美观。V形桥墩包括纵向和横向两个方向，扩展的 V 形桥墩还包括 Y 形、X 形、倒梯形等。V 形桥墩可以缩短梁的跨径，从而可以采用更为简单的梁截面，进而可降低梁的高度和造价，增强桥梁的跨越能力，还可以改善桥梁结构的造型。V 形桥墩与主梁的连接可以是固接，也可以是铰接。前者连接后部分称为 V 形桥墩斜撑刚架，后者连接后部分称为 V 形桥墩连续梁。V 形桥墩斜撑刚架两斜撑的夹角根据桥下通航净空及斜撑与主梁的内力关系来确定。

二、桥台

（一）重力式桥台

重力式桥台主要靠自重来平衡台后的土压力，桥台本身多数由石砌、片石混凝土或混凝土等圬工材料建造，并用就地浇筑的方法施工。重力式桥台依据桥梁跨径、桥台高度及地形条件的不同有多种形式，常用的类型有 U 形桥台、埋置式桥台、八字式和一字式桥台。

（二）轻型桥台

轻型桥台一般由钢筋混凝土材料建造，其特点是用这种结构的抗弯能力来减少圬工体积而使桥台轻型化。常用的轻型桥台有薄壁轻型桥台和支撑梁轻型桥台。轻型桥台适用于小跨径桥梁，桥跨孔数与轻型桥墩配合使用时不宜超过 3 个，单孔跨径不大于 13 m，多孔全长不宜大于 20 m。

（三）框架式桥台

框架式桥台是一种在横桥向呈框架式结构的桩基础轻型桥台，它所承受的土压较小，适用于地基承载力较低、台身较高、跨径较大的桥梁。其构造形式有柱式、肋墙式、半重力式和双排架式、板凳式等。

（四）组合式桥台

为使桥台轻型化，桥台本身主要承受桥跨结构传来的竖向力和水平力，而台后的土压力由其他结构来承受，形成组合式的桥台。常见的有锚定板式、过梁式、框架式以及桥台与挡土墙的组合等形式。

三、桥梁墩台施工

（一）钢筋混凝土墩台施工

1.墩台模板

（1）模板设计原则

宜优先使用胶合板和钢模板；在计算荷载作用下，对模板结构按受力程序分别验算其强度、刚度及稳定性；模板板面之间应平整，接缝严密，不漏浆，保证结构物外露面美观，线条流畅，可设倒角；结构简单，制作、拆装方便。模板可采用钢材、胶合板、塑料和其他符合设计要求的材料制成；浇筑混凝土之前，木板应涂刷脱模剂，外露面混凝土模板的脱模剂应采用同一种品种，不得使用废机油等油料，且不得污染钢筋及混凝土的施工缝处。重复使用的模板应经常检查、维修。

（2）模板的类型和构造

混凝土及钢筋混凝土墩台的模板主要有固定式模板、拼装式模板、整体吊装模板、组合式定型钢模板。

拼装式模板：拼装式模板是用各种尺寸的标准模板，利用销钉连接，并与拉杆、加劲构件等组成墩台所需形状的模板。将墩台表面划分为若干小块，尽量使每部分板扇尺寸相同，以便于周转使用。板扇高度通常与墩台分节灌注高度相同。一般可为 3～6 m，宽度可为 1～2 m，具体视墩台尺寸和起吊条件而定。拼装式模板由于在厂内加工制造，因此板面平整、尺寸准确、体积小、质量轻，且拆装容易、快速，运输方便，故应用广泛。

整体吊装模板：根据墩台高度分层支模和浇筑混凝土，每层的高度应视墩台尺寸、模板数量和浇筑混凝土的能力而定，一般为 2～4 m；用吊机吊起大块板扇，按分层高度安装好第一层模板，其组装方法同低墩台组装模板；模板安装完成后在浇筑第一层混凝土时，应在墩台身内预埋支承螺栓，用以支承第二层模板和安装脚手架。

组合型钢模板：组合型钢模板系以各种长度、宽度及转角标准构件，用定型的连接件将钢模拼成结构用模板。组合型钢模板具有体积小、质量轻、运输方便、装拆简单、接缝紧密等优点，适用于在地面拼装，整体吊装的结构。

滑动钢模板：滑动钢模板适用于各种类型的桥墩。各种模板在工程上的应用，可根据墩台高度、墩台形式、机具设备、施工期限等条件，因地制宜，合理选用。

验算模板的刚度时，其变形值不得超过下列数值：结构表面外露的模板，挠度为模板构件跨度的1/400；结构表面隐蔽的模板，挠度为模板构件跨度的1/250；钢模板的面板变形为 1.5 mm，钢模板的钢棱、柱箍变形为 3.0 mm。

模板安装前应对模板尺寸进行检查；安装时要坚实牢固，以免振捣混凝土时引起跑模漏浆；安装位置要符合结构设计要求。

2. 混凝土的浇筑

桥梁墩台具有垂直高度较大、平面尺寸相对较小的特点，其混凝土浇筑方法有别于梁或承台等构件的混凝土浇筑方法。墩台混凝土运输方式不仅有水平运输，还有难度较大的垂直运输。

通常采用的混凝土运输方法有：利用卷扬机和升降电梯平台运送混凝土手推车；利用塔式起重机吊斗输送混凝土；利用混凝土输送泵将混凝土送至高空建筑点等。

混凝土在运输过程中应有足够的初凝时间，保证混凝土的浇筑质量。混凝土的拌和、运输及浇筑速度应大于墩台混凝土浇筑体积与配制混凝土的初凝时间之比。

对于泵送混凝土，应防止堵管现象的发生。在进行大体积墩台混凝土浇筑时应分层分块浇筑。同时，应控制混凝土的水化热温度。一般情况下，其应符合相关桥涵施工质量标准的要求。当平截面面积过大，次层混凝土不能在前层混凝土初凝或被重塑前完成浇筑时，可进行分块浇筑。

分块浇筑时应符合下列规定：分块时宜合理布置，各分块平截面面积应小于 50 m²；每块的高度不宜超过 2 m；块与块之间的水平接缝面应与基础平截面的短边平行，且与截面边界垂直；上、下邻层混凝土间的竖向接缝应错开位置做企口，并按施工缝处理。

大体积混凝土应参照下述方法控制混凝土的水化热温度：用改善骨料级配，降低水灰比，掺加混合料、外加剂、片石等方法来减少水泥用量；采用水化热低的大坝水泥、矿渣水泥、粉煤灰水泥或低强度等级水泥；减小浇筑层厚度，以加快混凝土的散热速度；混凝土用料应避免日光暴晒，以降低初始温度；在混凝土内埋设冷却管通水冷却。

（二）砌筑墩台施工

1. 施工准备

（1）对石料、砂浆与脚手架的要求

对石料与砂浆的要求：石砌墩台是用片石、块石及粗料石以水泥砂浆砌筑的，石料与砂浆的规格要符合有关规定。

浆砌片石一般适用于高度小于 6 m 的墩台身、基础、镶面及各式墩台身填腹；浆砌块石一般用于高度大于 6 m 的墩台身、镶面或应力要求大于浆砌片石砌体强度的墩台；浆砌粗料石则用于磨耗及冲击严重的分水体及破冰体的镶面工程，以及有整齐美观要求的桥墩台身等。

对脚手架的要求：将石料吊运并安砌到正确位置是砌石工程中比较困难的工序。

当重量小或距地面不高时，可用简单的马凳跳板直接运送；当重量较大或距地面较高时，可采用固定式动臂吊机或桅杆式吊机或井式吊机将材料运到墩台上，然后再分运到安砌地点。

用于砌石的脚手架应环绕墩台搭设，用以堆放材料并支承施工人员砌镶面定位行列及勾缝。脚手架一般常用固定式轻型脚手架（适用于 6 m 以下的墩台）、简易活动脚手架（适用于 25 m 以下的墩台）及悬吊式脚手架（用于较高的墩台）。

（2）注意事项

第一，砌块在使用前必须浇水湿润，表面如有泥土、水锈，应清洗干净。砌筑基础的第一层砌块时，若基底为岩层或混凝土基础，应先将基底表面清洗、湿润，再坐浆砌筑；若基底为土质，可直接坐浆砌筑。

第二，砌体应分层砌筑，砌体较长时可分段分层砌筑，但两相邻工作段的砌筑差一般不宜超过 1.2 m；分段位置宜尽量设在沉降缝或伸缩缝处，各段水平砌缝应一致。

第三，为使外表美观，石砌墩台常选择较整齐的石料砌筑外层。里层则可使用一般石料，但应注意里外交错地连接成一体，不可砌成外面一环后，里面杂乱填芯。

第四，砌筑上层块时，应避免振动下层砌块。砌筑工作中断后恢复砌筑时，已砌筑的砌层表面应加以清扫和湿润。

第五，墩台侧面为斜面时，为砌筑方便，当用料石或预制块砌筑时，可用收台方式形成墩台身的斜面。此时，台阶内凹顶点的连接线应与墩台设计线相一致。

第六，在砌筑中应经常检查平面外形尺寸及侧面坡度是否符合设计要求。检查平面尺寸时，应先用经纬仪恢复墩台中心线位置，再按中心线量出外轮廓尺寸。至少每 2 m 高度应复测一次，有偏差但不超过允许值时，可在下一段砌筑时逐渐纠正；若超出允许偏差时，应返工重砌。

第七，砌筑完后所有砌石（块）均应勾缝，勾缝必须平顺，无脱落现象。

2. 砌筑方法

同一层石料及水平灰缝的厚度要均匀一致，每层按水平砌筑，丁顺相间，砌石灰缝应互相垂直。砌石顺序为先角石，再镶面，后填腹。

填腹石的分层高度应与镶面相同；圆端、尖端及转角形砌体的砌石顺序应自顶点开始，按丁顺排列安砌镶面石。

3. 墩、台帽施工

（1）放样

墩、台混凝土浇筑或砌石砌至离墩、台帽下缘 300～500 mm 高度时，即需测出墩、台帽纵横中心轴线，并开始竖立墩、台帽模板，安装锚栓孔或安装预埋支座垫板，绑扎钢筋等；桥台台帽放样时，应注意不要以基础中心线作为台帽背墙线；模板立好后，在浇筑混凝土前应再次复核，以确保墩、台帽中心、支座垫石等位置、方向和高程不出差错。

（2）墩、台帽模板安装

墩、台帽系支承上部结构的重要部分，其位置、尺寸和高程的准确度要求较严，墩、台身混凝土浇筑至墩、台帽下 300～500 mm 处就应停止浇筑，以上部分待墩、台帽模板立好后一次浇筑，以保证墩、台帽底有足够厚度的紧密混凝土。

（3）钢筋和支座垫板的安设

墩、台帽上支座垫板的安设一般采用预埋支座垫板和预留锚栓孔的方法。前者需在绑扎墩台帽和支座垫石钢筋时，将焊有锚固钢筋的钢垫板安设在支座的准确位置上，即将锚固钢筋和墩、台帽骨架钢筋焊接固定。同时，用木架将钢垫板固定在墩、台帽模板上。此法在施工时垫板位置不易准确，应经常校正。后者需在安装墩台帽模板时，安装好预留孔模板，在绑扎钢筋时注意将锚栓孔位置留出，保证安装支座施工方便，支座垫板位置准确。

（三）装配式墩台施工

装配式墩台可用于预应力混凝土、钢筋混凝土薄壁空心墩或轻型桥墩，采用拼装法施工。拼装式桥墩主要由实体部分墩身、拼装部分墩身和基础组成。实体墩身与基础采用就地现浇施工，在浇注实体墩身与基础时应考虑其与拼装部分的连接、抵御洪水和漂流物的冲击、锚固预应力筋、调节拼装墩身高度等问题。

拼装部分墩身由基本构件、隔板、顶板和顶帽等部分组成，在工厂制作，运到桥位处拼装成桥墩。装配部分墩身的分块根据桥墩的结构形式、吊装、起重和运输能力决定。拼装要根据施工现场的具体情况拟定施工细则，认真组织施工。

1. 拼装接头

（1）承插式接头

承插式接头连接是将预制构件插入相应的承台预留孔内，插入长度一般为 1.2～1.5 倍的构件宽度，底部铺设 2 cm 厚的砂浆，四周以半干硬性混凝土填充，这种方法常用于立柱与基础的接头连接。

（2）钢筋锚固接头

钢筋锚固接头连接是使构件上的预留钢筋形成钢筋骨架，插入另一构件的预留槽内，或将钢筋互相焊接后再浇筑混凝土，这种方法多用于立柱与墩帽处的连接。

（3）焊接接头

焊接接头连接是将预埋在构件中的钢板与另一构件的预埋钢板用电焊连接，外部再用混凝土封闭。这种方法易于调整误差，多用于水平连接杆与立柱间的连接。

（4）扣环式接头

扣环式接头连接即相互连接的构件按预定位置预埋环式钢筋。安装时，柱脚先安置在承台的柱心上，上、下环式钢筋互相错接，扣环间插入 U 形钢筋焊接，之后立模浇筑外侧接头混凝土。

（5）法兰盘接头

采用法兰盘接头时，在连接构件两端安装法兰盘，连接时要求法兰盘预埋件的位置必须与构件垂直，接头处可以不采用混凝土封闭。

2. 砌块式墩台施工

砌块式墩台安装前的准备工作与石砌墩台相同，只是预制砌块的形式因墩台形状不同而有很多变化。基坑坑底整平后，经检验合格后铺设砂、砾石或碎石垫层并夯实整平，铺好坐浆后安装墩台。其施工方法和注意事项主要包括以下几点：预制砌块时，吊环宜设于凹窝内，使其不凸出顶面，以免妨碍拼装，同时也省去切除吊环工序；吊运安装机具可采用各种自行式起重机、吊网门形架、简易缆索吊机设备或各种扒杆；砌块安装时应对准位置平稳安放，若位置不准确，应吊起重放，不得用撬棍拔移；安砌时，平缝用较干砂浆。砌缝宽度应不大于 1 cm，为防止水平缝砂浆全被上层砌块挤出，可在水平缝中垫以铁片，其厚度需小于铺筑的砂浆。竖向砌缝中砂浆应插捣密实，砌筑上篇路桥工程施工技术外露面时应预留 2 cm 的空缝备作勾缝之用，隐蔽面砌缝可随砌随刮平。竖向砌缝错缝应不小于 20 cm；每安装高 1 m 左右的砌块应进行找平，控制灰缝厚度和标高。

3. 柱式墩施工

装配式柱式墩系将桥墩分解成若干轻型部件，在工厂或工地集中预制，再运送到现场装配桥梁。其形式有双柱式、排架式、板凳式和刚架式等。装配式柱式墩台应注意以下四个问题。

第一，墩台柱构件与基础顶面预留环形基座应编号，并检查各个墩、台高度是否符合设计要求；基杯口四周与柱边的空隙不得小于 2 cm。

第二，墩台柱吊入基坑内就位时，应在纵横方向测量，使柱身垂直度或倾斜度以及平面位置均符合设计要求；对重大、细长的墩柱，需用风缆或撑木固定，方可摘除吊钩。

第三，在墩台柱顶安装盖梁前，应先检查盖梁口预留槽眼位置是否符合设计要求，否则应先修凿。柱身与盖梁（顶帽）安装完毕并检查符合要求后，可在基坑空隙与盖梁槽眼处灌注稀砂浆，待其硬化后，撤除楔子、支撑或风缆，再在楔子孔中灌填砂浆。

第四，在基础或承台上安装预制混凝土管节、环圈做墩台的外模时，为使混凝土基础与墩台连接牢固，应从基础或承台中伸出钢筋插入管节、环圈中间的现浇混凝土内，插入钢筋的数量和锚固长度应按设计规定或通过计算决定。

4. 后张法预应力钢筋混凝土装配式墩台施工

后张法预应力钢筋混凝土装配式墩台采用的预应力钢材主要有高强度低松弛率钢丝和冷拉Ⅳ级粗钢筋两种。

高强度低松弛率钢丝的强度高，张拉力大，因此所需预应力束的数量较少，施工时穿束较容易。在预应力钢束连接处，受预应力钢束连接器的影响，需要局部加厚构件的混凝土壁。对于冷拉Ⅳ级粗钢筋，要求混凝土预制构件中的预留孔道精度高，以利于冷拉Ⅳ级粗钢筋的连接。

后张法预应力钢筋混凝土装配式墩台的预应力张拉方式有两种，即在墩帽顶上张拉预应力钢束和在墩台底的实体部位张拉预应力钢束，一般选择在墩帽顶上张拉预应力钢束。

（1）在墩帽顶上张拉预应力钢束

在墩帽顶上张拉预应力钢束的主要特点是：张拉作业为高空作业，虽然张拉操作方便，但安全性较差；预应力钢束锚固端可以直接埋入承台，而不需要设置过渡段；在墩台底截面受力最大的位置可以发挥预应力钢束抗弯能力强的特点。

（2）在墩台底的实体部位张拉预应力钢束

在墩台底的实体部位张拉预应力钢束的主要特点是：张拉作业为地面作业，施工安全且方便；在墩台底要设置过渡段，既要满足预应力钢束张拉千斤顶的安放要求，又要布置较多的受力钢筋，以满足截面在运营阶段的受力要求；过渡段构件中预应力钢束的张拉位置与竖向受力钢筋间的相互关系较为复杂。

应特别注意的是，压浆时最好由下而上压注，构件装配的水平拼装缝采用35号水泥砂浆，砂浆厚度为15 mm，一方面可以起到调节水平的作用，另一方面可避免因渗水而影响预制构件的连接质量。

（四）滑模施工

滑动模板是整体地支在桥墩墩脚处，借助液压千斤顶和顶杆使模板沿墩身向上滑升，目前滑动模板的高度已达百米。

其主要优点为：施工进度快，在一般情况下，每昼夜平均进度可达 5～6 m；混凝土质量好，采用干硬性混凝土，机械振捣，连续作业可提高墩台质量；节约木材和劳力；滑动模板既可用于直坡墩身，也可用于斜坡墩身。

1 滑模施工

（1）滑模组装

在墩位上就地进行组装时，安装步骤如下：在基础顶面搭枕木垛，定出桥墩中心线；在枕木垛上先安装内钢环，并准确定位，再依次安装辐射梁、外钢环、立柱、千斤顶、模板等；提升整个装置，撤去枕木垛，再将模板落下就位，随后安装余下的设施；内外吊架待模板滑升至一定高度，及时安装；模板在安装前，表面需涂润滑剂，以减少滑升时的摩阻力；组装完毕后，必须按设计要求及组装质量标准进行全面检查，并及时纠正偏差。

（2）灌注混凝土

滑模宜灌注低流动度或半干硬性混凝土，灌注时应分层、分段对称地进行，分层厚度以 20～30 cm 为宜，灌注后混凝土表面距模板上缘宜有不小于 10 cm 的距离。

混凝土入模时，要均匀分布，应采用插入式振动器捣固，振捣时应避免触及钢筋及模板，振动器插入下一层混凝土的深度不得超过 5 cm；脱模时混凝土强度应为 0.2～0.5 MPa，以防在其自重压力下坍塌变形。

为此，可根据气温、水泥强度等级经试验后掺入一定量的早强剂，以加速提升；脱模后 8 h 左右开始养生，用吊在下吊架上的环绕墩身的带小孔的水管来进行。养生水管一般设在距模板下缘 1.8～2.0 m 处效果较好。

（3）提升与收坡

整个桥墩灌注过程可分为初次滑升、正常滑升和最后滑升三个阶段。

从开始灌注混凝土到模板首次试升为初次滑升阶段；初灌混凝土的高度一般为 60～70 cm，分几次灌注，在底层混凝土强度达到 0.2～0.4 MPa 时即可试升。将所有千斤顶同时缓慢起升 5 cm，以观察底层混凝土的凝固情况。现场鉴定可用手指按刚脱模的混凝土表面，若基本按不动，但留有指痕，砂浆不沾手，用指甲划过有痕，滑升时能耳闻"沙沙"的摩擦声，这些现象表明混凝土已具有 0.2～0.4 MPa 的出模强度，可以开始再缓慢提升 20 cm 左右。

初升后经全面检查设备，即可进入正常滑升阶段。即每灌注一层混凝土，滑模提升一次，使每次灌注的厚度与每次提升的高度基本一致。在正常气温条件下，提升时间不宜超过 1 h。

最后滑升阶段是混凝土已经灌注到需要高度，不再继续灌注，但模板尚需继续滑升的阶段。灌完最后一层混凝土后，每隔 1～2 h 将模板提升 5～10 cm，滑动 2～3 次后即可避免混凝土模板胶合。滑模提升时应做到垂直、均衡一致，顶架间高差不大于 20 mm，顶架横梁水平高差不大于 5 mm。并要求三班连续作业，不得随意停工。随着模板的提升，应转动收坡丝杆，调整墩壁曲面的半径，使之符合设计要求的收坡坡度。

（4）接长顶杆、绑扎钢筋

模板每提升至一定高度，就需要穿插进行接长顶杆、绑扎钢筋等工作。为了不影响提升时间，钢筋接头均应事先配好，并注意将接头错开。对预埋件及预埋的接头钢筋，滑模抽离后，要及时清理，使之外露。

在整个施工过程中，由于工序的改变或发生意外事故，混凝土的灌注工作停止较长时间，即需要停工处理。例如，每隔半小时左右稍微提升模板一次，以免模板胶合；停工时在混凝土表面要插入短钢筋等，以加强新老混凝土的黏结；复工时还需将混凝土表面凿毛，并用水冲走残渣，湿润混凝土表面，灌注一层厚度为 2～3 cm 的 1：1 水泥砂浆，然后再灌注原配合比的混凝土，继续滑模施工。

爬升模板施工与滑动模板施工相似，不同的是支架通过千斤顶支承于预埋在墩壁中的预埋件上。待浇筑好的墩身混凝土达到一定强度后，将模板松开。千斤顶上顶，把支架连同模板升到新的位置，模板就位后，再继续浇筑墩身混凝土。如此往复循环，逐节爬升，每次升高约 2 m。

翻升模板施工采用一种特殊钢模板，一般由三层模板组成一个基本单元，并配置有随模板升高的混凝土接料工作平台。当浇筑完上层模板的混凝土后，将最下层模板拆除翻上来拼装成第四层模板，以此类推，循环施工。翻升模板也能够用于有坡度的桥墩施工。

2. 滑升模板施工方法的特点

（1）机械化程度高

整套滑升模板均由电动液压机械提升，机械化程度高。

（2）施工速度快

施工过程中只需要进行一次模板组装，大大减少了模板拆装工序，实现了连续作业。竖向结构施工速度快，在一般气温下，每个昼夜的平均施工进度可达 5～6 m。

（3）结构整体性好

滑升模板体系刚度高且可连续作业，各层混凝土之间不留施工缝，从而大大提高了墩台混凝土浇筑的内在质量和外观质量。

（4）节约模板和劳动力，有利于安全施工

滑升模板事先在地面上组装，施工中不再变化，模板的利用率很高。这不但可以大量节约模板，还极大地减少了装拆模板的劳动力需要，方便浇筑混凝土，改善了操作条件，因而有利于安全施工。

（5）适应性强

该方法不但可用于直坡墩身的施工，还可用于斜坡墩身的施工。

滑升模板施工方法具有以下缺点：一次性投资大；建筑物立面造型受到一定限制；需要较高的施工管理水平和技术水平。

第四章 桥梁上部结构施工

桥梁上部分结构是直接承载车辆载荷的部分，上半部分的施工质量对桥梁的整体质量和使用寿命有巨大的影响。在施工过程中，需要根据实际特点选择合适的施工方式。

第一节 混凝土简支梁施工

简支梁桥属于静定结构，它受力明确、构造简单、施工方便，是中小跨度桥梁中应用最广泛的桥型。简支梁桥的结构尺寸设计的系列化、标准化，有利于在工厂内或工地上广泛采用工业化制造，组织大规模预制生产，并利用起重设备或架桥机进行架设。

采用预制装配式的施工方法，可以节约模板及支架材料，降低劳动强度，提高质量，缩短工期，显著加快建桥速度。因此，国内外中小跨径的桥梁，绝大部分采用装配式的简支混凝土梁、钢梁或结合梁。

一、简支梁桥的分类

从梁的截面形式来区分，混凝土简支梁桥可以分为三种类型：板桥、肋板式桥和箱形梁桥。其中，肋板式桥的横截面形式又主要有∏形和T形两种基本形式。

（一）板桥

板桥的承重结构就是矩形截面的钢筋混凝土或预应力混凝土板，其主要特点是构造简单、施工方便、建筑高度较小。板桥通常有三种结构形式，即装配式板桥、整体式板桥、组合式板桥。这三种结构形式的板式梁因结构上的差异而导致使用中受力与变形方面的不同，从而导致承载能力的不同，因而适用的场合和跨径也不同。

1. 整体式板桥

整体式板桥是小跨径桥梁中常用的形式，因其具有结构整体性强、刚度大、成桥后桥面状况好等优势而得到广泛应用。

但整体式板桥的施工存在如下不便之处：需要现场浇筑，机械化程度低，施工速度慢，支架和模板使用量大，在架空太高或深水环境中难以施工等。

整体式板桥梁的截面形式主要有实心式、空心式、矮肋式。其通常在桥位处现场浇筑；当具有充分的吊装条件时，也可以先在桥下预制整体式板梁，然后吊装就位。整体式板桥在车辆等荷载的作用下，其变形和内力分布均表现为空间板结构的空间受力状态。受力时，发现其不但绕受力方向产生双向弯矩，而且由于弯曲曲率逐点不同，还将导致围绕法线的扭矩产生。因此，整体式板桥的承载能力优于装配式板桥。

2. 装配式板桥

装配式板桥一般由数块一定宽度的实心或空心预制板组成。各板利用板间企口缝填充混凝土相连接。在荷载作用下，每块板相当于单向受力的梁式窄板，除在主跨径方向承受弯曲中心基，还承受通过板间接缝（铰缝）传递剪力而引起的扭转。因此，每块预制板除承受本板内的荷载外，还承受相邻板块作用而引起的竖向剪力和其他内力作用。由于其他内力与竖向剪力相比，对确定板的内力影响很小，所以设计中多采用铰接板（梁）法确定其板中内力。板中主要受力钢筋的数量由计算得到的内力确定。此外，在板中布置适量地构造钢筋以承受计算时忽略的某些内力。装配式板桥的截面形式有实心板、空心板两种。

3. 组合式板桥

组合式板桥通常采用"装配＋整体现浇"的方式成型，因而也称为叠合桥。施工中，通常在桥下将组合式板梁的底层分片预制成构件，然后在墩顶进行装配，最后以装配构件为底模，整体浇筑梁体部，从而完成组合式板桥的施工。

组合式板桥在荷载作用下的变形和受力与整体式板桥类似，属于双向受力弹性薄板。其刚度介于整体式板桥和装配式板桥之间。从组合式板梁的施工过程和成桥后的受力特点中可以看出，组合式板梁在施工过程中可以充分利用装配式板桥成桥的优点，先将部分梁体在桥下预制成构件，然后将预制构件安装于墩顶，作为上部梁体浇筑时的底模，从而大大减少了施工时所需的支撑和模板数量。组合式板桥在成桥之后又具有整体式板桥的承载能力，因此在小跨度简支梁桥的建设中得到了广泛应用。

（二）肋板式桥

在横截面内形成明显肋形结构的梁桥称为肋板式（梁）桥，或简称肋梁桥。在此种桥上，梁肋（或称腹板）与顶部的钢筋混凝土桥面板结合在一起作为承重结构。由于肋与肋之间处于受拉区域的混凝土得到很大程度的挖空，显著减小了结构自重。特别对于仅承受正弯矩作用的简支梁来说，既充分利用了扩展的混凝土桥面板的抗压能力，又有效地发挥了集中布置在梁肋下部的受力钢筋的抗拉作用，从而使结构构造与受力性能达到理想的配合。与板桥相比，对于梁肋较高的肋梁桥来说，由于混凝土抗压和钢筋受拉所形成的力偶臂较大，因而肋梁桥也具有更大的抵抗荷载弯矩的能力。目前，中等跨径（20～25 m）的简支梁桥通常采用肋板式梁桥。

肋板式梁桥的横截面又分为Π形和T形两种基本形式。

1. Π形截面

Π形截面的特点是：截面形状稳定，横向抗弯刚度大，梁的堆放、装卸和安装都方便，各Π形梁之间用穿过腹板的螺栓连接，但这种构件的制造较复杂。梁肋被分成两片薄的腹板，通常用钢筋网来配筋，难以做成刚度较大的钢筋骨架。设计经验证明，跨度较大时Π形梁桥的混凝土和钢筋用量都比下述的T形梁桥大，而且构件也重。故Π形梁桥一般只用于6～12 m的小跨径桥梁，应用有限。

2.T 形截面

由若干个 T 形截面梁组成的桥，统称为 T（形）梁桥。在设计整体式 T 梁桥时，鉴于梁肋尺寸不受起重安装机具的限制，故可以根据钢筋混凝土体积最小的经济原则来确定截面尺寸。对于桥面不宽的双车道公路桥梁，只要建筑高度不受限制，往往以建造双主梁桥较为合理，主梁的间距可按桥梁全宽的 0.55 ~ 0.60 布置。有时为减小桥面板的跨径，还可在两主梁之间增设内小纵梁。

（三）箱形梁桥

箱形梁桥是指桥横截面形式为箱形的桥。由于箱形截面具有闭合性，当荷载作用于梁上任何位置时，箱形梁桥结构的所有组成部分（包括顶板、腹板、底板和翼板）将同时参与受力，使其具有较大的抗扭刚度和抗弯刚度，因而其可制作成薄壁结构，从而节省大量建造材料。同时，因为箱形梁桥顶、底板具有较大的面积，能有效地抵抗正、负弯矩的作用，所以满足较大跨度简支桥梁建设的需要。

此外，对于曲线半径较大的弯桥和变宽度的桥梁，采用小箱梁布置有较好的适应性。在设计中，通常根据现场条件，经技术、经济等多种因素的方案比选来确定最适宜的梁型。一般来说，整体现浇的梁桥具有整体性好、刚度大、易于做成复杂形状（如曲线桥、斜交桥、宽度变化的异形桥）等优点，但其施工速度慢，工业化程度较低，又要耗费大量支架模板材料。

二、混凝土简支梁桥施工

（一）支架与模板

1.支架

（1）支架的类型和结构

就地浇筑简支梁桥的上部结构时，应在桥孔位置搭设支架，以支承模板和钢筋混凝土以及其他施工荷载。支架的类型主要有以下几个。

①满布式木支架。

满布式木支架常用于陆地、不通航的河道、桥墩不高或桥位处水位不深的桥梁。其形式可采用排架式、人字撑式或八字撑式。排架式是最简单的满布式支架，主要由排架和纵梁等部件组成，纵梁为抗弯构件，跨径一般不大于 4 m。人字撑式和八字撑式支架构造较复杂，纵梁需加设可变形的人字撑或八字撑。因此，在浇筑混凝土时应适当安排浇筑程序，均匀、对称地进行浇筑，以防发生较大变形。此类支架的跨径可达 8 m 左右。满布式木支架的排架，可设置在枕木或桩基上，基础需坚实可靠，以保证排架的沉陷值不超过规定要求。当排架较高时，为保证支架的横向稳定，除在排架上设置撑木外，还需在排架两端外侧设置斜撑木或斜立柱。满布式支架的卸落设备一般采用木楔、木马或砂筒等，可设置在纵梁支点处或桩顶帽木上面。

②钢木混合支架。

钢木混合支架为加大支架跨径、减少排架数量，支架的纵梁可采用工字钢，其跨径可达 10 m。但在这种情况下，支架多采用木框架结构，以提高支架的承载力及稳定性，其各项参考数值可查看《五金手册》。

③万能杆件拼装支架。

用万能杆件可拼装成各种跨度和高度的支架，其跨度需与杆件本身长度成整数倍。用万能杆件拼装的架的高度，可达 2 m、4 m 或 6 m 以上。当高度为 2 m 时，腹杆拼为三角形；高度为 4 m 时，腹杆拼为菱形；高度超过 6 m 时，则拼成多斜杆的形式。用万能杆件拼装墩架时，柱与柱之间的距离应与桥架之间的距离相同，根高除柱头及柱脚外应为 2 的倍数。用万能杆件拼装的支架，在荷载作用下的变形较大，而且难以预计其数值。因此，必要时应考虑预压重。预压质量相当于浇筑的混凝土及其模板和支架上机具、人员的质量。

④装配式公路钢桥桁架节拼装支架。

用装配式公路钢桥桁架节可拼装成桁架梁和支架，为加大桁架梁孔径和利用墩台做支承，也可拼成八字斜撑以支撑桁架梁。桁架梁与桁架梁之间，应用抗风拉杆和木斜撑等进行横向联结，以保证桁架梁的稳定。用装配式公路钢桥桁架节拼装的支架，在荷载作用下的变形很大，因此应进行预压。

⑤轻型钢支架。

桥下地面较平坦，有一定承载力的梁桥，为节省木料，宜采用轻型钢支架。轻型钢支架的梁和柱，以工字钢、槽钢或钢管为主要材料，斜撑、联结系等可采用角钢；构件应制成统一规格和标准；排架应预先拼装成片或组，并以混凝土、钢筋混凝土枕木或木板作为支承基底。为了防止冲刷，支承基底须埋入地面以下适当深度。为适应桥下高度，排架下应垫以一定厚度的枕木或木楔等。为便于支架和模板的拆卸，纵梁支点处应设置木楔。

⑥墩台自承式支架。

在墩台上留下承台式预埋件，上面安装横梁并架设适宜长度的工字钢或槽钢，即构成模板的支架。这种支架适用于跨径不大的梁桥，但支立时仍须考虑梁的预拱度、支架梁的伸缩以及支架和模板的卸落等所需条件。

⑦模板车式支架。

这种支架适用于跨径不大、桥墩为立桩式的多跨梁桥的施工。在墩柱施工完毕后即可立即铺设轨道，拖进孔间，进行模板的安装，这种方法可简化安装工序，节省安装时间。当上部构造混凝土浇筑完毕，且强度达到要求后，模板车即可整体向前移动，但移动时须将斜撑取下，将插入式钢梁节段推入中间钢梁节段内，并将千斤顶放松。

（2）支架的制作要求

支架宜采用标准化、系列化、通用化的钢构件制作拼装；制作木支架时，两相邻立柱的连接接头宜分设在不同的水平面上，并应减少长杆件接头。主要压力杆的接长连接，宜使用对接法，采用木夹板或铁夹板夹紧；次要构件的连接可采用搭接法。

（3）支架的安装要求

支架应按施工图设计的要求进行安装。立柱应垂直，节点连接应可靠。支架在纵桥向和横桥向均应加强水平、斜向连接，增强整体稳定性。高支架应设置足够的斜向连接、扣件或缆风绳，横向稳定应有保证措施。

应通过预压的方式，消除支架地基的不均匀沉降和支架的非弹性变形，并获取弹性变形参数，或检验支架的安全性。预压荷载宜为支架需承受全部荷载的 1.05～1.10 倍，预压荷载的分布应模拟需承受的结构荷载及施工荷载。

支架在安装完成后，应对其平面位置、顶部高程、节点连接及纵横向稳定性进行全面检查。检查符合要求，方可进行下一工序。

（4）设置支架的预拱度和卸落装置

设置的预拱度值，应包括结构本身需要的预拱度和施工需要的预拱度两部分。

施工预拱度应考虑下列因素：模板、支架承受施工荷载引起的弹性变形；受载后由于杆件接头的挤压和卸落装置压缩而产生的非弹性变形；支架地基在受载后的沉降变形。

专用支架应按其产品的要求进行模板的卸落；自行设计的普通支架应在适当部位设置相应的木楔、木马、沙筒或千斤顶等卸落装置，并应根据结构形式、承受的荷载大小确定卸落量。支架制作、安装质量应分别符合模板、支架的制作、安装质量标准。

2. 模板

（1）模板的类型与结构

就地浇筑的桥梁模板主要有木模和钢模。模板形式的选择主要取决于同类桥跨结构的数量和模板材料的供应。

当建造单跨或跨度不等的多跨桥梁结构时，一般采用木模；而对于多跨相同跨径的桥梁，可采用大型模板块件组装或采用钢模。模板制造宜选用机械化的方法，以保证模板形状的正确和尺寸的精度。模板制作尺寸偏差、表面平整度和安装偏差均应符合有关规定，尤其要保证模板具有足够的强度、刚度和稳定性。

木模包括用胶合板制成的大型整体定型的块件模板，以及局部构造较复杂部位采用的模板。大型整体定型的块件模板可按结构要求预先制作，然后在支架上用连接件迅速拼装。钢模大多做成块件，由钢板和加劲骨架焊接而成，钢板厚度通常为 4～8 mm。骨架由水平肋和竖向肋组成，肋由钢板或角钢做成。大型钢模块件用螺栓或销钉连接。对于多次周转使用的钢模，在使用前应用化学方法或机械方法清扫，在浇筑混凝土前，应在模板内壁涂脱模剂，以利脱模。

（2）模板的制作与使用要求

模板虽然是施工中的临时性结构，但对于梁体的制作十分重要。模板不仅控制着梁体尺寸的精度，直接影响施工进度和混凝土的灌注质量，而且关系到施工安全。因此模板应符合下列要求：具有足够的强度、刚度和稳定性，能安全可靠地承担施工中可能出现的各种荷载；保证结构的设计形状、尺寸及各部分相互之间位置的准确性；模板的接缝必须密合，确保混凝土浇筑过程中不漏浆；构造简单，拆装方便，便于周转使用，应尽量做成装配式组件或块件。

3. 预拱度的设置与计算

（1）预拱度的设置

在简支梁就地浇筑施工过程中，模板和支架因承受巨大的混凝土荷载作用而产生弹性和非弹性变形。如果不加以控制，势必导致现浇梁成型后跨中起拱。为避免这种情况发生，保证桥梁竣工后线形准确，在进行模板与支架安装时须设置一定的预拱度。设置预拱度时应考虑下列因素：卸架后上部构造自重及 1/2 活载产生的竖向挠度 δ_1；支架在荷载作用下的弹性压缩量 δ_2；支架在荷载作用下的非弹性变形量 δ_3；支架基础在荷载作用下的非弹性沉陷量 δ_4，由混凝土收缩及温度变化引起的挠度。

根据梁的挠度和支架变形所计算出来的变形值之和，为支架体系预拱度的最大值。预拱度设置的位置在梁的跨径中点，其余各点的预拱度以中间点为最高值，以梁的两端为 0，呈直线或二次抛物线形式分布。

（2）预拱度的计算

如上所述，上部构造和支架的各项变形值之和即为应设置的预拱度。各项变形值可按下列方法计算：针对恒载和活载设置预拱度，其值等于恒载加 1/2 静活载所产生的竖向挠度；当恒载和静活载产生的挠度不超过跨径的 1/1 600 时，可不设置相应的预拱度。

满布式支架的弹性变形量。当支架杆件的长度为 L，压力分布为 P 时，其弹性变形量 $\delta_2 = PL/E$。当支架为桁架等形式时，应按具体情况计算其弹性变形量。

支架在每个接缝处的非弹性变形量。在一般情况下，横纹木料与顺纹木料的非弹性变形量均为 3 mm，木料与金属或木料与圬工接缝处的非弹性变形量为 2 mm，顺纹与横纹木料相接处的非弹性变形量为 2.5 mm。

卸落设备的压缩量。沙筒内砂粒压缩量和金属筒变形的弹性压缩量应根据压力大小，沙子细度模量及筒径、筒高确定。

一般情况下，20 t 压力沙筒的压缩量为 4 mm，10 t 压力沙筒的压缩量为 6 mm；沙子未预先压紧时的压缩量为 10 mm。

（二）钢筋的制作与安装

1. 准备工作

（1）钢筋的检查与保管

①钢筋的外观检查和力学性能检查。

进场钢筋应具有出厂质量证明书和试验报告单。进场时除应检查外观和标志外，还应按不同的钢种、等级、牌号、规格及生产厂家分批抽取试样进行力学性能检验，检验试验方法应符合现行国家标准的规定。钢筋经进场检验合格后方可使用。

②钢筋的保管。

钢筋进场后，应妥善保管，具体应做到以下几点：钢筋堆放选择在地势较高处，上用料棚遮盖，下设垫块，不能直接置于地面；钢筋应按不同钢种、等级、牌号、规格及生产厂家等分类挂牌堆放，并标明数量；钢筋在运输过程中应避免锈蚀、污染或被压弯。

（2）钢筋的调直

直径 10 mm 以下的细钢筋多卷成盘形，粗钢筋常弯成"发卡"形，以便运输和储存。因此，运到工地的钢筋应先调直。

采用冷拉方法调直钢筋时，HPB235 级钢筋的冷拉率不宜大于 2 %；HRB335 级、HRB400 级钢筋的冷拉率不宜大于 1 %。钢筋的形状、尺寸应按照设计的规定进行加工，加工后的钢筋，其表面不应有削弱钢筋截面的痕迹。

（3）钢筋的除锈

钢筋表面应洁净、无损伤，使用前应将表面的油渍、漆皮、鳞锈等清除干净，保证钢筋与混凝土间的黏结力得以充分发挥。可用钢丝刷或喷枪喷砂进行除锈去污，也可将钢筋在沙堆中来回抽拉以除锈去污。带有颗粒状或片状老锈的钢筋不得使用；当除锈后钢筋表面有严重的麻坑、斑点，已伤蚀截面时，应降级使用或剔除不用。

2. 钢筋的连接

（1）焊接

钢筋的焊接接头宜采用闪光对焊，或采用电弧焊、电渣压力焊或气压焊，但电渣压力焊仅可用于竖向钢筋的连接，不得用作水平钢筋和斜筋的连接钢筋焊接接头形式。焊接的方法和材料应符合现行行业标准《钢筋焊接及验收规程》（JGJ 18—2012）的规定。

每批钢筋焊接前，应先选定焊接工艺和焊接参数，按实际条件进行试焊，并检验接头外观质量及规定的力学性能，试焊质量经检验合格后方可正式施焊。焊接时，对施焊场地应有适当的防风、防雨、防雪、防严寒的设施。

电弧焊宜采用双面焊缝，仅在双面焊无法施焊时，方可采用单面焊缝。

采用搭接电弧焊时，两钢筋搭接端部应预先折向一侧，两接合钢筋的轴线应保持一致；采用帮条电弧焊时，绑条应采用与主筋相同的钢筋，其总截面面积不应小于被焊接钢筋的截面面积。电弧焊接头的焊缝长度，双面焊缝不应小于 $5d$，单面焊缝不应小于 $10d$（d 为钢筋直径）。电弧焊接与钢筋弯曲处的距离不应小于 $10d$，且不宜位于构件的最大弯矩处。

（2）机械连接

①锥螺纹连接。

钢筋锥螺纹连接是利用锥形螺纹套筒将两根钢筋端头对接在一起，利用螺纹的机械咬合力传递拉力或压力。锥螺纹连接套是在工厂专用机床上加工制成的，钢筋套丝的加工是在钢筋套丝机上进行的。

②直螺纹连接。

直螺纹连接是将钢筋待连接的端头滚扎成规整的直螺纹，再用相配套的直螺纹套筒，将两钢筋相对拧紧，实现连接。该技术的优点在于无虚拟螺纹，力学性能好，连接安全可靠，接头强度能达到与钢筋母材等强。

③套筒挤压连接

钢筋套筒挤压连接是一项新型钢筋连接工艺，它改变了电弧焊、电渣焊、闪光焊、气压焊等传统焊接工艺的热操作方法，是在常温下采用特别钢筋连接机，将钢套筒和两根待接钢筋压接成一体，使套筒塑性变形后与钢筋上的横肋纹紧密地咬合在一起，从而达到连接效果的一种机械接头方式。冷压接头具有性能可靠、操作简便、施工速度快、施工不受气候影响、省电等优点。两根钢筋插入钢套筒后，用带有梅花齿形内模的钢筋连接机对套筒外壁加压，螺纹钢筋的横肋间隙中，继续加压使钢套筒的金属冷塑性变形程度加剧，进一步加强硬化程度，其强度提高 $110 \sim 140$ MPa。

（3）绑扎

当没有焊接条件时，接头可用铁丝绑扎搭接，但钢筋直径不能超过 25 mm，其搭接长度如表 4-1 所示。但对轴心受拉和小偏心受拉构件中，主钢筋均应焊接，不得采用绑扎接头。

表 4-1 受拉钢筋绑扎接头的搭接长度

钢筋类型		混凝土强度等级		
		C20	C25	C30
Ⅰ级钢筋		35d	30d	25d
月牙纹	HRB335 钢筋	45d	40d	35d
	HRB400 钢筋	55d	50d	45d

注：当钢筋直径 d 不大于 25 mm 时，其受拉钢筋的搭接长度应按表中值减少 5d 采用；当带肋钢筋直径 d 大于 25 mm 时，其受拉钢筋的搭接长度应按表中值增加 5d 采用。

当混凝土在凝固过程中受力钢筋易受扰动时，其搭接长度宜适当增加。

在任何情况下，纵向受拉钢筋的搭接长度不应小于 300 mm，受压钢筋的搭接长度不宜小于 200 mm。

当混凝土强度等级低于 C20 时，Ⅰ级、HRB335 钢筋的搭接长度应按表中 C20 的数值相应增加 10*d*；HRB500 钢筋不宜采用绑扎接长。

对有抗震要求的受力钢筋的搭接长度，当抗震烈度为 7 度（及以上）时，应增加 5*d*；两根不同直径的钢筋搭接长度，以较细的钢筋直径计算。

接头的绑扎要求如下：受拉区的Ⅰ级钢筋绑扎接头的末端应做弯钩，HRB335、HRB4000 钢筋的绑扎接头末端可不做弯钩；直径等于和小于 12 mm 的受压Ⅰ级钢筋的末端，可不做弯钩，但搭接长度不应小于钢筋直径的 30 倍；钢筋搭接处，应在中心和两端用铁丝扎牢。

3.钢筋的安装

第一，钢筋的级别、直径和根数等应符合设计的规定；对于多层多排钢筋，宜根据安装需要在其间隔外设立一定数量的架立钢筋或短钢筋，但架立钢筋或短钢筋端头不得伸入混凝土的保护层内；当钢筋过密影响到混凝土质量时，应及时与设计人员协商解决。

第二，钢筋与模板之间应设置垫块，垫块应与钢筋绑扎牢固，其绑丝的丝头不应进入混凝土保护层内。混凝土浇筑前，应对垫块的位置、数量和紧固程度进行检查，不符合要求时应及时处理，保证钢筋混凝土保护层的厚度满足设计要求和规范的规定。

第三，钢筋骨架的焊接拼装应在坚固的工作台上进行。拼装前应按设计图纸放样，放样时应考虑焊接变形的预留。拱度拼装时，需要焊接的位置宜采用楔形卡卡紧，防止焊接时局部变形。

第四，骨架焊接时，不同直径钢筋的中心线应在同一平面上，较小直径的钢筋在焊接时，下面宜垫以厚度适当的钢板。施焊顺序宜由中到边对称地向两端进行，先焊骨架下部，后焊管架上部。相邻的焊缝应采用分区对称跳焊，不得顺方向一次焊成。

第五，绑扎或焊接的钢筋网和钢筋骨架不得有变形、松脱和开焊。

（三）混凝土工程

1.混凝土的配合

试验室配合比计算是以干燥材料为基准的，而施工现场存放的砂石材料都含有一定水分，所以要将试验室配合比换算为施工配合比，下面介绍混凝土施工配合比的确定。施工时，每立方米混凝土水、砂和石的实际称量为：

水的称量 = 用水量 – 砂、石材料中含水的质量；

砂的称量 = 砂的用量 + 砂中含水的质量；

石的称量 = 石的用量 + 石料中含水的质量；

水泥称量不变。

2.混凝土拌制

混凝土应采用机械拌制，人工拌制仅用于小量的辅助或修补工程。混凝土的配料宜采用自动计量装置，各种衡器的精度应符合要求，计量应准确。计量器具应定期标定，迁移后应重新进行标定。拌制混凝土所用的各项材料应按质量投料，材料数量的允许质量偏差应符合表 4–2 的规定。

表 4–2 材料数量允许质量偏差

材料类别	允许偏差 /%	
	现场拌制	预制场或集中搅拌站的拌制
水泥、干燥状态的掺和料	± 2	± 1
粗、细集料	± 3	± 2
水、外加剂	± 2	± 1

混凝土拌制时，将全部材料加入搅拌筒。开始搅拌至开始出料的最短拌制时间，应按搅拌机产品说明书的要求并经试验确定。混凝土拌和物应搅拌均匀，颜色一致，不得有离析和泌水现象。混凝土搅拌完毕后，应检测混凝土拌和物的坍落度及损失。必要时，还应对工作生能泌水率及含气量等混凝土拌和物的其他指标进行检测。

3. 混凝土的运输

运输能力应与混凝土的凝结速度和浇筑速度相适应，应使浇筑工作不间断且混凝土运到浇筑地点时仍能保持其均匀性和规定的坍落度。

混凝土的运输宜采用搅拌运输车，或在条件允许时采用泵送方式输送；采用吊斗或其他方式运输时，运距不宜超过 100 m 且不得使混凝土产生离析。

采用搅拌运输车运输混凝土时，途中应以 2 ~ 4 r/min 的慢速进行搅动，卸料前应以常速再次搅拌。混凝土运至浇筑地点后发生离析、泌水或坍落度不符合要求时，应进行第二次搅拌。

二次搅拌时不宜任意加水，确有必要时，可同时加水、相应的胶凝材料和外加剂，并保持其原水胶比不变；二次搅拌仍不符合要求时，则不得使用。

混凝土采用泵送方式时，混凝土的供应宜使输送混凝土的泵能连续工作，泵送的间歇时间不宜超过 15 min。

在泵送过程中，受料斗内应具有足够的混凝土，应防止吸入空气产生阻塞；输送管应顺直，转弯处应圆缓，接头应严密不漏气；向低处泵送混凝土时，应采取必要的措施，防止混凝土离析或堵塞输送管。

4. 混凝土的浇筑

（1）混凝土的浇筑速度

为了保证浇筑混凝土的整体性，防止混凝土在浇筑过程中出现破坏性扰动，浇筑混凝土时必须具有一定的速度，上层混凝土应当在下层已浇筑混凝土开始初凝之前完成浇筑。因此，混凝土浇筑层的最小增长速度为 $h \geqslant s / t$。其中，h 为混凝土浇筑面的上升速度，s 为振捣棒的振捣深度，t 为混凝土的初凝时间。

（2）混凝土的浇筑顺序

①水平分层浇筑。

对于跨径不大的简支梁，可以采用该方法。具体操作时，可以从梁体两端向跨中水平分层浇筑并在跨中合龙，然后掉头再向梁端浇筑。分层厚度视振捣器的能力而定，一般采用 15 ~ 30 cm。当采用人工捣实时，分层厚度可采用 15 ~ 20 cm。为避免振捣导致支架产生不均匀的沉降，浇筑时应保持合理的速度，以便在混凝土失去塑性之前完成浇筑工作。

②斜层浇筑。

采用斜层浇筑时，简支梁的混凝土应从主梁两端斜向跨中浇筑并在跨中合龙。因为箱形梁底板顶面没有模板，所以 T 梁和箱形梁所采用的斜层浇筑法在细节上是有差异的。当梁的跨度较大而采用梁式支架且在内部设置支点时，应在支架下沉量最大的部位先浇筑混凝土，使应该发生的支架变形及早完成，以保护先期浇筑的混凝土初凝后，不再发生更大的变形，避免混凝土内部微裂隙的产生。

③单元浇筑。

当桥面较宽且混凝土数量较大时，可分成若干纵向单元，分别浇筑每个单元可沿其长度分层浇筑，在纵梁间的横梁上设置连接缝，并在纵横梁浇筑完成后填缝连接，之后桥面板可沿桥全宽一次浇筑完成，桥面与纵横梁间设置水平工作缝。

5. 混凝土的养护

对新浇筑混凝土的养护，应满足其对温度、湿度和时间的要求。应根据施工对象、环境条件、水泥品种、外加剂或掺和料以及混凝土性能等因素，制定具体的养护方案，严格实施混凝土浇筑完成后，应在其收浆后尽快予以覆盖并洒水保湿养护。

对于硬性混凝土、高强度和高性能混凝土、炎热天气浇筑的混凝土，以及桥面等大面积裸露的混凝土，应加强初始保湿养护，可在浇筑完成后立即加设棚罩，待收浆后再予以覆盖和洒水养护。覆盖时不得损伤或污染混凝土的表面。混凝土面有模板覆盖时，应在养护期间使模板保持湿润。

混凝土的养护不得采用海水或含有害物质的水。混凝土的洒水保湿养护时间应不少于 7 d。对重要工程或有特殊要求的混凝土，应根据环境的湿度、温度、水泥品种以及掺用的外加剂和掺和料等情况，酌情延长养护时间，并应使混凝土表面始终保持湿润状态。当气温低于 5℃时，应采取保温养护的措施，不得向混凝土的表面洒水。当采用喷洒养护剂对混凝土进行养护时，所使用的养护剂应不会对混凝土产生不利影响，且应通过试验验证其养护效果。

新浇筑的混凝土与流动的地表水或地下水接触时，应采取临时防护措施，保证混凝土在 7 d 以内且强度达到设计强度的 50 % 以前，不受水的冲刷侵袭；当环境水具有侵蚀作用时，应保证混凝土在 10 d 以内且强度达到设计强度的 70 % 以前，不受水的侵袭。

混凝土处于冻融循环作用的环境时，宜在结冰期到来 4 周前完成浇筑施工，且在混凝土强度未达到设计强度等级的 80 % 前不得受冻，否则应采取技术措施，防止发生冻害。

（四）构件的安装

1. 陆地架梁法

（1）自行式起重机架梁法

在桥不高，场内又可设置行车便道的情况下，用自行式起重机（汽车起重机或履带起重机）架设中、小跨径的桥梁十分方便。大型的自行式起重机逐渐普及，自行式起重机本身有动力，因而架设迅速，可缩短工期。不需要架设桥梁用的临时动力设备，不必进行任何架设设备的准备工作，不必采用其他方法架梁时所需要的技术工种。因此，一般中小跨径的预制梁（板）的架设安装越来越多地采用自行式起重机。此法视吊装重量不同，可以采用一台起重机架设、两台起重机架设、起重机和绞车配合架设等方法。当预制梁重量不大，而起重机又有相当的起重能力，河床坚实无水或少水，允许起重机行驶、停搁时，可用一台起重机架设安装。用两台起重机架梁，是用两台自行式起重机各吊住梁（板）的一端，将梁（板）吊起并架设安装。此法应注意两台起重机的互相配合。起重机和绞车配合架梁时，预制梁一端用拖履、滚筒支垫，另一端用吊机吊起，前方用绞车或绞盘牵引预制梁前进。梁前进时，起重机起重臂随之转动。梁前端就位后，起重机行驶到后端，提起后端取出拖履、滚筒，再将梁放下就位。

（2）移动式支架架梁法

陆地架梁法是在架设孔的地面上，顺桥轴线方向铺设轨道，其上设置可移动支架，预制梁的前端搭在支架上，通过移动支架将梁移运到要求的位置后，再用吊网门形架或人字扒杆吊装；或者在桥墩上设枕木垛，用千斤顶卸下，再将梁横移就位。

（3）摆动式支架架梁法

摆动式支架架梁法通常是将预制梁（板）沿路基牵引到桥台上并稍悬出一段（悬出距离根据梁的截面尺寸和配筋确定），然后从桥孔中心河床上悬出的梁（板）端底下设置人字扒杆或木支架。

（4）跨墩或墩侧门式起重机架梁法

对于桥不太高，架桥孔数又多，沿桥墩两侧铺设轨道不困难的情况，可以采用跨墩或墩侧门式起重机来架梁。通过运梁轨道或者用拖车将梁运到后，就用门式起重机起吊、横移，并安装在预定位置。当一孔架完后，起重机前移，再架设下一孔。用本方法的优点是架设安装速度较快，河滩无水时也较经济，而且架设时不需要特别复杂的技术工艺，作业人员较少。但门式起重机的设备费用一般较高，尤其在高桥墩的情况。

2. 起重船架设法

（1）起重船架梁

在海上和深水大河上修建桥梁时，用可回转的伸臂式起重船架梁比较方便。这种架梁方法高空作业少、施工比较安全、吊装能力大、功效高，但需要大型起重船。鉴于起重船来回运梁航行时间长，要增加费用，故一般采取用装梁船储梁后成批一起架设的方法。起重船架梁时需在岸边设置临时码头移运预制梁。架梁时，起重船要认真锚固。如流速不大则可用预先抛入河中的混凝土锚作为锚固点。

（2）固定式悬臂起重船架梁

在缺乏大型伸臂式起重船时，也可用钢制万能杆件或贝雷钢架拼装固定式的悬臂起重船进行架梁。

3. 高空架梁法

（1）联合架桥机架梁

此法适用于架设安装 30 m 以下的多孔桥梁，其优点是完全不设桥下支架，不受水深流急影响，架设过程中不影响桥下通航、通车。预制梁的纵移、起吊、横移、就位都较方便。其缺点是架设设备用钢量较多但可周转使用。

联合架桥机由两套门式吊机、一个托架、一根两跨长的钢导梁三部分组成。钢导梁由贝雷装配、梁顶面铺设的运梁平车、托架行走的轨道、门式吊机和工字梁组成，并在上下翼缘处及接头的地方用钢板加固，门式吊机顶横梁上设有吊梁用的行走小车。为了不影响架梁的净空位置，其立柱做成拐脚式（俗称拐脚龙门架）。门式吊机的横梁高程，由两根预制梁叠起的高度加平车及起吊设备高确定。蝴蝶架是专门用来托运门式吊机转移的，它由角钢组成，整个蝴蝶架放在平车上，可沿导梁顶面轨道行走。

联合架桥机架梁顺序如下：在桥头拼装钢导梁，梁顶铺设钢轨并用绞车纵向拖拉导梁就位；拼装蝴蝶架和门式吊机，用蝴蝶架将两个门式吊机移运至架梁孔的桥墩（台）上；由平车轨道运送预制梁至架梁孔位，将导梁两侧可以安装的预制梁用两个门式吊机吊起，横移并落梁就位；将导梁所占位置的预制梁临时安放在已架设好的梁上；用绞车纵向拖拉导梁至下一孔后，将临时安放的梁由门式吊机架设就位，做完梁的架设工作，并用电焊将各梁联结起来；在已架设的梁上铺接钢轨，再用蝴蝶架顺序将两个门式吊机托起并运至前一孔的桥墩上。如此反复，直至将各孔梁全部架设好为止。

（2）双导梁架桥机架梁法

本法是在架设孔间设置两组导梁，导梁上安设配有悬吊预制梁设备的轨道平车和起重行车或移动式龙门吊机，将预制梁在双导梁内吊着运到规定位置后，再落梁、横移就位。

横移时，一种方法是将两组导梁吊着预制梁整体横移；另一种是导梁设在桥面宽度以外，预制梁在龙门吊机上横移，导梁不横移，这比第一种横移方法安全。双导梁架桥机架梁法的优点与联合架桥机架梁法相同，适用于在墩高、水深的情况下架设多孔中小跨径的装配式梁桥，但不需蝴蝶架。因配备双组导梁，故架设跨径可较大，吊装的预制梁较重。

（3）自行式伸臂起重机桥上架梁法

起重机在预制梁跨径不大、重量较轻且梁能运抵桥头引道上时，可直接用自行式伸臂起重机（汽车起重机或履带起重机）来架梁。但是对于架桥孔的主梁，当横向尚未连成整体时，必须核算起重机通行和架梁工作时的承载能力。此种架梁方法简单方便，几乎不需要任何辅助设备。

第二节　预应力混凝土桥梁施工

普通钢筋混凝土结构受弯构件在正常使用条件下，其受拉区是开裂的，影响构件的正常使用和耐久性，并限制了高强材料的应用。另外，普通钢筋混凝土结构的自重大，增加了施工的难度，大大地限制了桥梁的跨越能力。随着桥梁跨度的增大，预应力混凝土结构将更具有优势。

一、预应力混凝土结构的特点

预应力混凝土结构除了具有普通钢筋混凝土结构的优点外，还有下述重要特点：能最有效地利用高强钢筋、高强混凝土，减小截面，降低自重，增大跨越能力；与普通钢筋混凝土桥梁相比，一般可节省钢材 30 % ~ 40 %，跨径越大，节省越多；预应力混凝土梁在正常使用条件下不出现裂缝，鉴于能全截面参与工作，故可显著减小建筑高度，使大跨径桥梁做得轻柔美观，扩大了对各种桥型的适应性，提高了结构的耐久性；预应力技术的采用，为现代装配式结构提供了最有效的装配、拼装手段。根据需要，可在纵向、横向及竖向施加预应力，使装配式结构集整成理想的整体，扩大了装配式桥梁的使用范围。

当然，预应力混凝土结构要有作为预应力筋的优质高强钢材，保证高强混凝土的制备质量，同时，要有一整套专门的预应力张拉设备和材质好、精度高的锚具，并要掌握复杂的施工工艺。

二、预应力混凝土桥梁施工

（一）固定支架就地浇筑法

固定支架就地浇筑施工法是一种古老的施工方法，它是在固定支架上安装模板，绑扎及安装钢筋骨架，预留孔道，并在现场浇筑混凝土与施加预应力的施工方法。由于采用此种方法施工需用大量的支架，故其一般在桥墩较低的中小跨径桥梁或交通不便的边远地区采用。

近年来，随着桥梁结构形式的发展，出现了一些变宽的异形桥、弯桥等复杂的预应力混凝土结构。若由于临时钢构件、万能杆件、贝雷梁和六四军用梁等的大量应用，其他施工方法都比较困难，或经过比较，固定支架就地浇筑施工法较方便、费用较低时，在大跨径桥梁中也可以采用这种施工方法。为了完成现浇梁桥的就地浇筑施工，应根据桥孔跨径、桥孔下面覆盖土层的地质条件、水的深浅等因素，合理地选择支架形式。

1. 支架

支架类型选择是就地浇筑施工的关键。就地浇筑连续梁桥施工所用支架与钢筋混凝土简支梁桥就地浇筑支架基本相同，此处不做赘述。

2. 浇筑

固定支架就地浇筑施工中与装配式预应力梁预制工艺相同的部分，此处也不再赘述。以下仅就碗扣式钢管支架的搭设、混凝土的浇筑顺序、模板拆除及卸架进行阐述。

（1）碗扣式钢管支架的搭设

采用碗扣式钢管支架时，其支架搭设应符合下列要求。

第一，模板支架应根据所承受的荷载选择立杆的间距和步距，底层纵、横向水平杆作为扫地杆，距地面高度应小于或等于 350 mm，立杆底部应设置可调底座或固定底座；立杆上端包括可调螺杆，伸出顶层水平杆的长度不得大于 0.7 m。

第二，可调底座及可调托撑丝杆与调节螺母的啮合长度不得少于 6 扣，插入立杆内的长度不得小于 150 mm。

模板支架的斜杆设置应符合下列要求。

第一，当立杆间距大于 1.5 m 时，应在拐角处设置通高专用斜杆，中间每排每列应设置通高八字形斜杆或剪刀撑；当立杆间距小于或等于 1.5 m 时，模板支架四周应从底到顶连续设置竖向剪刀撑。中间纵横向应由底至顶连续设置竖向剪刀撑，其间距应小于或等于 4.5 m；剪刀撑的斜杆与地面间的夹角应为 45°～60°，斜杆应每步与立杆扣接。

第二，当模板支架高度大于 4.8 m 时，顶端和底部必须设置水平剪刀撑，中间水平剪刀撑设置间距应小于或等于 4.8 m。

第三，必须严格控制支架的垂直度，以免影响整体稳定性。垂直度偏差应小于或等于 $H/500$（H 为支架搭设高度），且不得大于 50 mm。

第四，当模板支架周围有桥梁墩台结构时，应建立与墩台的水平连接，以加强架体的安全可靠度。

第五，模板支架高宽比应小于或等于 2；当高宽比大于 2 时，可扩大下部架体尺寸或采取其他构造措施（如设置缆风绳加固）

（2）混凝土的浇筑顺序

在浇筑混凝土时支架会产生不均匀沉降。为避免因支架不均匀沉降而导致混凝土在浇筑过程中出现内伤，要求混凝土的浇筑应从跨中向两侧墩台逐步推进，当整跨梁体浇筑完成后再浇筑跨越梁段。跨越梁段的浇筑应呈斜面逐层推进，浇筑完成时应保持混凝土顶面为斜面，以便与下一梁跨混凝土建立更好的连接。

（3）模板拆除及卸架

当混凝土的强度达到设计强度的 25 % 以后可拆除侧模，当混凝土强度大于设计强度的 75 % 以后可拆除梁体的各项模板。对于预应力混凝土梁，应在预应力钢束张拉完毕或张拉到一定数量后再拆除模板，以免梁体混凝土受拉。卸架程序应从梁体挠度最大处的支架节点开始，逐步卸落相邻两侧的节点。落梁要对称、均匀、有序。同时，要求各节点的卸落应分级多次进行，以使梁的沉落曲线逐步加大。

3. 固定支架预应力就地浇筑的特点

综上所述，固定支架就地浇筑施工方法的特点包括以下几点。

第一，混凝土能整体浇筑，预应力筋整体张拉，桥梁的整体性较好。施工中不需要进行体系转换。对机具和起重能力要求不高，不需要大型起重设备，施工较简便、平稳、可靠。

第二，需要使用大量的施工支架，施工周期长，周转次数少，费用高；跨河桥梁搭设支架影响河道的通航与排洪，施工期间支架可能会受到洪水和漂流物的威胁。

第三，需要有较大的施工场地进行支架组拼、钢筋加工、模板制作、预应力筋加工等，因此施工管理较复杂。

（二）悬臂施工法

悬臂施工法是大跨度桥梁最常采用的施工方法，也是桥梁施工中难度较大的施工工艺，需要专门的施工设备和一支熟悉悬臂施工工艺的技术队伍。

采用该方法建造桥梁时，不需要在桥下搭设大量的支架，而是利用挂篮施工设备从墩顶已建梁段向两侧开始对称悬出接长，直至合龙。梁体每延伸一段，通过预应力钢筋将当前梁段与梁体连成一体。按照节段梁体的制作方式的不同，悬臂施工法可以分为悬臂浇筑法和悬臂拼装法。

悬臂浇筑法：在桥墩两侧对称逐段就地浇注混凝土，待混凝土达到一定强度，张拉预应力钢筋，移动机具、模板继续施工。

悬臂拼装法：将预制节段块件，从桥墩两侧依次对称安装，张拉预应力钢筋，使悬臂不断接长，直至合龙。

1.悬臂浇筑施工

（1）施工挂篮

挂篮是一个能够沿轨道行走的活动脚手架，悬挂在已经张拉锚固的箱梁梁段上。挂篮的承重结构可用万能杆件或采用专门设计的结构。挂篮除了要能承受梁段自重和施工荷载外，还要求自重轻、刚度大、变形小、稳定性好、行走方便等。

用梁式挂篮浇筑墩侧初始几对梁段时，由于墩顶位置受限往往需要将两侧挂篮的承重结构临时联结在一起。待梁段浇筑到一定长度后，再将两侧承重结构分开。如果墩顶位置过于窄小，开始用挂篮浇筑困难时，可以设立局部支架。墩顶梁段（所谓0号块）或墩顶附近的梁段在支架上浇筑，施工挂篮就在已浇筑的梁段上拼装。

（2）悬浇施工工艺流程

当挂篮安装就位后，即可在其上进行梁段悬臂浇筑的各项作业，其工艺流程是按每一梁段的混凝土分两次浇筑排列的，即先浇筑底板混凝土，后浇筑肋板及顶板混凝土。当采用次浇筑时，将浇筑底板混凝土的工序与浇筑肋板及顶板混凝土的工序合并，其他工序不变。

混凝土浇筑前，须用硬方木支垫于台车前轮分配梁上以分布荷载，减小轮轴压力。浇筑混凝土的过程中，要随时观测挂篮由于受荷而产生的变形。挂篮负荷后，还可能引起新旧梁段接缝处混凝土开裂。尤其是采用两次浇筑法施工，第二次混凝土浇筑时，第一次浇筑的底板混凝土已经凝结。由于挂篮的第二次变形，底板混凝土就会在新旧梁段接缝处开裂。为了避免这种裂缝，可对挂篮采取预加变形的方法，如采用活动模板梁等。

悬臂浇筑一般采用由快凝水泥配制的 C40～C60 混凝土。在自然条件下，浇筑后 30～36 h，混凝土强度达 30 MPa，这样可以加快挂篮的移位。目前，每段施工周期为 7～10 d，具体应视工程量、设备、气温等条件而定。

悬臂浇筑施工的主要优点是：预制场地小，逐段浇筑，易于调整和控制梁段的位置，且整体性好；不需大型机械设备，主要作业在没有顶棚的挂篮内进行；各段均属严密的重复作业，需要施工人员少，工作效率高；等等。

其主要缺点是：梁体部分不能与墩柱平行施工，施工期较长，而且悬臂浇筑的混凝土加载龄期短，混凝土收缩、徐变影响较大。

2.悬臂拼装施工

（1）梁段预制

悬拼施工是将梁沿纵轴，根据起吊能力分成适当长度的节段，在工厂或桥位附近的预制场进行预制，然后运到桥位处用吊机进行拼装。节段预制的质量直接关系到梁段悬拼施工的重量和速度，因此预制时应严格控制梁段断面和形体的精确度，充分注意预制场地的选择与布置、台座和模板支架的制作、工艺流程的拟订，以及养护和储运的每一环节。梁段预制的方法通常有长线预制或短线预制法长线预制。

①长线预制。

长线预制是在预制厂或施工现场按梁底曲线制作固定台座，在台座上安装模板进行节段混凝土浇筑工作。组成箱梁的各梁段均在固定台座上的活动模板内且相邻段应相互贴合浇筑，缝面浇前涂抹隔离剂，以利脱模。

长线预制需要较大的场地，其底座的最小长度应为桥孔跨径的一半。梁体节段的预制一般在底板上进行。模板常采用钢模，以便于装拆使用。为加快施工进度，保证节段之间密贴，常采用先浇筑奇数节段，然后浇筑偶数节段的方式。当节段混凝土强度达到设计强度 75% 以上后，可吊出预制场地。

②短线预制。

短线预制是在固定台位且能纵移的模板内浇筑，由可调整内、外部模板的台车与端梁来完成。当第一节段混凝土浇筑完成后，在其相对位置上安装下一节段模板，并将第一节段混凝土的端面作为第二节段的端模，完成第二节段混凝土的浇筑工作。这种方法适合节段的工厂化生产预制，设备可周转使用，台座仅需3 个梁段长，但节段的尺寸和相对位置的调整要复杂一些。短线台座除基础部分外，多采用钢料加工制作。

由于长线台座可靠，因而成桥后梁体线形较好，长线的台座使梁段存贮有较大余地；但占地较大，地基要求坚实，混凝土的浇筑和养护移动分散。

短线预制场地相对较小，模板及设备基本不需移动，可调的底、侧模便于平、竖曲线梁段的预制；但精度要求高，施工严，周转不便，工期相对较长。

箱梁节段预制要求相邻节段之间接触紧密，故必须以前面浇筑完成的节段的端面作为后来浇筑节段的端模。同时，必须采用隔离剂以便节段出坑时相互容易从接缝处脱离。

常用隔离剂可分为：薄膜类，如塑料硬薄膜；油脂类，如好机油；皂类，如烷基苯磺酸钠，虽成本较高，但使用效果较好。

（2）节段运输

梁段运输有水、陆、栈桥及缆吊等各种形式。梁体节段自预制底座上出坑后，一般先存放于存梁场，节段拼装时由存梁场运至桥位处，预制块件的运输方式一般可分为场内运输、装船和浮运三个阶段。

①场内运输。

出坑和运输一般由预制场的龙门吊机担任。节段上船也可使用预制场的龙门吊机。当预制场与栈桥距离较远时，节段的运输应首先考虑采用平车运输。当采用无转向架的运梁平车运输时，运输轨道不得设平曲线，纵坡一般应为平坡。当地形条件受到限制时，最大纵坡不得大于 1%。

②装船。

装船应在专用码头上进行，码头的主要设施是施工栈桥和节段装船的起重机。栈桥的长度应保证在最低施工水位时驳船能够进港起运，栈桥的高度要保证在最高施工水位时栈桥主梁不被水淹。栈桥宽度要保证运梁驳船两侧与栈桥之间不少于 0.5 m 的安全距离。栈桥起重机的起重能力和主要尺寸（净高和跨度）应与预制场上的起重机相同。

③浮运。

浮运船只应根据节段的重量和高度来选择，可采用铁驳船、坚固的木冟船、水泥驳船或用浮箱装配。为了保证浮运安全，应设法降低浮运重心。

开口船面的船应尽量将块件置于船舱底板；必须放置在甲板面上时，必须在舱内。压重块件的支垫应按底面坡度用碎石子堆成，满铺支垫或加设三角形垫木，以保证块件安放平稳。另外，还需以缆索将块件系紧固定。

（3）悬拼方法

①起重船拼装法。

重型的起重机械装配在船舶上，全套设备在水上作业，在 40 m 的吊高范围内起重力大，所用辅助设备少。优点是相应的施工速度较快，一天可以完成 2~4 段的吊拼，但台班费用较高。

②悬臂吊机拼装法。

悬臂吊机由纵向主桁架、横向起重桁架、锚固装置、平衡重、起重系统、行走系统和工作吊篮等部分组成。

纵向主桁为吊机的主要承重结构，可由贝雷桁片、万能杆件、大型型钢等拼制。一般由若干桁片构成两组，用横向连接系连成整体，前后用两根横梁支承。横向起重桁架是供安装起重卷扬机，直接起吊箱梁节段之用的构件，多采用贝雷架、万能杆件及型钢等拼配制作。

纵向主桁架的外荷载就是通过横向起重桁架传递给它。横向起重桁架支承在轨道平车上，轨道平车搁置于铺设在纵向主桁架弦的轨道上，起重卷扬机安置在横向起重桁架的上弦。设置锚固装置和平衡重的目的是防止主桁架在起吊节段时倾覆翻转，保持其稳定状态。对于拼装墩柱附近节段的双悬臂吊机，可用锚固横梁及吊杆将吊机锚固于 0 号块上。对称起吊箱梁节段，不需要设置平衡重。

单悬臂吊机起吊节段时，也可不设平衡重，而将吊机锚固在节段吊环上或竖向预应力筋的螺丝端杆上。起重系统一般是由电动卷扬机、吊梁扁担及滑车组等组成，作用是将由驳船浮运到桥位处的节段提升到拼装高度以备拼装。滑车组要根据起吊节段的重量来选用。

吊机的整体纵移可以采用钢管滚筒在木板上滚移，由电动卷扬机牵引。牵引绳通过转向滑车系于纵向主桁架前支点的牵引钩上。横向起重桁架的行走采用轨道平车，用倒链滑车牵引。

工作吊篮悬挂于纵向主桁架前端的吊篮横梁上，吊篮横梁由轨道平车支承以便工作吊篮的纵向移动。工作吊篮供预应力钢丝穿束、千斤顶张拉、压注灰浆等操作之用。可设上、下两层，上层供操作顶板钢束用，下层供操作肋板钢束用；也可只设一层，工作吊篮可用倒链滑车调整高。

③连续桁架拼装法。

连续桁架拼装法可分移动式和固定式两类。移动式连续桁架的长度大于桥的最大跨径，桁架支承在已拼装完成的梁段和待拼墩顶上，由起重机在桁架上移运节段进行悬臂拼装。固定式连续桁架的支点均设在桥墩上，而不增加梁段的施工荷载。

（4）接缝处理及拼装程序

梁段拼装的接缝有湿接缝、干接缝和胶接缝等几种。不同的施工阶段和不同的部位，将采用不同的接缝形式。

①湿接缝。

1号块和调整块用湿接缝拼装。悬拼施工时，防止梁体上翘和下挠的关键是1号块的准确定位。1号块是基准块件，一般1号块与墩顶0号块以湿接缝相接。1号块定位后，可由起重机悬吊支承，也可用下面的临时托架支承。为便于接缝处管道接头操作接头钢筋的焊接和混凝土振捣作业，湿接缝宽度一般为0.1～0.2 m。

0～1号块间湿接缝处理程序：块件定位，中线及高程测量；接头钢筋焊接，制孔器安放；湿接缝模板安放；湿接缝混凝土浇筑；湿接缝混凝土养护拆模；穿预应力钢束，张拉锚固。

跨度大的T形刚构桥，由于悬臂很长，往往在悬臂中部设置一道现浇箱梁横隔板。同时，设置一道湿接缝。这道湿接缝除了能增加箱梁的结构刚度外，还可以调整拼装位置。在拼装过程中，如拼装上翘的误差很大，用其他方法难以补救时，也可以通过增设一道湿接缝来调整。但应注意增设的湿接缝宽度必须用凿打块件端面的办法来提供。

②干接缝或胶结缝。

除上述块件之间采用湿接缝外，一般块件之间采用干接缝或胶接缝。

其他预制梁段拼装顺序包括以下几个步骤：预制梁段提升，内移就位，试拼；预制梁段移开，与已拼装梁段保持约0.4 m的间距；穿束；涂胶（双面涂胶，干接缝无此工序）；梁段就位，检查位置、高程及吻合情况；预应力钢束张拉，观察预制梁段是否滑移，锚固。

环氧树脂胶黏剂接缝可使块件连接密贴，可提高结构抗剪能力、整体刚度和不透水性。环氧树脂胶黏剂由环氧树脂、固化剂、增塑剂、稀释剂、填料等组成，其配方应根据施工环境、温度、固化时间和强度要求选定。一般对接缝混凝土面先涂环氧树脂底层胶黏剂，然后再涂加入填料的环氧树脂胶黏剂，环氧树脂胶黏剂随用随配并调制。

（4）穿束与张拉

①穿束。

T形刚构桥纵向预应力钢筋的布置有两个特点：一是较多集中于顶板部位；

二是钢束布置对称于桥墩。因此，拼装每一对对称于桥墩块件的预应力钢丝束，都须按锚固这一对块件所需长度下料。

明槽钢丝束通常按等间距排列，锚固在顶板加厚的部分（这种板俗称"锯齿板"），加厚部分预制时留有管道。穿束时先将钢丝束在明槽内摆放平顺，然后再分别将钢丝束穿入两端管道之内，钢丝束在管道两头伸出长度要相等。

暗管穿束比明槽难度大。经验表明，60 m 以下的钢丝束穿束一般可采用人工推送。较长钢丝束穿入端，可点焊成箭头状缠裹黑胶布；60 m 以上的钢丝束穿束时，可先从孔道中插入一根钢丝与钢丝束引丝连接，然后一端以卷扬机牵引，一端以人工送入。

②张拉。

钢丝束张拉前，先要确定合理的张拉次序，保证箱梁在张拉过程中每批张拉合力都接近该断面钢丝束总拉力重心处。

钢丝束张拉次序的确定与箱梁横断面形式、同时工作的千斤顶数量、是否设置临时张拉系统等因素有关。

一般情况下，纵向钢丝束的张拉次序按下述原则确定：第一，对称于箱梁中轴线，钢丝束两端同时成对张拉；第二，先张拉肋束，后张拉板束；第三，肋束的张拉次序是先张拉边肋，后张拉中肋（当横断面为三根肋，仅有两对千斤顶时）；第四，同一肋上的钢丝束先张拉下边的，后张拉上边的；第五，板束的次序是先张拉顶板中部的，后张拉边部的。

悬臂拼装法施工的主要优点是：梁体块件的预制和下部结构的施工可同时进行，拼装成桥的速度较现浇快，可显著缩短工期；块件在预制场内集中预制，质量较易保证；梁体塑性变形小，可减小预应力损失，施工不受气候影响等。

其缺点是：需要占用较大的预制场地，移运和安装需要大型的机械设备；如果不用湿接缝，则块件安装的位置不易调整。

（5）压浆

管道压浆的目的是保证预应力筋不受腐蚀。目前的工艺是先用高压水检查管道的畅通、匹配面的密贴情况以及封端情况，再进行正式压浆，直到出浆口出浓浆。封闭出浆口持压 3 ~ 5 min，以保证水泥浆尽量充满管道。

压浆是在局部封锚后进行的，除了保证封端质量外，须在水泥浆中加入适量微膨胀剂，选取合适的配合比，既能使压浆工作顺利进行，又能使凝固后的水泥浆尽量充满管道，尽可能排出管道内的水和空气，避免力筋受蚀。

（6）合龙段施工

用悬臂施工法建造的连续刚构桥、连续梁桥需在跨中将悬臂端刚性连接、整体合龙。合龙段施工有现浇和拼装两种方法，现浇方法与悬浇中跨合龙段施工方法相同，拼装方法与简支梁板的安装相同。

第三节　桥面及附属工程施工

桥面是桥梁服务车辆、行人实现其功能的最直接部分，主要包括支座、桥面铺装层等。其施工质量不仅影响桥梁的外形美观，而且关系到桥梁的使用寿命、行车安全及舒适性等。因此，对于桥面及附属设施的施工必须引起足够的重视。

一、桥梁支座的施工

（一）桥梁支座概述

桥梁支座是桥梁结构的一个重要组成部分。但是由于它在桥梁工程造价中所占比例很小，往往未引起工程技术人员的重视。

20 世纪 70 年代以前，我国的公路、铁路桥梁上常不设支座或仅设置传统的钢支座。随着桥梁建设事业的发展，各种形式的桥梁陆续建成，对桥梁支座的承载力、支座适应线位移和转角能力的要求也不断提高，与之相适应的各种新型桥梁支座应运而生。

桥梁支座是连接桥梁上部结构和下部结构的重要结构部件。它能将桥梁上部结构的反力和变形（线位移和转角）可靠地传递给桥梁下部结构。同时，保证上部结构在荷载、温度变化、混凝土收缩徐变等因素作用下的自由变形，以便结构的实际受力情况与理论计算图示相符合，保护梁端、墩台帽不受损伤。

梁支座必须满足以下功能要求：一是梁支座必须具有足够的承载能力，以保证安全可靠的传递支座反力；二是支座对桥梁变形（位移和转角）的约束应尽可能小，以适应梁体自由伸缩及转动的需要；第三，支座应便于安装、养护和维修，必要时可进行更换。

梁式桥的制作一般分为固定支座和活动支座。固定支座允许梁截面自由转动而不能移动，活动支座允许梁在挠曲和伸缩时转动与移动。由于桥梁跨径、支座反力、支座允许转动与位移不同，支座选用的材料不同，支座是否满足防振、减振要求不同，桥梁支座具有许多相应类型。

随着桥梁结构体系的发展，制作类型也相应地更新换代，过去一般针对小跨径桥梁或加工较烦琐的支座，如简易垫层支座钢板支座、钢筋混凝土摆柱式支座等已不常使用，代之以板式橡胶支座、球形支座、盆式橡胶支座、聚四氟乙烯滑板支座及圆形板式橡胶支座等。

（二）不同种类的桥梁支座施工

1. 板式橡胶支座安设

板式橡胶支座由多层橡胶片与薄壁板镶嵌、黏合、压制而成。安装前，应将垫块顶面清理干净，采用干硬性水泥砂浆抹平，且检查顶面标高是否满足设计要求；板式橡胶支座安装前还应对支座的长、宽、厚、硬度、容许荷载、容许最大温差及外观等进行全面检查，如不符合设计要求，则不得使用。

板式橡胶支座安装时，支座中心尽可能对准梁的计算支点，必须使整个橡胶支座的承压面上受力均匀。就位不准或与支座不密贴时，必须重新起吊，采取垫钢板等措施，并应使支座位置控制在允许偏差内，不得用撬棍移动梁、板。

为保证板式橡胶支座安装装置准确，支座安装尽可能排在接近年平均气温的季节里进行，以减小由于温差变化过大而引起的剪切变形。梁、板安装时，必须细致稳妥，使梁、板就位准确且与支座密贴，勿使支座产生剪切变形；就位不准时，必须吊起重放，不得用撬杠移动梁、板。

当墩台两端标高不同，顺桥向或横桥向有坡度时，支座安装必须严格按设计规定办理。支座周围应设排水坡，防止积水，并注意及时清除支座附近的油脂与污垢等。

2. 球形支座的安设

球形支座各向转动性能一致，适用于弯桥、坡桥、斜桥、宽桥及大跨径桥。球形支座无承重橡胶块，特别适用于低温地区。

支座出厂时，应由生产厂家将支座调平，并拧紧连接螺栓，防止支座在安装过程中发生转动和倾覆。支座可根据设计需要预设转角及位移，但施工单位应在订货前提出预设转角及位移量的要求，由生产厂家在装配时预先调整好。

支座安装前方可开箱，并检查装箱清单，包括配件清单、检验报告复印件、支座产品合格证书及支座安装养护细则。施工单位开箱后，不得任意转动连接螺栓，并不得任意拆卸支座。支座安装高度应符合设计要求，保证支座平面的水平及平整。支座支承面四角高差不得大于 2 mm。

当下支座板与墩台采用螺栓连接时，应先用钢楔块将下支座板四角调平，高程、位置应符合设计要求，用环氧砂浆灌注地脚螺栓孔及支座底面垫层。环氧砂浆硬化后，方可拆除四角钢楔，并用环氧砂浆填满楔块位置。当下支座板与墩台采用焊接连接时，应对称、间断地将下支座板与墩台上预埋钢板焊接。焊接时应采取防止烧伤支座和混凝土的措施。

当梁体安装完毕，或现浇混凝土梁体达到设计强度后，在梁体预应力张拉之前，应拆除上、下支座板连接板。

3. 盆式橡胶支座

盆式橡胶支座是钢构件与橡胶组合而成的新型桥梁支座，具有承载能力大、水平位移量大、转动灵活等特点，适用于支座承载力为 1 000 kN 以上的跨径桥梁，也适用于城市、林区、矿区的桥梁。

盆式橡胶支座构造简单、结构紧凑、滑动摩擦系数小、转动灵活。与一般铸钢辐轴支座相比，具有重量轻、建筑高度低、加工制造方便、节省钢材、降低造价等优点。与板式橡胶支座相比具有承载能力大、容许支座位移量大、转动灵活等优点。因此，盆式橡胶支座特别适宜在大跨径桥梁上使用。

支座规格和质量应符合设计要求，支座组装时其底面与顶面（埋置于墩顶和梁底面）的钢垫板，必须埋置稳固。垫板与支座间应平整密贴，支座四周不得有 0.3 mm 以上的缝隙，严格保持清洁。活动支座的聚四氟乙烯板和不锈钢钢板不得有刮伤、撞伤。氯丁橡胶板块密封在钢盆内，要排除空气，保持紧密。

安装前，将支座各相对滑移面用清洁剂仔细擦洗，擦净后在四氟滑板的储油槽内注满硅脂类润滑剂并保持清洁。盆式橡胶支座的顶面和底板可用焊接或锚固螺栓拴接在梁体底面和垫石顶面的预埋钢板上。

焊接时，应防止烧坏混凝土；焊接完成后，应在焊接部位做防锈处理。安装锚固螺栓时，其外露螺杆的高度不得大于螺母的厚度。支座安装的顺序，宜先将上座板固定在大梁上，然后根据其位置确定底盆在墩台的位置，最后固定。

支座的安装标高应符合设计的要求，中心线与梁的轴线重合，水平最大位移差不超过 2 mm。

安装固定支座时，上下各部件的纵轴线必须对正；安装活动支座时，上下纵轴线必须对正，横轴线应当根据安装时的温度与年平均温度的差，由计算确定其错位的距离；支座上的上下导向挡块必须平行，最大偏心的交叉角不得大于 5°。

二、桥面铺装层施工

（一）水泥混凝土桥面铺装层施工

水泥混凝土桥面铺装层的施工工艺为：施工准备工作→安装模板→桥面钢筋绑扎→混凝土制备→混凝土运输→桥面混凝土浇筑→接缝施工→表面修整→养护。下面将对部分施工要点进行介绍。

1. 梁顶标高的测定和调整

预应力混凝土空心板或大梁在预制后存梁期间，由于预应力作用，往往会产生反拱。如果反拱过大，就会影响桥面铺装层的施工。因此，设计中对存梁时间、存梁方法都做了一定要求。

如果架梁前已发现反拱过大，则应采取降低墩顶标高、减少垫石厚度等方法来保证铺装层厚度。架梁后应对梁顶标高进行测量，测定各跨中线、边线的跨中和墩顶处的标高，分析评价其是否满足规范要求。若偏差过大，则应采取调整桥面标高、改变引线纵坡等方法，以保证铺装层厚度，使桥梁上部结构形成整体。

2.绑札、布设标面钢筋网

桥面钢筋应根据设计要求和相关规定进行绑扎。正交桥必须注意放正钢筋，斜交桥桥面钢筋应按图纸规定方向放置。所有钢筋均应正确留设保护层厚度。采用双层钢筋网时，两层钢筋之间应有足够数量的定位撑筋，以保证两层钢筋的位置正确。

在两跨连接处，若桥面为连续构造，应再布设桥面连续的构造铜筋；若为伸缩缝，要注意做好伸缩缝的预埋钢筋。

3.混凝土浇筑

对板顶处理情况、钢筋网布设情况进行检查。当其满足设计和规范要求后，即可浇筑混凝土。若设计为防水混凝土，其配合比及施工工艺应满足规范要求。

浇筑铺装层时，为防止钢筋变位，不得在钢筋上搁置重物，不得让运料小车在钢筋网上推运，不得让人员在钢筋网上行走踩踏。若必须在钢筋上通行，可搭设支架架空走道。在浇筑过程中，应随时注意纠正钢筋位置。

浇筑混凝土时，宜从下坡向上坡进行，注意要连续施工，防止产生施工缝。混凝土振捣时，先用插入式振捣器沿模板边角均匀插捣，然后用平板振捣器对中间部分混凝土进行振捣，直至混凝土不再下沉，最后用振动梁进行粗平。

水泥混凝土桥面施工可采用真空脱水工艺，脱水后还应进行表面平整和提浆。如不采用真空脱水工艺，应采用抹子反复抹面直至表面平整、无泌水为止。必须符合设计规定，面层必须平整、粗糙。如果桥面纵坡较大，则必须采取防滑措施。第二次抹平后，应沿横坡方向拉毛或采用机具压槽，拉毛和压槽深度应为1～2 mm。浇筑完后待表面有一定硬度时即可开始养生。常用的养生方法为覆盖草麻袋、草帘、塑料薄膜、土工布等并洒水。

2. 沥青混凝土桥面铺装层施工

（1）准备工作

铺装沥青混凝土面层以前，须对混凝土桥面的平整度、粗糙度等进行检查，桥面应平整、粗糙、干燥、整洁，并应符合规定的设计要求。测设中线和边线的高程，根据所需铺筑沥青混凝土的最小、最大及平均厚度计算沥青混凝土的数量，做好用料计划。清扫桥梁混凝土面层，保持清洁、干燥，并喷洒黏层油，黏层沥青宜采用快裂的洒布型乳化沥青，也可采用快、中凝液体石油沥青或煤沥青，并采用机械喷布工艺，用量一般控制在 $0.3 \sim 0.4 \, kg/m^2$，要求洒布均匀。

（2）浇洒黏层

沥青工艺要求如上所述，黏层沥青应均匀洒布（亦可涂刷），局部地段浇洒过量或积聚油量较多则应予以刮除。若气温低于 10℃ 或水泥混凝土桥面层潮湿（或不洁），不得浇洒黏层沥青。浇洒黏层沥青后，严禁除沥青混合料运输车以外的其他车辆、行人通过。黏层沥青洒布后，应紧接铺筑沥青混凝土面层，但乳化沥青应等待破乳、水分蒸发完后铺筑。洒布沥青黏层前宜在路缘石上方涂刷石灰水或粘贴保护纸张，以免沥青沾染缘石。

（3）伸缩缝处理

铺筑沥青面层时，伸缩缝处理宜用黄沙等松散材料临时铺垫与水泥混凝土顶面相平，沥青混凝土面层可连续铺筑，铺筑完成后再按所用伸缩缝装置的宽度，画线切割，挖除伸缩缝部分的沥青混凝土后再安装伸缩装置。

（4）热拌沥青混合料的运输

沥青混凝土面层铺筑用沥青混合料应采用较大吨位的自卸汽车运输，车厢应清扫干净。为防止沥青与车厢板黏结，车厢侧板和底板可涂一薄层油水混合液（柴油与水比例可为 1：3），但不得有余液积聚在车厢底部。运料车应用篷布覆盖，用以保温、防雨、防污染，夏季运输时间短于 0.5 h 时，亦可不加覆盖。

连续摊铺过程中，运料车应在摊铺机前 10～30 cm 处停住，不得撞击摊铺机；卸料过程中运料车应挂空档，靠摊铺机推动前进。沥青混合料运至摊铺地点后应凭运料单接收并检查拌和质量及温度要求，遇有已经结成团块或遭遇淋湿的混合料则不得铺筑在桥面、道路上。

（5）沥青混凝土面层的铺筑

铺筑沥青混凝土面层应采用机械摊铺，应以伸缩缝的间距确定一次铺筑长度，要求在相邻两个伸缩缝之间尽量不设施工缝。桥面的宽度宜在 1 d 内铺筑成，每次铺筑的纵向接缝宜在上次铺筑的沥青混凝土的实际温度未降至 100℃时予以接缝铺筑并碾压。

根据混凝土桥面层的平整度、沥青混凝土面层的厚度和结构层次决定一次铺筑或两次铺筑。沥青混凝土面层厚度大于 6 cm 时，宜采用两次铺筑以提高沥青混凝土面层的平整度。沥青混合料必须缓慢、均匀、连续不断地摊铺，摊铺过程中不得随意变换速度或中途停顿。摊铺速度一般控制在 2 ~ 6 m/min，可根据沥青混合料供应及机械配套情况及摊铺层厚度、宽度确定。

摊铺好的沥青混合料应随即碾压（碾压方法、要求可参照沥青路面施工有关规定）。如因故不能及时碾压或遇雨，应停止摊铺，并对卸下的沥青混合料覆盖保温。

当先铺筑的沥青混凝土的实际温度降至 80℃以下时，后铺筑的沥青混凝土应按冷接缝方法处理，即铣刨接缝处的沥青混凝土，要求接缝顺直。纵缝的铣刨宽度宜为 20 ~ 30 cm，横缝的铣刨宽度应用直尺测量后决定，一般不宜小于 100 cm。如无铣刨机，可按画线用切缝机切割后再凿除。

沥青混凝土面层的铺筑和碾压宜从下坡向上坡进行。施工车辆和施工机械不允许停留在新铺装的沥青混凝土面层上，也不允许柴油之类的油料滴漏在沥青混凝土面层上，以免引起沥青混凝土软化、壅包。当采用刻槽方式增加沥青混凝土铺装层与混凝土桥面的啮合，提高其抗滑能力时，刻槽的宽度宜为 20 mm，槽间距宜为 20 m，槽深宜为 3 ~ 5 mm。

第五章 大跨径桥梁施工

第一节 刚构桥的施工技术

一、平衡悬臂施工

平衡悬臂施工可分为悬臂浇筑法施工与悬臂拼装法施工。前者是当桥墩浇筑到顶以后，在墩顶安装脚手钢桁架，并向两侧伸出悬臂以供垂吊挂篮，实施悬臂浇筑（挂篮是主要施工设备）；后者是将梁逐段分成预制块件进行拼装，穿束张拉，自成悬臂。

二、悬臂梁起步段施工

为拼装挂篮或吊机，需在墩柱两侧先采用支撑托架浇筑一定长度的梁段。其施工托架可根据墩身高度、承台形式和地形情况，分别支承在墩身、承台或经过加固的地面上。挂篮由主桁架、悬吊系统、锚固系统与平衡重、行走系统以及工作平台底模架等所组成。挂篮设置除应保证强度安全可靠外，还应满足变形小，行走方便，锚固、装拆容易，以及各项施工作业的操作要求，并注意安全防护设施。

三、箱梁混凝土的浇筑（悬臂浇筑）

箱梁混凝土的浇筑可视箱梁截面高度情况采用一次或两次浇筑法。

浇筑肋板混凝土时，两侧肋板应同时分层进行。浇筑顶板及翼板混凝土时，应从外侧向内侧一次完成，以防发生裂缝。

当箱梁截面较大（或靠近悬臂根部梁段），节段混凝土数量较多时，每个节段可分两次浇筑，先浇底板到肋板的倒角以上，再浇筑肋板上段和顶板，其接缝按施工缝要求处理。

四、悬臂拼装

悬臂拼装的主要工序包括块件预制、移运、整修、吊装定位、预应力张拉、施工接缝处理等，各道工序均有其不同的要求，并与整个拼装质量具有密切关系。

五、块件拼装接缝

块件拼装接缝一般为湿接缝与胶接缝两种。湿接缝用高强细石混凝土，胶接缝则采用环氧树脂胶黏剂为接缝料。由于 1 号块梁段的安装对控制该跨节段的拼装方向和标高非常关键，故 1 号块梁段与 0 号块梁段之间的接缝多以采用湿接缝以利调整 1 号梁段块位置。

第二节　拱桥的施工特点

一、劲性骨架浇筑拱圈

劲性骨架混凝土拱桥实际上是内填外包式的钢管混凝土结构，其是适应大跨度混凝土拱桥"自架设"应运而生的。其基本原理是利用自重轻、强度与刚度均较大的钢管骨架容易架设，并具有承受后续浇筑混凝土重力的特点，以实现较大的跨越和降低施工费用的目的。劲性骨架混凝土拱桥施工程序包括安装劲性骨架，灌注管内混凝土，灌注钢管外包混凝土，从而形成钢筋混凝土结构。在这种结构中，先期形成的钢管和钢管混凝土是作为施工的劲性骨架而起作用的，在成桥后，劲性骨架也参与结构受力，但钢管混凝土的结构布置和截面大小一般是由施工受力控制的。

劲性骨架混凝土拱桥的外包拱圈以钢管混凝土劲性骨架为依托，利用吊挂模板浇筑，并按照横向分块、纵向分环和分段的原则外包混凝土。劲性骨架单独承担拱圈第一环的混凝土重力，随后各环混凝土的重力由先期浇筑的混凝土环与劲性骨架形成的组合结构共同承担。这种施工方法的关键是：大跨度、大吨位缆索吊机的设计、安装及操作；长距离、大落差的混凝土两级泵送和压注工艺；拱圈混凝土浇筑的多点平衡法浇筑程序设计；劲性骨架安装及拱圈施工过程中的拱轴线控制；浇筑拱圈外包混凝土期间的结构强度和稳定性分析。

大跨径劲性拱圈混凝土拱圈（拱肋）的浇筑，可采用分环多工作面均衡浇筑法、水箱压载分环浇筑法和斜拉扣挂分环连接浇筑法。浇筑前应进行加载程序设计，正确计算和分析钢骨架以及钢骨架与先期混凝土层联合结构的变形、应力和稳定安全度，并在施工过程中进行监控。

二、装配式混凝土、钢筋混凝土拱圈

装配式混凝土、钢筋混凝土拱圈适用于箱形拱、肋拱及箱肋组合拱（以下均称箱形拱）的少支架或无支架施工。

（一）无支架安装拱圈

构件拼装应结合桥梁规模、河流、地形及设备等条件采用适宜的吊装机具，各项机具设备和辅助结构的规格、型号、数量等均应按有关规定经过设计计算确定。缆索吊机在吊装前必须按规定进行试拉和试吊。拱肋吊装时，除拱顶段以外，各段应设一组扣索悬挂。

扣架的布置应符合下列规定：①扣架一般设在墩、台顶上，扣架底部应固定，架顶应设置风缆。②各扣索位置必须与所吊挂的拱肋在同一竖直面内。③扣架上索鞍顶面的高程应高于拱肋扣环高程。④扣架应进行强度和稳定性验算。

（二）转体施工安装方法

平转施工主要适用于刚构梁式桥、斜拉桥、钢筋混凝土拱桥及钢管拱桥。竖转施工主要适用于转体质量不大的拱桥或某些桥梁预制部件（塔、斜腿、劲性骨架），对混凝土拱肋、刚架拱、钢管混凝土拱桥，当地形、施工条件适合时，可选择竖转施工法。其转动系统由转动铰、提升体系（动、定滑轮组，牵引绳等）、锚固体系（锚索、锚锭顶）等组成。

（三）缆索吊装施工

缆索吊装施工是在架设好的缆索吊装设备上设置两个跑车，下面连接起吊滑车组，跑车上安装前后牵引钢丝绳，牵吊预制构件到架设安装孔上空，下落、横移、就位、安装。在峡谷或水深流急的河段上，或在通航的河流上需要满足船只的顺利通行时，缆索吊装由于具有跨越能力大，水平和垂直运输机动灵活，适应性广，施工比较稳妥方便等优点，在拱桥施工中被广泛采用。

预制的拱肋（箱），一般均有起吊、安装等过程，因此必须对吊装、搁置、悬挂、安装等状况下的拱肋进行强度验算，以保证拱肋（箱）的安全施工。拱肋如采用卧式预制，还需验算平卧运输或平卧起吊时截面的侧向应力。

（四）钢管拱肋（桁架）施工

1. 钢管拱肋（桁架）安装

（1）安装方法

钢管混凝土拱肋施工中最重要的工序之一就是拱肋安装，安装的方法有：无支架缆索吊装、少支架缆索吊装、整片拱肋或少支架起重船安装、吊桥式缆索吊装、转体施工、支架上组装、千斤顶斜拉扣挂悬拼等。

（2）拱圈形成

钢管拱肋成拱过程中，应同时安装横向连接系，未安装连接系的不得多于一个节段，否则应采取临时横向稳定措施。节段间环焊缝的施焊应对称进行，施焊前需保证节段间有可靠的临时连接并用定位板控制焊缝间隙，不得采用堆焊。合龙口的焊接或拴接作业应选择在结构温度相对稳定的时间内尽快完成。

采用斜拉扣索悬臂拼法施工时，扣索与钢管拱肋的连接件应进行设计计算。扣索根据扣力计算采用多根钢绞线或高强钢丝束，其安全系数应大于2。

钢管混凝土拱桥的拱圈形成主要分两步，一是钢管拱圈形成，二是在管内灌注混凝土形成最终拱圈，钢管拱既是结构的一部分，又兼作浇筑管内混凝土的支架与模板。采用千斤顶斜拉扣挂悬拼安装就是利用在吊装时用于扣挂钢管的斜拉索的索力调整来控制吊装标高和调整管内混凝土浇筑时拱肋轴线变形，与普通缆索吊装比较具有如下优点：采用强度高、承载力大、延伸量小、变形稳定的钢绞线做斜拉索，可减少架设过程中的不稳定非弹性变形；采用千斤顶张拉系统对斜拉索加卸拉力、收放索长，具有张拉能力大、行程控制精度高、索力调整和控制灵活、锚固可靠等优点；斜拉扣挂体系自成系统，不受缆索吊装系统干扰；可以准确计算悬拼架设过程中各施工阶段的索力、延伸量，以及由此而产生的大段接头预抬高量，作为施工监测适时控制的依据。

2. 钢管内混凝土浇筑

（1）浇筑方法与工艺流程

管内混凝土浇筑可采用人工浇筑和泵送顶升压注两种方法，一般应采用泵送顶升压注施工，由两拱脚至拱顶对称均衡地一次压注完成。由于分段浇筑对密封的钢管来讲较为困难，且由此而产生的若干混凝土接缝对钢管混凝土拱肋质量不利。所以，一般采用自拱脚一次对称浇（压）筑至拱顶的方案。

钢管混凝土压注工艺流程为：堵塞钢管法兰间隙→清洗管内污物、湿润内壁→安设压注头和闸阀→压注管内混凝土→从拱顶排浆孔振捣混凝土→关闭压注口处闸阀稳压→拆除闸阀完成压注。

（2）管内混凝土质量要求

钢管混凝土压注前应清理管内污物，润湿管壁，泵入适量的水泥浆后再压注混凝土，直至钢管顶端排气孔排出合格的混凝土时停止。完成后应关闭设于压注口的倒流截止阀，管内混凝土的压注应连续进行，不得中断。管内混凝土不能出现断缝、空洞。管内混凝土不能与管壁分离。管内混凝土的配料强度比设计强度高 10 % ～ 15 %。新灌入钢管的混凝土，3 d 承载量不宜高于 30 % 设计强度，7 d 承载量不宜高于 80 % 设计强度。一根钢管的混凝土灌注完成时间不得超过第一盘入管混凝土的初凝时间。一根钢管的混凝土必须连续灌注，一气呵成。钢管混凝土的质量检测办法应以超声波检测为主，人工敲击为辅。为保证混凝土泵送工艺的顺利进行，对大跨径钢管混凝土拱桥，需按实际泵送距离和高度进行模拟混凝土压注试验。钢管混凝土的泵送顺序应按设计要求进行，宜采用先钢管后腹箱的施工程序。

第三节 斜拉桥的施工特点

斜拉桥由梁、塔、索三种基本构件组成桥梁结构体系。

斜拉桥的桥面如同多孔的弹性支承连续梁，斜拉的每根钢索如同桥墩，众多的桥墩斜向集中到一根塔柱上，再集中传到地基上。斜拉桥的索承受巨大拉力，塔、梁承受巨大压力，但塔的左、右水平力自我平衡。斜拉桥的施工主要包括主塔的施工、主梁的施工、拉索的施工等。

一、索塔

斜拉桥的索塔形式有单柱式、双柱式、门架式、花瓶形（折线 H 形）以及钻石形等。索塔的构造材料主要有钢结构、混凝土结构、预应力混凝土结构。

（一）索塔施工方法及主要设备

1.索塔的施工方法

索塔施工可视其结构、体形、材料、施工设备和设计综合考虑选用合适的方法。裸塔施工宜用爬模法，横梁较多的高塔宜用劲性骨架挂模提升法。裸塔现浇施工主要采用翻模、滑模、爬模的施工方法。

（1）翻模

比法应用较早，施工简单，能保证几何尺寸（包括复杂断面），外观整洁。但模板高空翻转操作危险，沿海地区不宜用此法。

（2）滑模

比法施工速度快，劳动强度小，但技术要求高，施工控制复杂，外观质量较差，且易污染。一般倾斜度较大、预留孔道及埋件多的索塔不宜用此法。

（3）爬模

爬模兼有滑模和翻模的优势，适用于斜拉桥一般索塔的施工。施工安全，质量可靠，修补方便。国内外大多采用此法。

2. 索塔施工主要机械设备

一般安装一台塔式起重机、一台施工电梯。塔式起重机可安装在二柱中间。混凝土的垂直运输一般采用泵送。泵管一般设在施工电梯旁，便于接管、拆管和采取降温或保温措施，或处理堵管等。

（二）索塔施工要点

索塔的施工，除设置相应的塔式起重机外，还应设置工作电梯及安全通道。斜拉桥施工时应避免塔梁交叉施工干扰，必须交叉施工时应根据设计和施工方法采取保证塔梁质量和施工安全的措施。索塔横梁施工时应根据其结构、质量及支撑高度设置可靠的模板和支撑系统，考虑弹性和非弹性变形、支承下沉、温差及日照的影响，必要时应设支承千斤顶调控，体积过大的横梁可两次浇筑。斜塔柱施工时，必须对各施工阶段塔柱的强度和变形进行计算，应分高度设置横梁，使其线形、应力、倾斜度满足设计要求并保证施工安全。索塔混凝土现浇应选用输送泵施工，超过一台泵的工作高度时，允许接力泵送，但必须做好接力储料斗的设置，并尽量降低接力站台的高度。宜在索塔施工中设置劲性钢骨架，以保证索管空间定位精度和钢筋架立的精度。

索塔施工组织设计中必须制定整体和局部的安全措施：①设置运输安全设施，如塔式起重机起质量限制器、断索防护器、钢索防扭器、风压脱离开关等；②防范雷击、强风、暴雨、寒暑、飞行器对施工的影响；③防范吊落和作业事故并有应急的措施；④应对塔式起重机、支架安装、使用和拆除阶段的强度稳定性等进行计算和检查。

另外，必须避免上部塔体施工时对下部塔体表面的污染。

（三）索塔的施工测量

建立平面控制网，对常用点采取加固、防晒防风措施；塔底高程测定，塔底轴线与塔根模板轮廓点放样，上、下塔柱及横梁模板各接高轮廓点的放样与标高测定；塔柱基础沉降观测；劲性骨架、锚索管与模板安置的调整测量；考虑张拉引起的收缩偏位以及浇筑混凝土时产生下沉等原因，放样时在设计基础上加入预偏、沉降等。

二、混凝土主梁

（一）主梁的特点及施工方法

由于斜拉桥主梁的支承形式为多点连续支承，而且支承间距小，与梁式桥相比，斜拉桥的主梁梁体高跨比较小，斜拉桥的主梁跨越能力大、建筑高度小，把斜拉索索力的水平分力作为轴力传递。主梁施工方法与梁式桥基本相同，大体分四种：顶推法、平转法、支架法（临时支墩拼装、支架上现浇）、悬臂法（悬臂拼装、悬臂浇筑）。

（二）主梁的施工要点

1. 一般要求

主梁施工时必须进行施工控制，即对梁体每一施工阶段的结果进行详细的检测分析和验算，以确定下一阶段拉索张拉量值和主梁线形、高程及索塔位移控制量值，周而复始直至合龙成桥。

施工监控测试的主要内容如下。

变形：主梁线形、高程、轴线偏差、索塔的水平位移。

应力：拉索索力、支座力及梁塔应力在施工过程中的变化。

温度：温度场及指定测量时间塔、梁、索的变化。

不与索塔结构固结的主梁，施工时必须使梁塔临时固结，并在施工结束后按要求程序解除临时固结，完成设计的支承体系，必须加强施工期内对临时固结的观察。

2. 混凝土主梁施工

主梁零号段及其两旁的梁段，在支架和塔下托架上浇筑时，应消除温度、弹性和非弹性变形及支承等因素对变形和施工质量的不良影响。

采用挂篮悬臂浇筑主梁时，除应符合梁桥挂篮施工的有关规定外，还应按下列规定执行：挂篮的悬臂梁及挂篮全部构件制作后均应进行检验和试拼，合格后再于现场整体组装检验，并按设计荷载及技术要求进行预压，同时测定悬臂梁和挂篮的弹性挠度、调整高程性能及其他技术性能。挂篮设计和主梁浇筑时应考虑抗风振的刚度要求；拉索张拉时应对称同步进行，以减少其对塔与梁的位移和内力影响。

为防止合龙梁段施工出现的裂缝，应采用以下方法改善受力和施工状况：在梁上、下底板或两肋端部预埋临时连接钢构件，或设置临时纵向连接预应力索，或用千斤顶调节合龙口的应力和合龙口长度。合龙两端高程在设计允许范围内时，可视情况进行适当压重。观测合龙前连日的昼夜温度变化与合龙高程及合龙口长度变化的关系，选定适当的合龙浇筑时间。合龙梁段浇筑后至纵向预应力索张拉前应禁止施工荷载的超平衡变化。

主梁采用悬拼时，除应遵守连续梁及斜拉桥主梁悬浇的有关规定外，还应按下列规定施工：预制梁段，如设计无规定，宜选用长线台座（可分段设置），亦可采用多段的联线台座，每联宜多于 5 段，先预制顺序中的 1、3、5 段，脱模后再在其间浇 2、4 段，使各端面啮合密贴，端面不应随意修补。应在底模上调整主梁分段形体所受竖曲线的影响。拼装中多段积累的超误差，可用湿接缝调整。梁段拼合前应试拼，以便及时调整。湿接缝拼合面应进行表面凿毛和清扫，干接缝应保持结合面清洁，黏合料应涂刷均匀。采用垫片调整梁段拼装线形时，每次垫片调整的高程不应大于 20 mm。

长斜拉索在抗振阻尼支点尚未安装前，应采用钢索或杆件（平面索时）将一侧斜拉索联结以抑制和减小斜拉索的振动。

大跨径主梁施工时应缩短双向长悬臂持续时间，尽快使一侧固定，以减少风振的不利影响，必要时应采取临时抗风措施。

3. 钢主梁施工

钢主梁（包括叠合梁和混合梁）施工应注意：①钢主梁应由资质合格的专业单位加工制作、试拼，经检验合格后安全运至工地备用。堆放应无损伤、无变形和无腐蚀。②钢梁制作的材料应符合设计要求。③应进行钢梁的连日温度变形观测对照，确定适宜的合龙温度及实施程序，并应满足钢梁安装就位时高强度螺栓定位所需的时间。

三、斜拉索施工

（一）斜拉索的构造

斜拉索按材料和制作方式的不同可分为以下几种形式：平行钢筋索、平行（半平行）钢丝索、平行（半平行）钢绞线索、单股钢绞缆、封闭式钢缆。

1. 斜拉索制作

为保证质量，斜拉索不宜在现场施工制作，要求工厂化或半工厂化施工，其制作工艺流程为：钢丝经放线托盘放出粗下料（设计索长 + 施工工作长度）→编束→钢束扭绞成型→下料齐头→分段抽检（成型后的直径误差及扭绞角）→焊接牵引钩→绕缠包带→热挤 PE 护套→水槽冷却→测量护套厚度及偏差→精下料（计算长度 + 锹头长度）→端部入锚部分去除 PE 套→锚板穿丝→分丝镦头→装冷铸锚→锚头养护固化→出厂检验（预张拉等）→打盘包装待运。

2. 斜拉索防护

斜拉索是斜拉桥的主要受力构件，它的防护质量决定整个桥梁的安全和使用寿命。由于斜拉桥的斜拉索全部布置在梁体外部，且处于高应力状态，对锈蚀比较敏感，而锈蚀是斜拉桥劣化的起因。因此，斜拉索防护对斜拉桥有着十分重要的意义。

斜拉索防护可分为临时防护和永久防护两种，防护类型主要有以下几种：①封闭索防护；②平行索用塑料罩套保护；③套管压浆法保护；④预应力混凝土索套防护；⑤直接挤压护套法保护。

3. 斜拉索的安装

（1）放索及索的移动

将斜拉索运输到施工现场，通常采用类似电缆盘的钢结构盘，对于短索，也可采取自身成盘，捆扎后运输，放索方法主要有立式转盘和水平转盘放索。在放索和安索过程中，需要将斜拉索拖移，由于索自身弯曲或者与桥面直接接触，在移动中可能损坏拉索的防护层或损伤索股，因此施工过程中必须采取措施予以保护，主要方法有滚筒法、移动平车法、导索法和垫层法等。

（2）斜拉索的安装

一般根据斜拉索张拉端的位置确定安装顺序，如果拉索张拉端设于塔部，则先安装梁部，反之则先于塔部安装，塔部安装锚固端的方法主要有吊点法、吊机安装法、脚手架法、钢管法，塔部安装张拉端的方法有分步牵引法和桁架床法，对于两端均为张拉端的斜拉索，可选用其中适宜的方法。梁部斜拉索的安装有吊点法和拉杆接长法，步骤与塔部安装相同。

（三）斜拉索施工要点

1.斜拉索和锚具的制作

斜拉索及其锚具应委托专业单位制作，严格执行国家或部颁行业标准和规格生产，并应进行检测和验收。

斜拉索成品、锚具交货时应提供下列资料：产品质量保证书、产品批号、设计索号及型号、生产日期、数量、长度、质量等，以及产品出厂检验报告及有关数据。

斜拉索的运输和堆放应无破损、无变形、无腐蚀。

2.斜拉索的安装与张拉

斜拉索安装可根据塔高、布索方式、索长、索径、索的刚柔程度、起重设备和施工现场状况等综合选择架设方法。安装前应根据索长、索重、斜度和风力等因素计算其安装过程中锚头距索管口 2.0 m、1.0 m，距锚板 0.70 m 以及锚头带锚环时的牵引力，以综合选择架设方案和设备。施工中不得损伤索体保护层和索端锚头及螺纹，不得堆压弯折索体。

不得用起重钩或易对索体产生集中应力的吊具直接挂扣拉索，宜用带胶垫的管形夹具尼龙吊带或设置多吊点起吊。放索时索体应贴在特制的滚轮上拖拉，并应控制索盘的转速，防止转速突变或倾覆。为防止锚头和索体穿入塔、梁索管时的偏位和损伤，应在放管处设置控制的力点或限位器调控。安装过程中锚头螺纹应包裹，及时清除拉索的包护物。斜拉索防护层和锚头损伤应及时修补并计入有关表格存档以便跟踪维护。

施工中，斜拉索抗振的约束环和减振器未安装前，必须确保索管（特别是梁上索管）和锚端的防水、防腐和防污染。

斜拉桥斜拉索的张拉应按下列各项执行：张拉施工的设备和方法应根据设计的索型、锚具、布索方式，以及塔和梁的构造确定。斜拉索张拉的顺序、级次数和量值应按设计规定执行。应以振动频率计测定的索力或油压表量值为准，采用延伸值进行校核，并应视拉索防振圈及索的弯曲刚度状况对测值予以修正。斜拉索张拉可于塔端或梁端单端进行，也可顶升索鞍支座进行。平行钢丝拉索宜采用整体张拉，平行钢绞线拉索可用整体或分索张拉，分索张拉应按"分级""等力"的原则进行，每根同级的索力允许误差为 ±1%。

索塔顺桥向两侧的斜拉索（组）和桥横向对称的斜拉索（组）必须对称同步张拉；同步张拉的不同步索力的相差值不得超出设计规定；两侧不对称的或设计拉力不同的斜拉索，应按设计规定的索力分级同步张拉，各千斤顶同步之差不得大于油表读数的最小分格，索力终值误差小于 ±2%。

斜拉索锚固时不宜在锚环与承压板间加垫，需要加垫时，其垫圈材料和强度应符合承压要求，并应设成两个密贴带扣的半圈。

斜拉索张拉完成后，悬臂施工跨中合龙前后，当梁体内预应力钢筋全部张拉完且桥面及附属设备安装完时，应采用传感器或振动频率测力计检测各拉索力值，同时应视防振圈及索的弯曲刚度等状况对测值予以修正。每组及每索的拉力误差超过设计规定时应进行调整，调整时可从超过设计索力最大或最小的斜拉索开始（放或拉），直调至设计索力。调索时应对塔和相应梁段进行位移检测，并做出存档记录，记录内容包括日期、时间、环境温度、索力、索伸缩量、桥面荷载状况、塔梁的变位量及主要相关控制断面应力等。

第四节　悬索桥的施工特点

一、悬索桥分类及施工内容

（一）悬索桥分类

大跨径悬索桥的结构形式按吊索和加劲梁的形式可分为以下几种：竖直吊索，钢桁架作加劲梁；三角形布置的斜吊索，以扁平流线型钢箱梁作加劲梁；竖直吊索和斜吊索的混合型，流线型钢箱梁作加劲梁。除了具有一般悬索桥的缆索体系外，还设有若干加强用的斜拉索。

按照加劲梁的支承结构不同，悬索桥可分为单跨两铰加劲梁、三跨两铰加劲梁和三跨连续加劲梁悬索桥。

悬索桥下部工程包括锚锭基础、锚体和塔柱基础等施工，上部工程包括主塔、主缆和加劲梁的施工。施工架设主要工序为：基础施工→塔柱和锚锭施工→先导索渡海工程→牵引系统和施工步道系统→施工步道面层和抗风缆架设→索股架设→索夹和吊索安装→加劲梁架设和桥面铺装施工。

（二）悬索桥的施工内容

悬索桥的施工主要分四部分：锚锭施工、索塔施工、加劲梁施工、主缆施工、防腐涂装。

二、锚锭施工

锚锭是悬索桥的主要承重构件，主要抵抗来自主缆的拉力，并传递给地基基础，其按受力形式的不同可分为重力式锚锭、隧道式锚锭等。重力式锚锭依靠自身巨大的重力抵抗主缆拉力，隧道式锚锭的锚体嵌入地基基岩内，借助基岩抵抗主缆拉力，隧道式锚锭只适合在基岩坚实完整的地区，其他情况大多采用重力式锚碇或自锚式悬索桥。

（一）锚碇体基础

锚碇的基础有直接基础、沉井基础、复合基础、隧道基础等形式。

（二）主缆锚固体系

根据主缆在锚块中的锚固位置不同，主缆锚固体系可分为后墙式和前墙式。前墙式的索股锚头在锚块前锚固，通过锚固系统将缆力作用到锚体；后墙式是将索股直接穿过锚块锚固于锚块后面。前墙式由于具有主缆锚固容易、检修保养方便等优点而广泛运用于大跨径悬索桥中。

前墙式锚固系统可分为型钢锚固系统和预应力锚固系统两种类型。

1. 型钢锚固系统

型钢锚固系统主要由锚架和支架组成。锚架包括锚杆、前锚梁、拉杆、后锚梁等，是主要的传力构件；支架是安放锚杆、锚梁并使之精确定位的支撑构件。

施工程序：锚杆、锚梁制作→现场拼装锚支架（部分）→安装后锚梁→安装锚杆于锚支架→安装前锚梁→精确定位→浇筑锚体混凝土。

2. 预应力锚固系统

锚固系统的索股锚头由两根螺杆和锚固连接器相连，再对穿过锚块混凝土的预应力束施加预应力，使锚固连接器与锚块连接成整体承受索股的拉力。锚固系统的加工件必须进行超声波和磁粉探伤检查。

施工程序：基础施工→安装预应力管道→浇筑锚体混凝土→穿预应力筋→安装锚固连接器→预应力筋张拉→预应力管道压浆→安装与张拉索股。

（三）锚碇体施工

悬索桥锚碇属于大体积混凝土构件，混凝土施工阶段水泥会产生大量的水化热，引起变形及变形不均，从而产生温度应力及收缩应力，当应力大于混凝土本身的抗拉强度时，构件就会产生裂缝，影响混凝土质量。因此，水化热的控制是锚碇混凝土施工的关键。

锚锭锚体混凝土施工除按有关规定执行外，还应符合以下要求：尽量降低水泥用量，掺入质量符合要求的粉煤灰和矿粉，粉煤灰和矿粉用量一般分别为胶凝材料用量的 30 % 左右，水泥用量为 40 % 左右。混凝土可按 60 d 的设计强度进行配合比设计，采取适当措施降低混凝土混合料入仓温度。对准备使用的骨料采取措施避免日照，采用冷却水作为混凝土的拌和水，一般选择夜晚温度较低时段浇筑混凝土。在混凝土结构中布置冷却水管，设计好水管流量、管道分布密度，混凝土初凝后开始通水冷却以减低混凝土内部温升速度及温度峰值。进出水温差控制在 10℃ 左右，水温与混凝土内部温差不大于 20℃。混凝土内部温度经过峰值开始降温时停止通水，降温速度不宜大于 2℃/d。大体积混凝土宜采取水平分层浇筑施工。每层厚度应视混凝土浇筑能力、配合比水化热计算及降温措施而定，混凝土层间间歇宜为 4 ~ 7 d。如需要竖向分块施工，块与块之间应预留后浇湿接缝。每层混凝土浇筑完后应立即遮盖塑料薄膜以减少混凝土表面水分挥发，当混凝土终凝时可掀开塑料薄膜在顶面蓄水养护。当气温急剧下降时须注意保温，并应将混凝土内表温差控制在 25℃ 以内。

（四）隧道锚锭混凝土施工特点

隧道式锚锭在隧道开挖时应采用小型爆破，且不得损坏周围岩体。开挖后应正确支护并进行锚体灌筑；在混凝土中应掺入微膨胀剂，防止混凝土收缩与拱顶基岩分离；混凝土浇筑完成后，立即在端模挂草袋保温，将洞口封闭，减少空气流通，达到减少混凝土内外温差的目的；严格控制洞内排水和通风。

（五）散索鞍安装

1.底座板定位

底座板通过在散索鞍混凝土基础中精确预埋螺栓而固定在基础上，调整好板面标高与位置，在底板和四周浇筑高强度膨胀混凝土。

2.安装散索鞍及精度控制

安装好底座板经检验符合要求后，开始安装散索鞍，施工精度要求为：纵横向轴线误差最大值 3 mm；标高误差最大值 3 mm。

三、索塔施工

索塔按材料分有钢塔和钢筋混凝土塔，钢筋混凝土索塔一般为门式刚架结构，由两个箱形空心塔柱和横系梁组成；钢塔主要有桁架式、刚架式和混合式等结构形式。

塔顶钢框架的安装必须在索塔上系梁施工完毕后方能进行。索塔完工后，须测定裸塔倾斜度、跨距和塔顶标高，作为主缆线形计算调整的依据。

（一）混凝土塔身施工

大跨度悬索桥塔身国内主要采用钢筋混凝土塔，国外主要采用钢塔，钢塔施工主要有起重船、塔式起重机和爬升式吊机等架设方法。钢塔架制作工艺程序主要包括放样尺寸→冲孔→拼装→焊接→定中线→切削试拼。

混凝土塔柱施工工艺与斜拉桥塔身基本相同，施工用的模板工艺主要有滑模、爬模和翻模等类型，塔柱竖向主钢筋的接长可采用冷压套管连接、电渣焊、气压焊等方法。混凝土运送方式应考虑设备能力采用泵送或吊罐浇筑，施工至塔顶时，应注意索鞍钢框架支座螺栓和塔顶吊架、施工步道的预埋件的施工。

（二）主索鞍施工

安装主索鞍时必须满足高空吊装重物的安全要求，一般选择在白天晴朗时连续完成工作。

主索鞍安装时应根据设计提供的预偏量就位，加劲梁架设、桥面铺装过程中按设计提供的数据逐渐顶推到永久位置。顶推前应确认滑动面的摩阻系数，严格掌握顶推量，确保施工安全。

1. 主索鞍施工程序

主索鞍施工程序包括安装塔顶门架→钢框架安装→吊装上下支承板→吊装鞍体等。

2. 主索鞍施工要点

①吊装及所有吊具均要经过验算，符合起重要求；②吊装过程必须由专人指挥，中途要防止扭转、摆动和碰撞；③所有构件接触面销孔系精加工表面，必

须清理干净，不得留有砂粒、纸屑等，并且在四周两层接缝处涂以黄油，以防水汽侵入锈蚀构件。

四、主缆施工

主缆架设工程包括架设前的准备工作、主缆架设、防护和收尾工作等，主缆施工难度大、工序多，其主要施工程序如下。

（一）牵引系统

牵引系统是架设于两锚锭之间，跨越索塔用于空中拽拉的牵引设备，主要承担施工步道架设、主缆架设以及部分牵引吊运工作，常用的牵引系统有循环式和往复式两种。

牵引系统的架设以简单经济，并尽量少占用航道为原则。通常的方法是先将先导索渡海（江），再利用先导索将牵引索由空中架设。

索股牵引应符合下列规定：牵引过程中应对索股施加反拉力；牵引最初几根时，宜压低牵引速度，注意检查牵引系统运转情况，对关键部位进行调整后方能转入正常架设工作；牵引过程中发现绑扎带连续两处被切断时，应停机进行修补，监视索股中的着色丝，一旦发生扭转，须采取措施予以纠正；牵引到对岸，在卸下锚头前须把索股临时固定，防止滑移，索股后端宜施加反拉力；索股两端的锚头引入锚固系统前，须将索股理顺，对鼓丝段进行梳理，不得将其留在锚跨内；索股横移时，须将索股从施工步道滚筒上提起，确认全跨径的索股已离开施工步道滚筒后，才能横向移到索鞍的正上方，横移时拽拉量不宜过大，任何人不允许站在索股下方。

（二）施工步道

施工步道是供主缆架设、紧缆、索夹安装、吊索安装以及主缆防护之用的空中作业脚手架。

施工步道的主要承重结构为施工步道承重索，一般按三跨分离式设置，边跨的两端分别锚于锚锭与索塔的锚固位置上，中跨两端分别锚于两索塔的锚固位置上。其上有横梁、面层、横向通道、扶手绳、栏杆立柱、安全网等。为了抗风稳定，一般设有抗风缆、抗风吊杆等抗风构件。

中跨、边跨施工步道面的架设进度，要以塔的两侧水平力差异不超过设计要求为准。在架设过程中须监测塔的偏移量和承重索的垂度。

施工步道形状及各部尺寸应能满足主缆工程施工的需要，施工步道承重索设计时应充分考虑施工步道自重及可能作用其上的其他荷载，承重索的安全系数不小于 3.0。

施工步道承重索可采用钢丝绳或钢绞线，采用钢丝绳时须进行预张拉以消除其非弹性变形。预张拉时荷载不得小于各索破断荷载的 1/2，保持 60 min，并进行两次。

施工步道架设时总的原则：做到对称施工，边跨与中跨作业平衡，减少对塔的变位的影响，控制裸塔塔顶变位及扭转在设计容许范围内。施工步道承重索架设后要进行线形调整，应预留 500 mm 以上的可调长度，各根索的跨中标高相对误差宜控制在 ±30 mm 之内。承重索在边跨与中跨应连续架设。

主缆防护工程完成以后，可进行施工步道拆除工作，拆除时严禁伤及吊索、主索和桥面。

（三）主缆架设

锚锭和索塔工程完成、主索鞍和散索鞍安装就位、牵引系统架设完成后，即可进行主缆架设施工，主缆架设方法主要有空中纺丝法（AS 法）和预制平行索股法（PPWS 法）。美国和欧洲等地主要采用 AS 法；中国和日本等亚洲国家主要采用 PPWS 法。

PPWS 法是在工厂将钢丝制成束，用卷筒运至桥位，安装在一侧锚锭的钢丝松卷轮上，通过液压无级调速卷扬机用拽拉器将钢丝束吊起拉向对岸，因此对牵引系统所需动力要求较大。

钢丝束的张拉、移设就位、固定作业和调整作业对每束钢丝束都要进行，最后用紧缆机将钢丝束挤紧为圆形，成为主缆。施工工序主要包括牵引系统及机具布置、主缆索股牵引、索股整形入鞍等。

AS 法的特点是主缆钢丝逐根或几根（一般最多 4 根）牵引，然后编束，相对于 PPWS 法，所用的牵引机械动力较小，而且可以编成较大的索股，因而锚头数量较少，但其设备一次性投资较大，而且制缆的质量相对 PPWS 法差些，空中作业时间较长。

安装索力的调整以设计提供的数据为依据，其调整量应根据调整装置中测力计的读数和锚头移动量双控确定。

（四）紧缆

索股架设完成后，需对索股群进行紧缆，紧缆包括准备工作、预紧缆和正式紧缆等工序。

预紧缆应在温度稳定的夜间进行，预紧缆时宜把主缆全长分为若干区段分别进行，以免钢丝的松弛集中在一处。索股上的绑扎带采用边紧缆边拆除的方法，不宜一次全部拆除。预紧缆完成处必须用不锈钢带捆紧，保持主缆的形状，预紧缆的目标空隙率宜为 26 % ~ 28 %。正式紧缆宜用专用的紧缆机把主缆整成圆形。其作业可以在白天进行，正式紧缆宜向塔柱方向进行。当紧缆点空隙率达到设计要求时，在靠近紧缆机的地方打上两道钢带。

正式紧缆质量控制要求：空隙率须满足设计要求，空隙率偏差为 ±2 %；不圆度（紧缆后主缆横径与竖径之差）不宜超过主缆设计直径的 5 %。

紧缆作业程序包括：索股架设完成→施工步道门架、牵引系统拆除→简易缆索天车组装→主缆引进部位临时紧固→主缆引进设备解体→预紧缆→紧缆机组装→正式紧缆→紧缆机解体→形状计测。

（五）索夹安装与吊索架设

索夹安装前须测定主缆的空缆线形，提交给设计及监控单位，对原设计的索夹位置进行确认。然后在温度稳定时在空缆上放样定出各索夹的具体位置并编号，清除油污，涂上防锈漆。

索夹在运输和安装过程中应注意保护，防止碰伤及损坏表面。索夹安装方法应根据索夹结构形式、施工设备和施工人员的经验确定。当索夹在主缆上精确定位后，即固紧索夹螺栓。紧固同一索夹螺栓时，须保证各螺栓受力均匀，并按三个荷载阶段（索夹安装时、钢箱梁吊装后、桥面铺装后）对索夹螺栓进行紧固，补足轴力。

索夹安装应注意测量放样，索夹上架与清理、安装，紧固和螺栓轴力控制等，安装时中跨从跨中向塔顶进行，边跨从散索鞍向塔顶进行。

吊索根据其长度不同，由塔顶吊机运至塔顶解开，用托架运至预定位置，并在施工步道上开孔，吊索钢丝绳穿过徐徐放下，将吊索钢丝绳跨挂在主缆索夹上。

吊索运输、安装过程中应保证吊索不受损伤，安装时须采取措施防止吊索扭转。

五、加劲梁施工

加劲梁分为钢桁架、钢箱梁和混凝土箱梁等形式，钢桁架一般采用工厂焊接、工地高强螺栓连接施工。

（一）加劲梁架设

钢桁架加劲梁按架设单元可分为单根杆件架设、桁片架设、节段架设等施工方法。单根杆件架设法使用小型施工架设机械，受施工架设地形影响小，但现场接头多，架设工期长；桁片架设法使用中型施工架设机械，受施工架设地形影响小，现场接头少，架设误差小，可以缩短工期；节段架设法架设质量大，要使用大型架设机械受架设地点的地形和江海面条件影响大，节段一般在工厂预制拼装，可提高架设精度、缩短工期。

加劲梁按架设施工中的连接状态可分为全铰法、逐次刚接法和有架设铰的逐次刚接法。全铰法施工的主梁反应单纯，不需对构件进行特别补强，但架设过程中抗风性能差；逐次刚接法施工架设刚性大，抗风稳定性好，但架设时在加劲桁架中会产生由自重引起的局部变形和安装应力，在该应力超过设计容许值时，需要验算并在必要时采取临时措施；有架设铰的逐次刚接法是前两种施工方法的折中方法，即在应力过大的区段设置减小架设应力的架设铰。

钢箱梁和混凝土箱梁的架设一般采用节段架设法，即在工厂预制成梁段并进行试拼，然后将梁段运至架设现场，用垂直起吊法架设就位。一般使用跨缆起重机吊装，这种方法对通航的限制小，在水文、气象条件较好的地方施工效果好；预应力混凝土箱梁架设就位后节段之间要进行湿接缝处理，节段之间浇筑湿接缝混凝土，根据设计要求穿预应力钢丝束，预应力张拉。

试拼装要求：加劲梁应按拼装图进行厂内试拼装，试拼不少于 3 个节段，按架梁顺序试拼装。

吊装作业过程中占用江海面时，要在施工作业区域进行警戒，设置警戒船，防止一般船舶进入限制通航的地带，确保作业船与一般航行船舶的安全。

吊装作业施工要点：吊装过程应观察索塔变位情况，应根据设计要求和实测塔顶位移量分阶段调整索鞍偏移量，以保证工程质量和施工安全。安装前应确定安装顺序，一般可以从中跨跨中对称地向两边进行，安装完一段跨中梁段后，再从两边跨对称地向索塔方向进行。钢箱梁水上运输必须由有经验的人员担任。架设前，宜进行现场驳船定位试验，以保证定位精度。各工作面上，吊装第二节段起须与相邻节段间预偏一定间隙（0.5～0.8 m），至标高后，牵拉连接，避免吊装过程与相邻节段发生碰伤，影响吊装工作顺利进行。安装合龙段前，必须根据实际的合龙长度，对合龙段长度进行修正。

（二）加劲梁节段工地焊接

工地焊接一般是指加劲钢箱梁的工地大接头焊接，钢桁梁一般采用工厂焊接、工地高强螺栓连接施工。

工地焊接应注意控制焊接变形和焊接应力，为减少焊接变形和有利于焊接应力释放，工地焊接的顺序应与工地吊装大致相同，可以以桥跨中间为中心，向桥塔方向分两个工作区同时进行对称拼装、焊接，完成工地焊缝的装配、焊接、探伤、修磨、涂装等工作。工地焊接质量要求高，施工环境差，工艺要求严格，施工前应做好充分准备，编写详尽的施工组织设计方案；准备好临时机具设备、工作台架、焊接设备、焊接材料、通风设备、防风防雨设备、除锈除尘设备、气刨切割工具等；做好动能配置、用电及消防管理工作，施工时应充分考虑高空、水上作业等因素。

工地焊接主要包括环缝、嵌补段及附件的焊接。环缝焊接是指各梁段之间的箱形横截面的板缝对接，包括桥面板、桥底板、上下斜腹板的板缝对接；嵌补段焊接是指梁内加强结构（加劲肋）的嵌补，包括桥板纵肋嵌补段与桥板的角接、纵肋嵌补段与纵肋的对接；附件焊接是指附属构件的焊接，包括工作孔、检查小车路轨等的焊接。

工地焊接施工要点：地焊缝焊接前应用钢丝砂轮进行焊缝除锈，并在除锈后24 h 内进行工地焊接。焊接前应检查接头坡口、间隙和板面高低差是否符合要求，同时检查环境是否满足工地焊接的环境要求，如不满足应采取措施。工地接头焊接时，应注意温度变化对接头焊接的影响。安装时须有足够数量的固定点并保证足够的强度，当工地焊缝形成并具有足够的刚度和强度时，方能解除安装固定点，防止焊缝裂纹及接口处错边量超差。箱内焊接须有通气排尘措施，钢桥上应有安全用电措施，确保施工安全。桥面板和桥底板应使用单面焊双面成形技术，其他结构应尽可能采用高效焊接以减少焊接变形。当箱内采用 CO_2 气体保护焊时，应采取通风防护安全措施。为控制变形，应对施焊顺序进行控制，横向施焊顺序宜从桥面中轴线向两侧焊接，并尽量做到对称施焊。工地焊接头应进行 100 % 的超声波探伤，其中抽其 30 % 进行 X 射线探伤拍片检查，当有一片不合格时则对该焊缝进行 100 % 的 X 射线拍片，纵向加劲肋的对接接缝只做超声波探伤。

六、防腐涂装

悬索桥的防腐涂装是一项技术性、专业性、工艺性要求很强的工程，为确保质量，应委托专门从事防腐工程的技术部门进行设计；选用质量优良的制造厂家生产的涂料，选拔过硬的施工队伍，在施工中必须聘请有涂装专业技术的人员进行严格监理。

防护与涂装要点：主缆防护应在桥面铺装完成后进行，主缆涂装应按涂装设计进行；防护前必须清除主缆表面灰尘、油污和水分等污物，临时覆盖，待对该处进行涂装及缠丝时再揭开；缠丝工作宜在二期恒载作用于主缆之后进行，缠丝材料以选用软质镀锌钢丝为宜，缠丝工作应由电动缠丝机完成；工地焊接后应及时按防腐设计要求进行表面处理；工地焊接的表面补涂油漆应在表面除锈 24 h 内进行，分层补涂底漆和面漆，并达到设计的漆膜总厚度；根据技术文件的要求，工地焊接完成后，应按涂装工艺文件的要求涂箱外装饰面漆。

第五节　桥梁施工监控

一、桥梁监测

桥梁监测是通过对桥梁结构状态的监控与评估，为桥梁在特殊气候交通条件下或桥梁运营状况严重异常时触发预警信号，为桥梁维护、维修与管理决策提供依据和指导。监测系统对以下几个方面进行监控：桥梁结构在正常环境与交通条件下运营的物理与力学状态；桥梁重要非结构构件（如支座）和附属设施（如振动控制元件）的工作状态；结构构件耐久性；桥梁所处环境条件等。

（一）监测范围

1.敏感部位监测

敏感部位监测一般只在桥梁内力、应变、位移变化和裂纹产生对桥梁影响较大的（敏感）部位进行。

2.总体监测

特大桥梁构造复杂，难以做地毯式人工监测。鉴于特大桥梁的重要性，需要适时地得到桥梁正常工作的总体状况。通过对可能取得的桥梁工作参数，采用不同的方法进行"识别"，找到桥梁异常的一个或几个可能部位，再由配备检测设备的专业人员到可能异常部位检测。

（二）监测方式

1. 人工监测

配备简单的仪器，用人工做地毯式监测，用模糊分级描述桥梁状况，一般可作为定期监测、突发性事件后的特别监测。

2. 自动监测

用固定在桥梁上的专用设备，实时地监测桥梁的工作参数；由专用设备和软件对工作参数进行识别加工，得到能反映桥梁工作状态的状态信息；再用特定的方法分析这些状态信息并与桥梁的健康档案相比较，给出桥梁的健康状况或损伤状况。一般适用于特大的或重要的桥梁在线监测。这种方法自动化程度高，是当前研究热点与发展方向，但是难度大，目前使用尚少。

3. 联合监测

考虑到前两种方法的实际情况，用各种小型的自动化程度较高的仪器，配合人工监测，是一个比较可行的方案。

（三）监测的状态

1. 静态监测

监测桥梁结构的静态几何和力学参数，用以分析桥梁结构的工作状态。静态监测比较困难，一般都是加载检测。但是静态参数比较直观地反映了桥梁的工作状态。

2. 动态监测

监测桥梁结构的动态几何和力学参数，用以分析桥梁结构的工作状态。动态监测适于运营监测。

（四）常规监测的工作参数及桥梁监测系统与手段

1. 常规监测的工作参数

（1）位移

如绝对位移和相对位移，静位移和动位移。

（2）变形

如静动挠度、静动应变等。

（3）力

如索的张拉力。

（4）动力参数

如速度、加速度，可转换成频率、振型，再转换成张力、位移。

（5）外观和完整率

如气蚀、磨损、裂缝、剥落。

（6）物理化学现象

如混凝土碱骨料反应、混凝土中性化（碳化、酸雨、氯蚀）、钢材锈蚀。

（7）环境

如风速（向）、空气（或桥体）温度、地震、交通量（和荷载）。

2. 桥梁监测系统与手段

桥梁监测系统由传感器（包括倾角传感器、加速度传感器、温度传感器、应力传感器、拉力传感器、压力传感器、位移传感器、温度传感器、湿度传感器等）、信号调理模块、传输模块、数据采集系统、健康监测模型、预警模块等组成。

主要仪器包括：位移（量程）计、倾斜仪、（高程、方位、距离）测量设备、GPS、数字成像机；位移传感器、电阻应变仪、压电式应变仪、振弦应变仪、分布式光纤应变计；压力环、磁弹性张力计、油压计、剪力销等；速度计、伺服（或压电）加速度计算；刻度放大镜、数字成像机、超声探测仪、地面雷达等；钢筋锈蚀仪；风向（速）计、空气（或埋入式）温度计、交通量观测仪、埋入（或移动）式称重仪、摄像机。

首先，各种传感器采集桥梁运行过程中的各种形态变化，经过信号调理后，通过传输模块传输回总控监测室，总控中心有大型的数据采集系统针对桥梁总体的各种信号进行采集，将采集到的信息记录并经由健康监测模型分析，当桥梁变形超差、振动超差、位移超差、应力超差时，启动预警模块，为桥梁维护人员提供维修维护信息，避免因桥梁在非健康状态下使用而导致垮塌等引起的财产损失。

二、桥梁施工控制

桥梁施工控制技术，就是把现代控制理论应用在桥梁施工工程中，确保施工过程中，桥梁结构的内力、变形一直处于允许的安全范围内，确保最终的实际桥梁变形和内力符合设计理想的变形和内力的要求，主要包括变形控制、应力控制、稳定控制和安全控制，而桥梁施工安全是变形控制、应力控制、稳定控制的综合体现。

（一）桥梁施工控制方法

桥梁施工控制方法可分为事后控制法、预测控制法、自适应控制法和最大宽容度控制法几种。①事后控制法是指在施工中，当已成结构状态与设计要求不符时，可通过一定手段对其进行调整，使之达到要求，这种方法现已应用不多。②预测控制法是在考虑施工方案和影响桥梁状态的诸因素而确定桥梁的应变和应力的理想状态后（称控制理想状态），针对施工过程中由于实际情况和假定诸因素之间不一致而产生误差，（误差值由监测测试系统反馈后）在调试系统中进行修正，再给定下一步的数据，对结构的每一个施工阶段形成的前后的状态进行预测，使施工实际沿着预定的理想状态进行的控制方法。这种方法是采取纠偏终点控制的方法，即在施工过程中，对产生主梁线形偏差的因素跟踪控制，随时纠偏，最终达到理想线形，这种方法常用卡尔曼滤波法和灰色理论等。③自适应控制法也称为参数识别修正法，是指在控制开始时，控制系统的某些设计参数与实际情况不完全相符，系统不能按设计要求得到符合实际的输出结果，但是可以在系统的运行过程中，通过系统识别或参数估算，不断修正参数，使设计输出与实际输出相符，从而得到控制。这种方法是应用现代控制理论中的自适应控制方法，即对施工过程中的标高和内力的实测值与预计值进行比较，对桥梁结构的主要基本设计参数进行识别，找出产生实测值与预计值（设计值）产生偏差的原因，从而对参数进行修正，达到双控的目的。④最大宽容度控制法是误差的容许值法，即在设计时给予主梁标高和内力最大的宽容度，这种做法减少了控制的难度。

影响桥梁施工控制的因素主要有结构参数、施工误差因素、监测因素和结构分析计算模型、温度变化与材料收缩影响、徐变因素等。结构参数包括材料密度、结构部件截面尺寸、材料弹性模量、材料的热膨胀系数、施工荷载及预加应力或索力等，监测包括温度、应力和变形监测等内容。

（二）各种桥梁的施工控制特点

施工控制最基本的要求是保证施工中的安全和结构恒载内力及结构线形符合设计要求。由于桥梁结构形式和施工方法有许多，对于具体某一座桥梁的施工控制又有它的侧重点。

斜拉桥施工时，在主梁悬臂浇筑或悬臂拼装过程中，确保主梁线形和顺、正确是第一位的，施工中以标高控制为主。二期恒载施工时，为了保证结构的内力和变形处于理想状态，拉索再次张拉时以索力控制为主。所谓以标高控制为主，并非只控制主梁的标高，而不顾及拉索索力的偏差。施工中应根据结构本身的特性和施工方法的不同，采取相应的控制策略。若主梁刚度较小，斜拉索索力的微小变化将引起悬臂端挠度的较大变化，斜拉索张拉时应以高程测量为主进行控制，但索力张拉吨位不应超过容许范围，确保施工安全。若主梁刚度较大，斜拉索索力变化了很多，而悬臂端挠度的变化却非常有限，施工中应以拉索张拉吨位为标准进行控制，然后根据标高的实测情况，对索力进行适当的调整。此时标高、线形的控制主要是通过混凝土浇筑前底模标高的调整（悬臂浇筑方法）或预制块件接缝转角的调整（悬臂拼装方法）来实现的。

悬索桥的主要承重结构是主索，主索在施工中又是悬索桥吊装的主要承重结构，主索一经架好，它的长度和线形调整甚小，为了确保悬索内力和线形符合设计要求，主索的无应力长度（下料长度）要严格加以控制，尤其对基准束的尺寸要更加重视。对于加劲梁的拼装，为保证符合设计线形，吊杆的下料长度（无应力长度）将又是一个控制重点。可以看出，为了使在无应力状态下结构各部分的尺寸准确无误，故要有一个符合结构实际的计算程序。在施工过程中，除了主索和加劲梁外，对桥塔受力、索鞍偏移、吊杆和主索索股受力均匀性等应严加跟踪控制，保证应力和线形的双控实现。

大跨度混凝土拱桥同样按安全、线形和恒载内力的要求进行施工控制。由于大跨度混凝土拱桥拱肋截面多采用底板、侧板、顶板分次浇筑完成的组合截面，必然造成结构挠度和内力的重分布，为确保拱肋应力和变形符合设计要求，要严格进行双控，但拱肋的形成一般要靠劲性骨架进行浇筑，其拱肋各段是在工厂放样加工制作的（无应力长度），骨架一经合龙，今后无法进行大的调整，所以大跨度混凝土拱桥的施工控制，首先要把好骨架无应力长度控制这一关，然后做好拱肋混凝土浇筑的跟踪施工、控制，确保拱肋应力和标高符合要求。拱桥是以受压为主的结构，对于施工过程中结构的稳定性要给予关注。

预应力混凝土连续梁或连续刚构相对斜拉桥而言，没有斜拉索，其施工控制与斜拉桥主梁相同。

凡是以悬臂浇筑或悬臂拼装施工的桥梁，都是逐节段向前推进的，施工控制中常采用逐节段跟踪控制的方法。

第六章　道路桥梁缺损维修、裂缝修补与加固

第一节　桥梁缺损维修

一、混凝土桥梁缺损的维修

（一）混凝土材料的主要缺陷

1.混凝土质量缺陷

（1）蜂窝

蜂窝是指混凝土局部酥松，粗骨料多砂浆少，石子间出现空隙，形成蜂窝状孔洞的现象。

（2）麻面

麻面是指混凝土表面局部缺浆、粗糙或有许多小凹坑的现象。

（3）孔洞或空洞

孔洞或空洞是指表层或混凝土内部，由于在浇筑混凝土过程中缺乏必要振捣或出现漏浆，导致混凝土表面或内部出现空洞的现象。

（4）掉角

掉角是指构件角边处混凝土局部掉落或出现不规整缺陷的现象。

2.混凝土表面缺损

（1）风化

混凝土构件表面或整体出现的因物理、化学性质变化而形成的表面材质退化现象。

（2）磨损

磨损是指构件在外界作用下出现的骨料和砂浆的表面磨耗脱损现象。

（3）剥落（露筋）

剥落是指由于混凝土强度不足或钢筋锈蚀体积膨胀引起混凝土表层脱落，造成粗骨料或钢筋外露现象。

3. 裂缝

（1）弯曲裂缝

弯曲裂缝是构件受弯拉部产生的裂缝。

（2）垂直裂缝

垂直裂缝是构件受压其强度不足产生的裂缝。

（3）剪切裂缝（斜裂缝）

剪切裂缝是构件受剪切力作用所产生的裂缝，通常出现在剪切力最大的部位，对于受弯构件和压弯构件，往往发生在主梁的 1/4 跨或支座附近，由下向上成 25° ～ 50° 开裂。

（4）断开裂缝

断开裂缝是钢筋混凝土构件受拉时，产生的截面裂缝。

（5）扭曲裂缝

扭曲裂缝是构件受扭转和弯曲同时作用时而产生的裂缝，裂缝一般呈 45° 倾斜方向。

（6）局部应力裂缝

局部应力裂缝是构件受局部集中应力产生的裂缝，出现在墩台支座部位或受冲击荷载作用部位。

（7）温度裂缝

温度裂缝是构件由于不均匀受热，产生温度应力，当温度应力超过材料强度时，产生的裂缝。

（8）收缩裂缝

收缩裂缝是混凝土凝固时水分蒸发，表面收缩大内部收缩小，收缩产生不均匀性，当表面混凝土所受的拉力超过其抗拉强度时产生的裂缝。

（二）混凝土桥梁缺陷产生的原因

1. 混凝土表层缺陷

混凝土表层缺陷，其原因是多方面的，如设计、施工、维修养护不善，交通事故、地震和结构老化等。

2. 内部缺陷产生的原因

（1）设计方面

结构受力分析错误、布筋不当、结构不合理、计算上出现差错、图纸不完整，而造成结构强度不足、稳定性不好、刚度不足等。

（2）施工不当方面

施工质量不好，施工中所使用材料的规格与性能不符合要求，操作违反规程，钢筋绑扎不规范，模板支立不当，骨料过密，振捣不实。

（3）营运中的外部因素

交通量增加，荷载重量加大，地震、洪水、泥石流等自然灾害的影响，以及海水、污水和化学物的侵蚀作用等。

（三）混凝土桥梁结构缺陷的危害

混凝土桥梁长年累月受外界各种因素的影响，随着时间增长，其缺陷不断扩大。由于表层损坏，其保护层减薄或钢筋外露，导致钢筋锈蚀，严重时就会削弱结构的强度和刚度，致使桥梁结构破坏。有些表层损坏还会向深度发展，造成混凝土强度逐渐降低，危及结构安全使用，从而缩短桥梁的寿命。

（四）混凝土桥梁结构表层缺陷检查和修补材料

为了保证桥梁结构具有足够的承载能力，延长使用寿命，就要及时检查出结构的各种缺陷并及时维修。

1.表层缺陷检查及分析

（1）表层缺陷检查

在发现混凝土桥梁结构表层产生缺陷时，应对其进一步检查，观测其发展变化，以便区别情况进行处理。实施修补前，应对缺陷进行实地检查，收集材料，进行材料取样；对缺陷产生的原因、现状、发展趋势等进行周密的调查研究，确定缺陷的程度和性质。测量结构的截面，调查结构的周围环境、影响因素及其特殊要求，做好施工前的资料汇集、整理工作。确定缺陷部位、位置、形式、走向、深度、宽度（或面积）及发生的时间。了解结构的施工时间，查看施工记录，分析原材料组成、物理力学性能，考察交通量状况、养护措施、维修方法等。

（2）表层缺陷分析

根据结构受力状况、缺陷产生原因与发展趋势，用以分析缺陷对结构的影响程度。特别要注意判断，缺陷的存在是仅对结构表面产生了影响，对其功能无大碍，还是结构也受到了损失，并不同程度地降低了其使用功能。修补方案应在分析比较的基础上，认真选择。修补方案一经确定，应做好各项有关准备工作，做好施工组织和施工计划。

2.表层损坏混凝土的清除

在对缺陷进行修补前，先必须把已损坏的混凝土除掉，直到露出完好的混凝土，并除去钢筋上铁锈。其消除的常用方法如下所述。

（1）人工凿除

对于浅层或损坏面积较小的构件，一般可采用手工工具凿除。

（2）气动工具凿除

对于损坏面积较大，且有一定深度的缺陷，如内部蜂窝、空洞，一般可以采用气动工具凿除，对于个别部位不能满足要求的，再用手工工具补凿，直到满意为止。

（3）高速射水清除法

对于浅显损坏层，且面积较大的缺陷，可用高速水流冲射法除去混凝土损坏部分。

以上方法可以根据当地的实际情况斟酌采用。

3. 表层缺陷修补常用材料

修补混凝土桥梁缺陷，首先选用与原结构相同的水泥混凝土和水泥砂浆，其水泥和骨料的品种应与原混凝土的相同。但是，常常见到修补的结构再次破坏的情况，这大多数情况下都是由于新旧混凝土之间黏结效果差，或者新旧混凝土之间产生的收缩不均，导致界面产生应力，使得新旧结构发生脱离。因此，黏结技术和黏结材料在修补混凝土结构中应受到重视。

（1）混凝土材料

一般采用与原结构混凝土级配相同的材料，或者比原结构更高一等级的细石混凝土材料，水泥取 C40 以上等级；水灰比尽量取小值，并且通过实验来确定，必要时可以加入减水剂来调节其和易性。

（2）水泥砂浆

最好采用与原混凝土相同品种的水泥拌制的水泥砂浆；配合比一般要通过实验求得。水泥砂浆的修补，可以采用人工涂抹填压、喷浆修补等方法。

（3）混凝土胶黏剂

不同的混凝土胶结材料，可以根据不同要求拌制成净浆、砂浆剂混凝土等形式，可以采用表面封涂、灌浆、黏结、浇筑等方法，对缺陷进行修补，其修补效果较为满意。常用的胶液是硅酸钠，固化剂可用氟硅酸钠进行配制。

（4）环氧树脂类材料

环氧树脂类有机黏结材料、环氧树脂类材料，对于修补混凝土结构表层缺陷有较理想的效果。常用修补材料包括有机环氧树脂胶液、环氧砂浆、环氧树脂混凝土等。

由于环氧树脂类材料的价格比较贵，因此只有在修补质量要求比较高的部位，或其他材料无法满足要求时，才考虑使用。

（1）环氧树脂种类

其类别很多，最常用的是双酚 A 型环氧树脂。它是分子量为 340～7 000 的环氧树脂。低分子值的在常温下流动性较好，适宜作胶黏剂；高分子值的机械性能大，但是较脆，可溶于丙酮、二甲苯、酒精等有机溶液。

（2）环氧树脂性能

环氧树脂在硬化后有较高的机械强度，抗压强度为 167～174 MPa，抗弯强度为 90～120 MPa，抗拉强度为 46～70 MPa，黏结强度也可达 10 MPa 以上，均远远超过混凝土的相应强度；收缩率较小，只有 0.05～0.1；热膨胀系数小；抗磨性好，耐受一般酸、碱、盐的腐蚀，可以在常温下固化。可见，环氧树脂是一种质量可靠、稳定性好、强度高的建筑材料。

（3）环氧树脂组成

环氧树脂由固化剂、固化促进剂、增韧剂、稀释剂、填料、偶联剂等组成。

①固化剂。

双酚环氧树脂本身很稳定，即使加热到 200℃以上也不会发生变化，因此需加入固化剂，并且环氧树脂胶的性能在很大程度上取决于固化剂的性质。常用的固化剂有多元胺类、酸酐类、聚酰胺类等。其用量根据环氧树脂种类、型号剂和不同用处而定，称量要准确。注意：过多地使用固化剂易引起环氧浆液的暴聚，过少使用固化剂会使环氧树脂强度降低或导致其他不良后果。

②固化促进剂。

它的主要作用是加速固化反应、降低固化温度、缩短固化时间，通常与固化剂合并使用。固化促进剂用量应严格控制，一般应不超过双酚 A 型环氧树脂的 5％，用量过多会降低胶黏剂的耐高温性能。常用的固化促进剂包括酚类、三剂胺类、氮杂环氧化合物、硫化二甘醇等。

③增韧剂。

为了改善双酚 A 环氧树脂胶黏剂的脆性，通常要加入非活性或活性增韧剂。活性的增韧剂要参与反应，非活性的增韧剂不参与反应，挥发后易造成胶的老化，使用时应严格控制用量。

④稀释剂。

它的主要作用是降低环氧树脂胶黏剂的黏度，改善施工工艺，也可以相应增大填料的用量及延长胶液的活性期。不过，过多的稀释剂会影响环氧树脂的性质，加大硬化过程的收缩率，降低热变形温度、韧性强度和黏结力，特别时在使用非活性的丙酮作为稀释剂时，用量应控制在 20 % 以下。

⑤填料。

它的主要作用是降低胶层的收缩力和热应力，提高环氧树脂的胶结强度，尤其是显著提高在高温下环氧树脂的抗剪强度。但是，填料用量过多会使胶层的机械模量增加，也会使胶结接头的内应力增加而影响胶结质量。

⑥偶联剂。

它的主要作用是改善环氧树脂胶的胶结强度和提高热老化性。目前，大多使用的偶联剂是有机硅偶联剂。它是由两部分组成：一部分是能和环氧树脂或固化剂发生化学反应的活性基团；另一部分是吸湿后可以水解的基团。常用的偶联剂有氨基丙基三乙氧基硅烷（KH–550），环氧化丙氧基、丙基三甲氧基硅烷（KH–560）。

（4）环氧树脂使用方法

将偶联剂配制成 1 % ～ 2 % 的乙醇溶液，喷涂在胶结表面上，待乙醇蒸发后再涂胶；将偶联剂直接加到环氧树脂胶液中去，用量为 1 % ～ 5 %。环氧砂浆各掺料的掺配料顺序：环氧树脂→增韧剂→稀释剂→固化剂→填料。每次调配的环氧树脂用量，应根据需要配制，如果一次调配数量过大，用不完会造成浪费。在调试环氧树脂时，注意通风、个人化学防护、防火等。

（五）混凝土桥梁表层缺陷修补

1. 采用混凝土修补法

采用混凝土修补法，适用于混凝土桥梁构件表面蜂窝、空洞以及较大范围破损等缺陷的修补施工。用混凝土材料进行缺陷修补时，应采用比原结构强度指标高一级的混凝土，混凝土粗骨料的粒径一般不大于 15 mm。在施工条件受限时可采用自流平混凝土。在修补前应对混凝土表面的蜂窝、空洞进行处理、凿毛，对已经生锈的钢筋进行除锈，并使旧混凝土表面保持湿润、清洁。混凝土施工技术要求应符合现行规范规定。混凝土浇筑施工时应注意振捣及养生。

混凝土修补方法包括：直接浇筑、喷射、压浆、涂抹等。

混凝土修补完成后，要进行最后处理，特别要注意新老混凝土胶界面（缝）的处理，最后要注意加强养护。

2. 采用水泥砂浆修补法

桥梁构件表面出现深度较浅、小面积缺陷的修补，可采用水泥砂浆人工涂抹法进行修补。其修补材料主要采用普通水泥砂浆或专用修补材料。当桥梁构件表面出现大面积浅层缺陷及破损时，可采用喷浆修补法。

（1）水泥砂浆人工涂抹法

对损坏部位进行人工压力性涂抹水泥砂浆。对于小面积的缺陷、损坏深度较浅的部位的修补，常常采用水泥涂抹法进行修补，采用的修补程序：准备、涂抹修补、反复压光处理、注意养护。修补一个月后，再次检查、再次采用胶液进行防护。

（2）喷浆修补法

将水泥、砂和水的混合料，经高压喷射到修补部位的一种修补法。

①喷浆法特点。

可采用较小水灰比、较多的水泥，从而获得较高强度和密实度；喷射砂浆层与受喷之间有较高的黏结强度、耐久性较好；工艺简单、工效简单；消耗材料较多；当喷浆层胶薄或不均匀时，收缩率大，容易发生裂缝。

②喷浆准备工作。

对老混凝土进行凿毛处理，并将表面清理干净。修补要求挂网时，要进行制作和固定处理。喷浆前 1h，应对受喷面进行洒水处理，保持受喷面的湿润。

③喷浆工艺流程。

一般采用干料法。

④喷浆作业内容及要求。

喷浆前应准备充足的砂子和水泥，经拌和后要及时使用，注意保护。输料管道的设置：一般采用软管作为输料管，不宜采用短于 15 m 长的管道。气压和水压的选择：喷浆的压力应控制在 0.25 ～ 0.40 MPa 的范围。喷头操作：喷头与喷面的距离为 80 ~ 120 cm，喷头与受喷面要保持垂直。

⑤喷层厚度控制与要求。

喷射厚度与喷射的方式有关。如果分层喷射，要在第一层没有完全凝固时可以开始第二层的喷射，每层的间歇时间以 2 ~ 3 h 为宜。如果上层已凝固，则采用刷子将层间松层刷除，然后再喷射。最后根据要求进行表面处理。注意养护、遮阴和保湿措施。

3. 采用混凝土胶黏剂修补法

聚合物水泥砂浆适用于混凝土桥梁表面的风化、剥落、露筋及小面积的破损等缺陷的修补。聚合物水泥砂浆的性能指标应符合规范的规定。聚合物水泥砂浆修补施工过程中，应避免振动。修补部位的聚合物砂浆终凝前，应保护其表面免受雨水、风影响及阳光直射而产生的不利影响，并应及时养护。

（1）表面封涂修补

对于混凝土桥梁结构表面的风化、剥落、露筋及小面积的破损，可以人工用混凝土胶黏剂进行表面封涂修补。

人工表面封涂注意事项：涂抹修补实施从低向高、由内向外，并保证在涂抹缺陷处的周边有 2 cm 黏层，涂抹厚度不小于 2.5 cm。

（2）浇筑修补

当混凝土结构破坏较大且深入构造内一定深度时，可以采用混凝土胶黏剂浇筑涂层的方法进行修补。

浇筑修补注意事项：施工操作时，应避免荷载和振动。在修补强度达到原结构强度的 100 %，才可承受荷载或振动。在修补部位，早期和中期都应避免高温影响，注重养护。

4. 采用环氧树脂修补法

环氧树脂具有强度较强、抗腐蚀、抗渗透、能与混凝土材料牢固粘贴等特点，是一种较好的修补材料。但是环氧树脂价格较高，工艺要求高，通常在特别需要的情况下才使用。采用改性环氧砂浆（混凝土）修补混凝土表面缺陷时，改性环氧基液的安全性能指标应符合国家标准、规范的有关规定。涂抹改性环氧砂浆（混凝土）修补前，应先在已凿毛的混凝土表面涂一层改性环氧基液，使旧混凝土表面充分浸润。立模浇筑改性环氧树脂混凝土的工艺要求与浇筑普通混凝土的基本相同，但应防止扰动已涂刷的改性环氧基液。浇筑时应充分插捣，反复压抹平整。改性环氧砂浆施工温度宜为（20±5）℃，高温或寒冷季节应采取有效措施控制温度。

（1）修补表面处理的一般技术要求

混凝土表面要求做到无水湿、无油渍、无灰尘和其他污物，无软弱带。对混凝土面加以凿毛，保持平整、干燥、坚固、密实。混凝土表面凿毛可以采用人工、高压水或空气吹净，或采用风沙枪喷砂除净。

（2）修补施工工艺要求

涂抹环氧树脂基液：采用人工或喷枪，使混凝土表面充分被环氧树脂基液所湿润（厚度不超过 1 mm）。间隔 30～60 min，再进行下一步工作。涂抹环氧砂浆：平面涂抹时，应均匀，每层厚度不超过 15 cm，进行反复压抹；斜、立面涂抹时，适当增加浆内填料，再涂抹、反复压抹；底面涂抹时，使用黏度大的基液，环氧砂浆厚度在 0.5 cm 为宜，均匀压抹。浇筑混凝土时，其浇筑工艺与普通混凝土的基本相同。平面应充分插捣或反复压抹，浇筑侧面或顶面时均须架立模板，并插实密实。环氧树脂材料的养护时，应注意：温度保持在（20±5）℃；养护时间，夏天 2 d，冬天 7 d 以上；养护前三天，不应有水的浸泡或其他冲击。

（3）修补施工时注意事项

环氧树脂材料的每次配置数量要严格控制，保证在 2 h 内用完为标准。配置的环氧树脂材料要注意放置地点或装置器皿。注意季节的温度影响，注意施工人员的安全，防止材料污染环境。

5. 混凝土表面防腐涂装法

处于严重腐蚀环境下的混凝土桥梁，其混凝土表面可进行防腐涂装。选择防腐材料型号时，应综合考虑桥梁所处环境的温度、湿度及养护条件等因素，采用能有效抵抗外部不良因素侵害的，经检验符合国家有关标准要求的材料。混凝土桥梁涂装前，应除去混凝土表面模板残渣、油污及杂物等，金属外露的锐边、尖角和毛刺应打磨圆顺。涂装前应使混凝土表面保持干燥、清洁。在混凝土表面处理检测合格后 4 h 内进行混凝土表面防腐涂装施工。

（六）钢筋锈蚀处理

1. 钢筋锈蚀的原因

在钢筋混凝土结构中，钢筋处于水泥水化时所生成的强碱介质（pH 为 12 ~ 14）中，钢筋表面会形成钝化膜，可以抑制钢筋的锈蚀过程。如果有其他因素的影响，如混凝土不密实、保护层遭受破坏、保护层太薄、混凝土碳化、裂缝或者外加剂的原因，将会导致钢筋锈蚀。从钢筋锈蚀机理上讲，钢筋在水、氧的条件下，会产生一系列的电化学反应，钢筋处于阳极，释放出电子，水中的氧离子吸收来自钢筋的电子呈现阴极，电子由阳极不断地流向阴极，产生腐蚀电流，在钢筋表面生成氢氧化亚铁薄膜，并与水、氧结合生成氢氧化铁，即铁锈。

2. 钢筋锈蚀的检测方法

半电池电位法是目前国内外检测混凝土中钢筋锈蚀状况的主要方法。这种检测法是利用混凝土中锈筋的电化学反应引起的电位变化来测定钢筋锈蚀状态，通过测定钢筋—混凝土作为一个电极与在混凝土表面的铜 / 硫酸铜参考电极之间的电位差，评定钢筋的锈蚀状态。

3. 钢筋锈蚀对混凝土结构的影响

钢筋的锈蚀可分为红色锈蚀和黑色锈蚀。氢氧化铁在水的作用下，进一步生成红锈（铁锈），一部分氧化不完全生成 Fe_2O_3（黑锈），在钢筋表面形成锈层。红锈体积可大到原来体积的 4 倍，黑锈体积可大到原来体积的 2 倍，从而使混凝土开裂、剥离，破坏了混凝土的受力性能，降低了材料的耐久性，影响了桥梁的使用寿命，削弱了钢筋的受力截面。铁锈层及其引起的混凝土裂缝，削弱了钢筋和混凝土的共同作用效果。

除此以外，钢筋的锈蚀还会使预应力钢筋、高强钢筋产生预应力损失或脆性破坏等的严重后果。

4. 钢筋锈蚀的一般修补方法和步骤

混凝土表层缺陷处理前应对生锈钢筋进行除锈，除锈后应及时涂刷阻锈剂。阻锈剂的质量及性能指标应符合有关现行国家标准的规定。采用阻锈剂溶液时，混凝土拌和物的搅拌时间应延长 1 min；采用阻锈剂粉剂时，混凝土拌和物的搅拌时间应延长 3 min。

凿除松脱、剥离等已损坏部分的混凝土。对钢筋进行防锈处理，涂以环氧胶液等胶黏剂。立模、配料浇筑，喷浆、涂抹施工，对新喷涂或浇筑的环氧树脂混凝土进行表画处理。对于锈蚀而出现的微小裂缝的部位，可以采用粘贴两层玻璃布的方法进行修补。

二、圬工桥梁缺损的维修

砌体表层损坏表现在抹灰层、砌缝脱落，砌体表面麻面、起皮、起鼓、粉化和剥落等。如果不及时处理，砌体表层损坏将会向深度发展，造成内部材料的变质、酥化，使砌体强度降低。其常见的修补方法有以下几种。

（一）勾缝修补

对于砌缝砂浆的脱落、松散，需要重新进行勾缝修补。勾缝时，可用手凿或风动凿子凿去已破损的灰缝，深度 3 ~ 5 cm，用压力水彻底冲洗干净，再用 M10 以上的水泥砂浆重新勾缝。采用的方法是用抹子把砂浆填入缝内，再用勾缝器压紧，形成凹形缝，切去飞边使其密实。

（二）抹浆或喷浆整治砖石表面风化

对于砌体表面风化、剥落、蜂窝、麻面，可以采用抹喷一层 M10 以上水泥砂浆进行防护。其防护步骤是：清理风化、剥落的表面；凿毛暴露的完好面用水冲洗干净表面并保持湿润，分别抹浆或喷浆，一般每层厚度 10 ~ 15 mm。

（三）表面局部修补

对于砌体表面出现局部损伤，脱落不太严重时，可以将破损的部分清除，凿毛清洗，再用 M10 水泥砂浆分层填补至需要的厚度，并将其抹平。如果砌体表面损坏深度和范围较大，可以在新旧结构结合处设置牵钉，必要时挂钢筋网，立模板，浇筑混凝土。

（四）镶面石修补

局部破损，则可以个别更换。如果破损面较大，则要在原结构上安置带倒钩的套扣，加强与新镶面的承托。

第二节　桥梁裂缝修补

圬工桥梁、混凝土及钢筋混凝土桥梁均可能存在不同程度的裂缝。为了恢复桥梁结构的整体性，保持其强度、刚度、耐久性，使其更加美观，应对这些裂缝进行仔细的检查、评价，并进行针对性的维修。

一、裂缝的表面封闭修补法

桥梁结构裂缝的表面封闭修补常用方法有填缝法、表面抹灰法、表面喷浆法、凿槽嵌补法和加箍封闭法等。

填缝法常用于砖石砌体轻微裂缝的简单修理。填缝法的操作步骤为：将缝隙清理干净，根据裂缝宽度选择相应的勾缝刀、抹子、刮刀等。填缝所用水泥砂浆（1：2.5 或 1：3）强度不得低于原砂浆的强度。

表面抹灰法的操作步骤为：将水泥浆、水泥砂浆、环氧基液、环氧砂浆等材料涂抹在裂缝部位的砖石砌体或混凝土表面上。

水泥砂浆涂抹法的操作步骤为：先将裂缝附近的混凝土表面凿毛（糙面应平整）、洗刷干净后，洒水使之保持湿润（但不可有水珠）。然后将水泥砂浆（1：1～1：2）涂抹其上，涂抹时应先用纯水泥浆涂刷一层底浆（厚度 0.5～1.0 mm），再将水泥砂浆一次或分次抹完（厚度越厚，所需次数越多）。涂抹的总厚度一般为 10～20 mm，最后用铁抹压实、抹光。配制砂浆时，砂不宜太粗，以中细砂为宜，水泥可用普通水泥（标号不宜低于 32.5 号）。夏季施工时，应防止阳光直射，在涂抹3～4 h后应洒水养护。冬季施工时,应注意保温,避免因受冻而降低水泥强度。

环氧砂浆涂抹法的操作步骤为:先在裂缝上口凿一宽1～2 cm,深约0.5 cm的V形槽。槽面应尽量平整。再用钢丝刷或竹刷刷净缝口,凿去浮渣,用手持式皮风箱吹清缝内灰砂并烘干混凝土表面。在裂缝外用蘸有丙酮或二甲苯的纱头洗擦一遍,保持槽内混凝土面无灰尘、油污等。在裂缝周围涂一层环氧浆液,若裂缝较深,在垂直方向可静力灌注(环氧浆液可灌入0.5 mm的细缝中)。最后嵌入环氧砂浆,用刮刀将其平面与原混凝土面齐平,待环氧树脂硬化后(常温20～25 h,需6～7 d),即可应用。注意:该方法中施工人员应做好防火、防毒工作。

表面喷浆法的操作步骤为:先对需要喷浆的结构表层仔细敲击,敲碎并除去剥离的部分。若为钢筋混凝土,还须清除露筋部分钢筋上的铁锈。接着将裂缝表面凿毛(V形槽),并用水冲洗结构物表面,在开始喷浆前将基层湿润一下。最后喷射一层密实、高强的水泥砂浆保护层以封闭裂缝。根据裂缝的部位与性质及修理的要求与条件,该方法可分为无筋素喷法、挂网喷浆法等。

凿槽嵌补法的操作步骤为:先沿混凝土裂缝凿一条深槽,槽形根据裂缝位置和填补材料而定(多采用V形槽);再将槽两边混凝土修理整平,将槽内清洗干净;最后在槽内嵌补黏结材料(当填补水泥砂浆时,应先保持槽内湿润且无积水;当填补沥青或环氧材料时,应先保持槽内干燥)。

加箍封闭法主要用于钢筋混凝土梁的主应力裂缝的加箍处理。选用的直箍或斜箍可由扁钢焊成或圆钢制成,设箍方向应与裂缝方向垂直,箍、梁上下面接触处可垫以角钢。

二、裂缝的表面粘贴修补法

表面粘贴法是用胶黏剂将玻璃布或钢板等材料粘贴在裂缝部位的混凝土面上。现介绍粘贴玻璃布法与粘贴钢板法。

(一)粘贴玻璃布法

粘贴玻璃布法所用的玻璃布由无碱玻璃纤维织成,耐水性好、强度高。它又可分为无捻粗纱布、平纹布、斜纹布、缎纹布、单向布等多种。其中，无捻粗纱布因强度高，气泡易排除，施工方便，最为常用。

玻璃布在使用前必须除去油蜡（玻璃布在制作工程中加入了含油脂和蜡的浸润剂），以提高粘贴效果。玻璃布除油蜡的方法有两种：一是将其在碱水中浸泡 30～60 min，再用清水洗净；二是将其放在烘烤炉上加温到 190～250 ℃，使油蜡燃烧（会产生很多灰尘），烘烤后将玻璃布在浓度 2%～3% 的碱水中煮沸 30 min，取出用清水洗净并晾干。其中后一种方法效果较好。

粘贴前先将混凝土面凿毛，并冲洗干净，使表面无油污灰尘，若表面不平整，可先用环氧砂浆抹平。粘贴时，先在粘贴面上均匀刷一层环氧基液（不能有气泡），接着展开、拉直玻璃布，放置并抹平使之紧贴在混凝土表面，用刷子或其他工具在玻璃布面上刷一遍，使环氧基液浸透玻璃布并溢出，在该玻璃布上刷环氧基液。按同样方法粘贴第二层玻璃布（为了压边，上层玻璃布应比下层的宽 1～2 cm）。

（二）粘贴钢板法

首先按所需尺寸切好钢板，用打磨机研磨，使其表面露出钢的本色。修凿裂缝附近混凝土，使其表面平整，用丙酮或二甲苯擦洗修补部位的混凝土表面及钢板面以去除黏结面的油脂和灰尘，在钢板和混凝土粘贴面上均匀地涂刷环氧基液胶黏剂。用方木、角钢和固定螺栓等均匀地压贴钢板，待养生到所需时间，拆除方木、角钢等材料，并在钢板表面上再涂刷一层养护涂料（如防锈油漆）。

三、裂缝的压力灌浆修补法

压力灌浆修补法一般用于裂缝多且深入结构内部或结构有空隙的部位。它通过施加一定的压力，将浆液灌入结构内部裂缝中，以封闭裂缝，恢复并提高结构强度、耐久性和抗震性。该方法依据灌入浆材的不同，又可分为水泥灌浆法（灌浆材料为纯水泥、水泥砂浆、水泥黏土、石灰、石灰黏土、石灰水泥）和化学灌浆法（灌浆材料为环氧树脂类浆液、丙烯酸酯类浆液、水玻璃类浆液、丙烯酰胺类浆液、丙烯酸盐类浆液、聚氨酯类浆液等）。

（一）水泥灌装修补法

水泥灌浆修补法的施工要点如下：灌浆前应再仔细检查一遍裂缝，确定修补的数量、范围，钻孔的位置及浆液数量。钻孔时，一般不可顺着裂缝方向，钻孔轴线与裂缝面的交角以大于 30° 为宜。钻孔完毕后应清孔，可用水由上向下冲洗各孔。用水冲净后，再用压缩空气将各孔吹干。孔眼的冲洗、吹风是按由上向下、一横排接一横排的顺序进行的。灌浆前应先将结构中大的裂缝与孔隙堵塞起来，以防灌浆时浆液通过它们流到表面（即止浆、堵漏处理）。止浆、堵漏主要有三种方法：用水泥砂浆或环氧砂浆涂抹，用环氧胶泥粘贴，用棉絮、麻布条等嵌塞等。灌浆前应作压水或压风，以检查孔眼畅通情况及止浆效果。通过结构上人工钻成的孔眼将水泥浆液灌入。圬工结构灌浆时，水泥标号一般不低于 32.5 号，灌浆压力一般为 0.100 ~ 0.304 MPa。混凝土、钢筋混凝土结构灌浆时所用的水泥标号一般不低于 42.5 号，灌浆压力一般为 0.405 ~ 0.608 MPa。当工程量较大时，可采用灌浆机、灌（压）浆泵、风泵等加压设备；当工程量较小时，可采用打气筒状的注射器。

（二）化学灌装修补法

化学灌浆修补法的施工要点如下：灌浆前应先对修补部位的裂缝情况进行详细的检查、记录，做好定量和定性分析。据此计算和安排有关灌浆材料配量、埋嘴、灌浆注射等工作。在裂缝两侧画线之内用小锤、手铲、钢丝刷等工具将构件表面整平，凿除突出部分，再用丙酮擦洗，清除裂缝周围的油污（不要将裂缝堵塞）。应选择大小合适、自重尽可能轻的嘴子。嘴子的布置原则是：宽缝稀，窄缝密；断缝交错处单独设嘴；贯通缝的嘴子设在构件的两面交错处。埋嘴前，先把嘴子底盘用丙酮擦洗干净，然后用灰刀将环氧胶泥抹在底盘周围，骑缝埋贴到构件裂缝处（不要将嘴子和裂缝灌浆通道堵塞）。

埋嘴后，应封闭其余裂缝，进行嵌缝或堵漏处理，以保证浆液将裂缝填充密实、防止浆液流失。裂缝封闭方法为：①对于裂缝较小的混凝土构件，先沿裂缝走向均匀地涂刷一层环氧浆液（宽 7 ~ 8 cm），再在其上分段紧密贴上一层玻璃丝布（宽 5 ～ 7 cm）。在嘴子底盘周围 5 ～ 10 mm 的范围内不贴玻璃丝布，可用灰刀沿其周围先抹上一层环氧胶泥（鱼脊状），再刷上一层环氧浆液。②对于裂缝较大的混凝土构件，先沿裂缝用风镐凿成 V 形槽（宽 5 ～ 10 cm，深 3 ～ 5 cm），再清除槽内松动的碎屑、粉尘，最后向槽内填塞水泥砂浆。

在前一步骤完成一天以后，应进行压水或压气，以检查裂缝封闭及孔眼畅通情况。化学灌浆可采用两种工具：手压泵，裂缝较大时采用；灌浆注射器，裂缝较细微、灌浆量不大时采用。两者灌浆时均应保证泵或注射器针头与嘴子的严密连接，不能漏气。前者与灌嘴可用聚氯乙烯透明塑料管连接，后者可将气门芯套在针头上，再将针头插入灌浆嘴内进行灌浆。

灌浆时应注意压力的控制；当裂缝较宽，进浆通畅时，压力应小（手压泵泵压控制在 0.1 ～ 0.2 MPa）；当裂缝细微、进浆困难时，压力应大（手压泵泵压控制在 0.4 MPa 左右）。用灌浆注射器注射主要靠手的推力，以灌得进浆液为准。

灌浆的次序应事先标定。灌浆次序标定原则是：竖向裂缝先下后上，水平裂缝由低端逐渐灌向高端，贯通裂缝在两面一先一后交错进行。灌注过程中应随时注意排气。每灌完一个嘴子，不要急于转移器械，稳压几分钟待所修补裂缝吃浆饱满再灌下一个嘴子。在每个灌完的嘴子上绑扎一段透明塑料管，以便其溢浆时可立即扎死管子。

灌浆完毕待浆液聚合固化后，拆除灌浆嘴，并用环氧胶泥抹平。在每一道裂缝表面再刷一层环氧树脂水泥浆，以确保封闭严实。

水泥灌浆修补法的施工时注意安全事项如下：施工现场注意通风，以防技术人员呼吸中毒。灌浆材料应密封储存。施工人员应佩戴口罩、橡胶手套、防护眼镜等。身体接触到环氧树脂材料时不可用丙酮等溶剂清洗，应先用锯木屑或去污粉擦除，再用肥皂热水清洗。施工器械可用丙酮、甲苯等溶剂或热水清洗。施工现场严禁明火，注意器械与残液的回收，以防污染环境。

四、裂缝修复质量检验与验收

表面封缝材料固化后应均匀、平整，不出现裂缝，无脱落。

当注入裂缝的胶黏剂达到 7 d 固化期时，应采用取芯法对注浆效果进行检验。芯样检验应采用劈裂抗拉强度测定方法。当检验结果符合下列条件之一时，即为符合设计要求：沿裂缝方向施加的劈力，其破坏应发生在混凝土内部（内聚破坏）。芯样破坏虽有部分发生在界面上，但这部分破坏面积不大于破坏面总面积的 15 %。

第三节 桥梁结构加固与技术改造

一、桥梁结构加固与技术改造一般规定

在进行桥梁结构加固与技术改造时，应符合的规定为：桥梁经过技术状况评定及承载能力鉴定后，确认经过加固能满足结构安全或正常使用要求，方可进行加固。加固工作的内容及范围应根据评定结论和委托方提出的使用要求确定。桥梁的加固应尽可能不损伤原结构，避免不必要的拆除及更换，防止加固中造成新的结构损伤或病害。因特殊环境（高温、冻融、腐蚀等）造成的桥梁结构病害，加固设计时应采取针对性的处置措施。有抗震要求的桥梁，加固时还应进行桥梁抗震能力验算。加固施工方法、流程、工艺的设计，应考虑结构或构件出现倾斜、失稳、坍塌等的可能性，并采取有效措施。特大桥、大桥主要承重构件的加固方案应先进行充分论证，做多方案的技术、经济比选。

二、梁式桥上部结构加固

（一）一般规定

梁式桥的主梁受力状况由三个要素决定，即荷载（恒载、活载）作用产生的内力（弯矩），主梁截面面积决定的截面几何特性（惯性矩、抗弯弹性模量）和主梁材料的自身强度。当外界条件改变，如车辆荷载增加、超限、超重等，使桥梁内力增大，超过主梁结构和材料强度的允许范围时，势必造成主梁受拉部位开裂、破损、承载力下降，成为危桥。随着桥梁运营时间的增加，各种外界因素导致材料性能恶化、强度降低，也将造成原桥承载力下降、开裂、破损，最终成

为危桥。

钢筋混凝土及预应力钢筋混凝土梁式桥的加固应符合以下规定：当梁式桥强度、刚度、整体性及耐久性不足时，应对其进行加固。梁式桥的加固主要采用粘钢加固、FRP 加固、高强钢绞线网—聚合物砂浆加固、体外预应力加固等方法，也可采用上述方法的组合。

（二）加固原理

目前梁式桥基本加固原理归纳起来都是遵循基本的力学原理，从桥梁结构的外界因素和内部因素改变的角度进行加固补强，提高桥梁承载力。

1. 从外界因素角度通过改变结构性能提高主梁的承载力

（1）增大截面

采用喷射混凝土、现浇混凝土、外包混凝土等加大主梁截面尺寸的加固方法，都是属于增大截面的加固方法和技术。采用增大主梁截面的方法加固，目的是增加主梁截面抗弯惯性矩或几何抗弯模量。当荷载产生的内力（弯矩）不变或荷载等级提高时，通过改变截面几何特性，减少主梁截面承受的拉应力（通常压应力不控制设计），使其不超过主梁材料性能承受范围，从而达到加固主梁、提高桥梁承载力的目的。

（2）增加主梁强度

对主梁采用环氧砂浆（胶浆）粘贴钢板（筋）、环氧玻璃钢、碳纤维布、芳纶纤维布等高强材料进行加固，都是属于增加主梁强度的加固方法和技术。这种方法是在不改变原主梁截面的前提下，在荷载等级不变或荷载等级增加时，增加主梁受拉区的材料强度，使荷载在主梁上产生的拉应力小于补强材料的强度，从而达到加固主梁、提高主梁承载力的目的。

2. 从内部因素角度通过调整内力提高主梁的承载力

改变原桥结构体系，将简支梁体系改变为连续梁体系、加八字支撑改变桥梁的跨径，或施加预应力将主梁结构由弯剪结构变为压弯剪结构，通过改变结构内力或应力分布，以达到提高主梁承载力的目的。

综上所述，无论采取何种加固方法和技术，无论是采取从外界因素角度改变主梁的结构性能的加固方法，还是采用通过结构体系的改变调整主梁强度的加固方法，基本原理都是减少主梁承受的拉应力或增强主梁承受拉应力的能力，满足结构受力的需要，提高原桥梁的承载能力。

（三）增大截面加固法

目前，国内有相当一部分桥梁，在修建时荷载等级仅适应当年的要求，面对当今交通运输业的发展，有的已表现出荷载等级偏低、承载力不足的缺陷，有的病害逐渐产生、发展，甚至成为危桥。其主要原因是原桥钢筋和截面尺寸偏小，不能满足当前荷载等级和安全通行的要求。对于这部分桥梁，可以采用增大构件截面的方法进行加固。

1. 加固基本原理与特点

增大截面加固法是增大构件截面和配筋，用以提高构件的强度、刚度、稳定性和抗裂性，适用于钢筋混凝土和预应力混凝土受弯构件、钢筋混凝土上受压构件的加固。

（1）受弯构件加固受力特征

增大截面加固法属于被动加固法。根据被加固构件的受力特点和加固目的与要求、构件部位与尺寸、施工方便等可设计为单侧、双侧或三侧加固，以及四周外包加固。根据不同的加固目的和要求，该法又可分为增大截面为主的加固、加配钢筋为主的加固，以及两者同时采用的加固。增大截面为主的加固，为了保证补加的混凝土正常工作，亦需适当配置构造钢筋。加配钢筋为主的加固，为了保证配筋的正常工作，需按钢筋的间距和保护层等构造要求，也需适当增大截面尺寸。

钢筋混凝土和预应力混凝土受弯构件采用增大截面法进行加固设计时，主要有增大受力筋截面、增大混凝土截面两种方法。增大混凝土截面是增设现浇混凝土层来增加正截面高度，进而提高正截面抗弯承载力和刚度。而增加受力钢筋主筋截面是在受拉区截面外增设纵向钢筋。为了保证加固纵向钢筋的正常工作，需要按构造要求浇筑混凝土保护层，进而增大混凝土截面尺寸。因此，旧桥受弯构件的加固设计，应根据现场结构的实际情况，分别采用受压区或受拉区两种不同的加固形式。

该加固方法具有几种特点：主梁受力明确，计算简单方便，加固后主梁的承载能力、刚度、稳定性得到明显提高，加固效果较好；施工简便，经济有效；桥面施工活动全部在桥面进行，操作便利，易于控制工程质量；与其他加固方法相比，增大截面加固法可获得较好的经济效益；加大构件截面，会使上部结构恒载增加，对原桥梁结构的下部结构有一定影响；现场湿作业工作量大，养护期较长，加固期间需适当中断交通；若对梁底增大尺寸，会使桥下净空有所减小。

（2）加固构造规定

新浇混凝土应符合的要求为：①新浇混土凝土强度级别宜比原构件混凝土强度级别提高一级，并不低于 C25。②新浇混凝土层的最小厚度，对板不宜小于 100 mm，对梁和受压构件不宜小于 150 mm。③当新浇混凝土层厚度小于 100 mm 时，可采用小石子混凝土或喷射高性能抗拉复合砂浆。在结构尺寸复杂和新浇混凝土施工条件差的情况下，可采用微膨胀或自密实混凝土。

加固用的受力钢筋直径不宜小于 12 mm，不宜大于 25 mm；构造钢筋直径宜不小于 10 mm；箍筋直径不宜小于 8 mm。

新增钢筋应符合的要求为：①当新增纵向钢筋与原构件受力钢筋采用短筋焊接时，短筋的直径不宜小于 12 mm，各短筋的中距不应大于 500 mm。②当用单侧或双侧加固时，应设置 U 形箍筋或封闭箍筋。

受拉区增设混凝土加固的受弯构件，且新增纵向钢筋需截断时，应从计算截断点至少再延长锚固长度。受压构件上新增纵向受力钢筋应伸入与之相连的原结构中，并满足锚固要求。新老混凝土结合面处，原构件的表面应凿为凹凸差不小于 6 mm 的粗糙面。

2. 增焊主筋加固法

当梁内所配置的主要受力钢筋截面面积不足，无法满足抗弯承载力的要求，而桥下净空又受到限制，不允许过多地增加主梁高度时，可采用增加纵向主梁钢筋的方法进行设计与加固。增焊主筋加固法主要施工步骤如下。

（1）增焊主筋

凿开梁肋下缘混凝土保护层，露出主筋，将原箍筋切断并拉直，再把新增钢筋焊在原主筋上，新增受力钢筋与原受力钢筋净间距在 20 mm 以上，采用短筋或箍筋与厚钢筋焊接，增焊钢筋断头宜设在弯矩较小的截面上。为减少焊接时温度对应力的影响，施焊时应采用断续双面施焊，并从跨中向两支点方向依次施焊。

（2）增设植筋

如果原桥梁的箍筋不足或梁腹出现剪切裂缝，则在加固过程中，在增焊主筋的同时还应在梁的侧面增加 U 形箍筋或封闭箍筋，并与原构件牢固连接。具体做法是：在梁腹上埋入梢钉，把补充的箍筋固定起来，并将箍筋上端埋入桥面板。

（3）卸除部分恒载

加固时，为了减少原结构的截面应力，使新增加的钢筋充分发挥作用，有条件时应采取多点顶起等措施，将梁顶起或凿除部分桥面铺装，然后再进行加固（起顶位置和吨位由计算确定）。

（4）恢复保护层

钢筋焊接好并接卡箍筋后，重新做好混凝土保护层。

3. 增大混凝土截面加固法

当采用加大混凝土截面法进行补强加固设计时，必须考虑结构分阶段受力这一特点，并进行详细的分析计算。这种加固方法只有在因补强加固所增加的恒载仍在原结构下缘受拉区强度许可的限度内时方可采用，也就是说原结构截面必须能承受原有恒载和补强加固增加的恒载，而活载则由最后的组合截面承受。

受压区增大截面加固方法，一般适用于跨径较小的 T 形梁桥或板梁桥。在原桥上部结构构件的承载力不足，截面面积过小，而墩台及基础较完整，承载力较大的情况下，为了方便施工，可将原有桥面铺装层拆除，对桥面板表面进行处理后，再浇筑一层新的钢筋混凝土补强层，用以提高梁（板）的抗弯能力。

为了使新旧混凝土有良好的结合，应把原桥面板表面凿毛洗净，每隔一定的距离都要设置齿形剪应力槽或埋设桩状（钢筋柱）剪力键，或用环氧树脂作为胶结层；同时，在桥面板上铺设钢筋网，以增强桥面板的整体性和抗压能力，防止新浇筑的混凝土补强层开裂。钢筋网的钢筋直径与间距可根据补强层参与桥面板共同受力的情况来确定。加固后重新铺设桥面的铺装层。

对于有三角垫层的桥面板，可将原有的作为传力结构的三角垫层凿去，代之以与原桥面板结合为整体、共同受力的钢筋混凝土补强层，或用钢筋混凝土补强层取代桥面铺装层。这样在不增加桥梁自重的情况下进行加固补强，效果更为明显。

该法施工简便，不需搭设支架，但施工时桥上行车受阻。因此，对于不允许中断交通的重要干线桥梁，这种加固方法受到一定的限制。此外，由于加厚部分的桥梁自重和恒载弯矩增加较多，并且仍然是原结构下缘受拉钢筋应力控制设计，故此加固方法一般只适用于跨径较小的 T 形梁桥或板梁桥，而且在加固前应对梁（板）的受力状况进行详细的内部分析，在梁（板）下翼缘强度容许的限度内确定桥面的加厚高度。

此外，在现有桥梁中有一部分 T 形梁桥，这类桥因原截面高度不够或尺寸过小，导致其承载力不足。对于此类桥梁，可在梁肋下缘扩大截面面积，而在靠近支座的梁端部分仍保持原截面不变（仅在跨中某区段将梁肋下缘截面加大），在截面扩大部分与原截面之间做一斜面过渡。在新增混凝土截面中增设受力主筋，通过加固层与原结构紧密结合在一起，共同承受外荷载作用。

为了保证新旧混凝土之间能良好地黏结在一起，须在浇筑混凝土前，先将结合部位的旧混凝土表面凿毛，露出骨料，清洗干净；同时每隔一定距离（一般为 1 m 左右）凿露出主筋，以便通过锚固钢筋将新增加的主筋与原结构中的主筋相连接。新增加的混凝土一般采用悬挂模板现场浇筑。

4. 结构加固计算

（1）增大截面加固法受弯构件设计计算步骤

根据原构件的受力情况、病害情况、尺寸及配筋、现场条件，结合设计及施工经验，初步确定需要增加的截面尺寸及钢筋量。

第一阶段计算，即计算新增混凝土凝固前，构件在各种自重作用下截面内各材料的应力强度。

第二阶段计算，即计算新、旧混凝土形成整体后荷载作用下的截面强度。

验算加固后的截面强度、刚度和抗裂性，若不符合要求或超出要求太多，应调整截面增大的尺寸及配筋量，同时避免自重或加固费用增加较多。

按上述步骤最终确定的尺寸和配筋量，进行持久状况承载力极限状态下的正截面承载力计算和斜截面抗剪承载力计算等。加固后，结构的各项性能均需符合规范要求。

（2）受拉区加固的受弯构件正截面承载力计算

对于受拉区加固的受弯构件，其正截面的承载力计算基于下列基本假设：构件弯曲后，其截面仍为平面；在受弯承载能力极限状态下，截面受压边缘混凝土应变达到极限压应变，截面受压区混凝土应力图形为等效矩形应力图形，混凝土抗压强度取原构件混凝土轴心抗压强度设计值，截面受拉混凝土的抗拉强度不予考虑；在承载能力极限状态计算时，受拉区钢筋应力取其抗拉强度设计值，受压区钢筋应力取其抗压强度设计值；钢筋应力等于钢筋应变与其弹性模量的乘积，但不大于其强度设计值；构件达到受弯承载能力极限状态时，新增普通钢筋的拉伸应变按平截面假定确定，新增普通钢筋的拉应力为钢筋的弹性模量与其拉伸应变的乘积。对于受拉区加固的受弯构件，其正截面的承载力计算请参照相关专业资料。

（四）粘贴钢板补强法

1.粘贴钢板补强法概述

粘贴钢板补强法采用环氧树脂系列胶黏剂，将钢板直接粘贴在被加固的钢筋混凝土结构物的受拉区或抗剪薄弱部位，使之与结构物形成整体，用以代替需增设的补强钢筋。通过钢板与补强结构的共同作用来提高其刚度，限制裂缝开展，改善钢筋及混凝土的应力状态，提高梁的承载能力，以达到补强效果。

（1）特点

用粘贴钢板补强法来加固桥梁，在国外已得到广泛的应用，国内也有不少实例。这是因为这种加固法具有以下特点：不损伤原有结构物；施工工艺简单，施工质量易于控制；施工工期短，经济性较好；钢板所占空间小，加固工程几乎不增大原结构物的尺寸，不影响桥下净空；桥梁自重增加量很少；可在不影响或少影响交通的情况下施工；尽管工程质量要求很高，但施工时并不要求高级的专门技术人员操作；几乎可以不改变具有历史价值的建筑的原有艺术特点；胶黏剂的质量及耐久性是影响加固效果的主要因素；加固钢板容易锈蚀，必须进行严格的防锈处理。

（2）适用范围

该法适用于对钢筋混凝土受弯、大偏心受压和受拉构件的加固。加固时，一般将钢板粘贴在被加固结构受力部位的表面，既能充分发挥粘贴钢板的作用，又能封闭粘贴部位的裂缝和缺陷，从而有效提高构件的强度、刚度和抗裂性。设计时，可根据需要，在不同的部位粘贴钢板，以有效地发挥钢板的抗弯、抗剪、抗压性能。

为了提高桥梁结构的抗弯能力，在构件的受拉边缘表面粘贴钢板，使其与结构形成整体。设计钢板长度时，应将钢板的梁端延伸到低应力区，以减少钢板锚固端的黏结应力，防止黏结部位构件出现裂缝或粘贴钢板被拉脱的现象发生。如果桥梁结构的主伸拉应力区斜筋不足，为了增加结构的抗剪切强度，可将钢板粘贴在结构的侧面，并垂直于剪切裂缝的方向斜向粘贴（斜度一般为45°～60°），以承受主拉应力；也可以竖向粘贴钢板成条状，或用 U 形和 L 形箍板，两种形式都需要钢板压条。当局部受力比较集中的部位（悬臂梁牛腿处或挂梁端部）出现裂缝时，可通过粘贴钢板增强构件抗剪强度。粘贴钢板法也可用于提高桥梁高度。

（3）粘贴钢板补强法加固形式

粘贴钢板补强法加固梁式桥就是采用环氧树脂系列胶黏剂将钢板粘贴在梁式桥结构的受拉伸应力边缘或薄弱部位，使之与结构形成整体，用以代替需增设的补强钢筋，提高梁的承载力，达到补强效果的一种加固方法。常用加固形式有以下四种。

①梁底粘贴纵向钢板加固形式。在梁底粘贴纵向钢板加固，可提高梁的抗弯能力，施工简便，不减少桥下净空，且可在不影响或少影响正常交通的情况下进行。因此，此法应用广泛。1975年，日本就用梁底粘贴纵向钢板的技术对200多座强度不足的桥梁进行了加固。此法在国内应用也很多。例如，上海市应用此法加固了多座桥梁，桥梁加固效果很好。

②梁腹粘贴斜向钢板加固形式。此法可使钢板与混凝土整体受力，提高梁的整体刚度与抗剪强度。为防止梁体内原有钢筋或预应力钢索的锈蚀，钢板粘贴前应在裂缝处灌入环氧树脂浆液，将裂缝封闭后再粘贴钢板。

③牛腿处或靠近支座主梁梁腹处粘贴钢板加固形式。当用来增强构件抗剪强度时，如在支座、牛腿处出现裂缝时粘贴钢板，钢板可以是块状的，也可以是带状的。带状钢板设置方向一般与主拉伸应力方向平行，也就是与剪切裂缝方向垂直，跨缝布置，上下端设水平锚固板，以提高端部的锚固强度。钢板厚度一般为 10～15 mm。

④桥面板底部粘贴钢板加固形式。此法可使钢板与混凝土整体受力，提高梁的整体刚度与抗剪强度。为防止梁体内原有钢筋或预应力钢索的锈蚀，钢板粘贴前应在裂缝处灌入环氧树脂浆液，将裂缝封闭后再粘贴钢板。

2. 粘贴钢板补强法的设计

粘贴后钢板与原有结构能够共同作用。因此，加固设计时，钢板可作为钢筋的断面来考虑，将钢板换算成钢筋；原有构件承受恒载与活载，增加的钢板承受部分活载，钢板仅承受轴向应力作用。

粘贴钢板外表面应进行防护处理。表面防护材料对钢板及胶黏剂应无害。如果原结构混凝土强度过低，它与钢板的黏结强度也必然很低，极易发生呈脆性的剥离破坏。因此，本方法不适用于素混凝土结构的加固。被加固混凝土受弯构件混凝土强度等级不应低于C20，被加固受压构件混凝土强度等级不应低于C15，被加固预应力混凝土构件混凝土强度等级不应低于C30。

（1）抗弯加固

国内外的研究表明，在受弯构件的受拉面和受压面粘贴钢板进行抗弯加固时，其截面应变分布仍可采用平截面假定。

当用来提高构件的抗弯能力时，应把钢板粘贴在梁（板）受拉翼缘的表面上，使钢板与混凝土作为整体受力，以钢板与混凝土接缝处混凝土局部剪切强度控制设计。用于粘贴的钢板应尽可能薄而宽。薄钢板由于具有较好的柔性和弹性而易于与混凝土构件表面结合得较为紧密。允许使用较厚的钢板，但为了防止钢板与混凝土黏结的劈裂破坏，要求其端部与梁柱节点的连接构造符合外粘型钢焊接及注胶方法的规定。合理的设计应满足在钢板发生屈服变形前，混凝土不出现剪切破坏。为避免钢板在自由端脱落，保证构件加固效果，端部可用夹紧螺栓固定，或在钢板上按一定的距离用螺栓固定。

钢筋混凝土结构构件加固后，其正截面受弯承载力的提高幅度不超过40%，目的是控制加固后构件的裂缝宽度和变形程度，并且验算其受剪承载力，避免受弯承载力提高后导致构件受剪破坏先于受弯破坏（强剪弱弯）。

构造要求：采用直接涂胶粘贴的钢板，厚度不应大于 5 mm。钢板厚度大于 5 mm 时，应采用压力注胶粘贴。对钢筋混凝土受弯构件进行正截面加固时，钢板宜采用条带粘贴，钢板的宽厚比不应大于 50。为了避免因加固量过大而导致钢筋性质的脆性破坏，重要构件的相对界限受压区高度采用构件加固前控制值的 0.9 倍。当采用厚度小于 5 mm 的钢板时，受拉区粘贴的钢板加固层不超过 3 层，受压区粘贴的钢板加固层不应超过 2 层。当钢板厚度为 10 mm 时，仅允许粘贴 1 层钢板。当加固的受弯构件需粘贴 1 层以上钢板时，相邻两层的截断位置应错开一定距离，且其错开的距离不应小于 300 mm，并应在截断处加设 U 形箍筋（对梁）或横向压条（对板）进行锚固。在受弯构件受拉区粘贴钢板时，其板端一段由于边缘效应，往往会在胶层与混凝土黏结面之间产生较大的剪应力峰值和法向应力的集中，成为粘钢最薄弱的部位。若锚固不当或粘贴钢板不规范，均易导致构件加固体连接处的脆性剥离或过早剪坏，为此有必要采取加强锚固措施。

（2）抗剪加固

当粘贴钢板用以加固和增加梁的剪切强度时，钢板应粘贴在梁的侧面，跨缝粘贴。用于粘贴的钢板可以是块状的，也可以是带状的，长度方向与主拉应力方向一致，垂直于裂缝，端部进行锚固。带状钢板沿垂直于裂缝的方向粘贴，斜度一般为45°～60°。梁的上下端应设水平锚固板，以提高端部的锚固强度。钢板厚度依设计而定。当采用钢板对受弯构件的斜截面承载力进行加固时，应粘贴成斜向钢板、U形箍筋或L形箍筋。斜向钢板和U形箍筋、L形箍筋的上端应粘贴钢压条（使其成纵向）予以锚固。

根据实际经验，对受弯构件斜截面加固的钢板、箍筋的粘贴方式应做统一的规定，并且在构造上，只允许在垂直于构件轴线的方向采用加锚封闭箍和其他三种有效的U形箍筋，不允许仅在构件侧面粘贴钢条使其受剪应力作用，因为实践表明，这种粘贴方式不可靠。

（3）锚固措施

对受弯构件正弯矩区的正截面进行加固时，当粘贴的钢板延伸至支座边缘仍不满足延伸长度的要求时，可以采取锚固措施：①梁应在延伸长度范围内均匀设置U形箍筋，且应在延伸长度的端部设置一道加强箍。U形箍筋应伸至梁翼缘板底面。U形箍筋的端箍宽度不应小于200 mm，中间箍宽度不应小于受弯加固钢板宽度的1/2且不应小于100 mm。U形箍筋的厚度不应小于受弯加固钢板厚度的1/2。U形箍筋的上端应设置纵向钢压条，压条下面的空隙应加钢垫块填平。②钢板应在延伸长度范围内通长设置垂直于受力钢板方向的钢压条。钢压条应在延伸长度范围内均匀布置，且应在延伸长度的端部设置一道。钢压条的宽度不应小于受弯加固钢板宽度的3/5，钢压条的厚度不应小于受弯加固钢板厚度的1/2。

直接涂胶粘贴钢板时也应使用锚固螺栓。其锚固深度不应小于6.5倍的螺栓直径。螺栓布置的间距应满足的要求为：①螺栓中心最大间距为24倍钢板厚度，最小间距为3倍螺栓孔径。②螺栓中心距钢板边缘最大距离为8倍钢板厚度或120 mm中的较小者，最小距离为2倍螺栓孔径。如果螺栓只用于钢板定位或粘贴加压时，则不受上述限制。

3. 结构加固计算

（1）受力特点

将钢板或钢筋粘贴于构件受拉部位或者薄弱部位的面层，使其与结构形成整体，共同承受荷载。原结构的恒载内力由原构件承担，新增钢板或钢筋只承受粘贴加固后的荷载产生的应力。一般情况下，由于加固前一期恒载等作用，原构件混凝土及钢筋的应力、应变已经有了相当的储备，在加固后的二期恒载及活载作用下，原构件混凝土及钢筋的应力、应变积累值往往大于在新增混凝土及钢板或钢筋内产生的相应值，使得原构件的钢筋受到破坏，新增钢板或钢筋的强度未能充分发挥。只有当原受拉钢筋屈服后，新增钢板或钢筋的应变、应力才迅速增加。除此之外，受压区混凝土的压应力也是主要的控制因素。设计时应考虑构件这种分阶段受力的特点。

（2）计算原理及方法

对于使用多年又出现裂缝的钢筋混凝土构件来说，经常有混凝土碳化、钢筋锈蚀现象，再加上新增钢板或钢筋由于黏结材料和施工原因，与原构件混凝土的黏结强度比不上原钢筋与原混凝土的黏结强度。这些因素要反映到极限状态的计算中来，因此不能按新材料、新结构的计算方法来计算，也就是不但要考虑新增钢板或钢筋的实际受力情况，而且要考虑到其会对构件的承载能力有一定的折减。前者表现为：对新、旧钢筋或钢板的应力，应根据分阶段受力的特点，依据换算截面分阶段验算，在采用钢与混凝土弹性模量比值时考虑混凝土弹性模量的降低。后者表现为：考虑钢筋锈蚀的影响，对钢筋的屈服强度进行折减。采用上述方法来计算加固构件的抗弯承载力，固然要比新材料、新结构的计算工作量大一些，但却更能反映加固构件的实际受力状况。

对于钢筋混凝土受弯构件的粘钢加固计算，前提是截面应变分布仍符合平截面假定，保证所粘贴钢板或钢筋与原构件保持变形协调，即保证粘贴可靠，不发生因粘贴面过早剥离而导致的破坏。

粘钢加固的正截面配筋设计方法的基本原则：如果完全按承载能力极限状态法来设计计算，则不能反映加固构件分阶段受力的特点，只能反映构件最终状况的承载力。因此，先按弹性理论的计算方法计算各阶段材料的最大应力，并按容许应力法验算材料强度。这样，可同时适用于I形梁和矩形梁的计算。在第二阶段，即加固后的截面应力计算中，设计人员根据工程经验、构件的受力情况、病害情况和尺寸及配筋等，初步确定新增钢板或钢筋截面积。经试算所选择粘钢面积满足材料强度要求后，利用最终得到的新增钢板或钢筋截面积进行持久状况承载能力极限状态正截面抗弯承载力计算，符合要求后全部设计计算完成。

①基本假定：构件弯曲后，截面仍保持为平面；截面受压混凝土的应力图形简化为矩形，强度取为其抗压强度设计值，截面受拉混凝土的抗拉强度不予考虑；极限状态计算时，受拉区钢筋应力取其抗拉强度设计值，受压区钢筋应力取其抗压强度设计值；新增钢板应力等于钢筋应变与其弹性模量的乘积，但不大于其强度设计值；构件达到受弯承载能力极限状态时，必须采取可靠的锚固措施，避免发生钢板与混凝土之间的黏结剥离破坏。

②基本步骤。粘贴钢板加固桥梁构件的作用效应宜分别按下列两个阶段进行计算：

第一阶段，粘贴钢板加固施工前，作用（或荷载）应考虑加固时包括原构件自重在内的实际恒载及施工时的其他荷载。

第二阶段，粘贴钢板加固后，作用（或荷载）应考虑包括构件自重在内的恒载、二期恒载作用及使用阶段的可变作用，作用效应组合系数按现行规范取用。

4. 粘贴钢板补强法的施工工艺

（1）粘贴钢板补强法的分类

粘贴钢板补强法依据采用胶黏剂的不同，施工工艺也有所不同，若胶黏剂为液状时，用灌注法；若胶黏剂为胶状时，用涂抹法。前者在钢板安装后用注入法加入，后者是在钢板粘贴前用涂刷法事先涂好。当钢板厚度小于或等于5 mm，或者宽度小于或等于300 mm时，采用涂抹法粘贴钢板；当钢板厚度大于5 mm，或宽度大于300 mm时，采用灌注法粘贴钢板。

①灌注法。先将加固钢板固定在混凝土上，将钢板与混凝土边缘密封后再向钢板与混凝土的间隙中压注流体状结构胶。该方法施工略复杂，但加固钢板厚

度可较大（可超过 5 mm，允许达到 10 mm，但应采取类似外粘型钢节点的加强锚固措施），且单块加固钢板面积可较大，施工基本不受胶液可操作时间的限制。

②涂抹法。在加固钢板及混凝土表面涂刮膏状建筑结构胶，在结构胶凝胶硬化前将钢板与混凝土黏合固定。该方法施工较简单，但粘贴钢板厚度不能太厚（不超过 5 mm，最好 2～3 mm），且单块钢板面积较小，配胶、涂胶、固定等施工操作要求在胶的可操作时间（约 40 min）内全部完成。

（2）粘贴钢板法施工步骤

①混凝土表面处理。混凝土面应凿除粉饰层，清除油垢、污物，然后用角磨机打磨，除去 1～2 mm 厚表层，较大凹陷处用找平胶修补平整；打磨完毕后用压缩空气吹净浮尘；最后用棉布蘸丙酮拭净表面，待粘贴面完全干燥后备用。

②钢板表面处理。钢板粘贴面应用角磨机进行粗糙、除锈处理，打磨到钢板出现光泽。使用前若钢板贴面洁净则仅用干布擦拭即可，否则可用棉布蘸丙酮拭净表面，待完全干燥后备用。

该工序所用主要设备与材料包括：护目镜、防尘口罩、冲击电锤及扁铲、手锤、角磨机、金刚石磨片、砂轮片、空压机、棉布、丙酮。

③加压固定及卸荷系统准备。加压固定宜采用千斤顶、垫板、顶杆所组成的系统。该系统不仅能产生较大压力，而且加压固定的同时卸去部分加固构件承担的荷载，能更好地使后粘钢板与原构件协同受力，加固效果较好，施工效率较高。

加压固定也可采用膨胀螺栓、角钢、垫板所组成的系统。该系统需要在加固构件上合适的位置钻孔以固定膨胀螺栓，仅能产生较小压力，不能产生卸荷效果，适合侧面钢板的粘贴。

④胶黏剂配制。建筑结构胶常为多组分。取洁净容器（塑料或金属盆，不得有油污、水和杂质）和衡器，按说明书配合比混合原料，并用搅拌器搅拌至结构胶色泽均匀为止。搅拌时最好沿同一方向搅拌，尽量避免结构胶中混入空气而形成气泡。建筑结构胶配置场所宜通风良好。

该工序所用主要设备：搅拌器、容器、衡器、腻刀、手套。

⑤涂胶和粘贴。胶黏剂配制完成后，用腻刀将其涂抹在已处理好的钢板面

上（或混凝土表面），胶断面宜成三角形，中间厚 3 mm 左右，边缘厚 1 mm 左右，然后将钢板粘贴在混凝土表面，用准备好的固定加压系统固定，适当加压，以胶液刚从钢板边缝挤出为度。

钢板粘贴应选择干燥环境下进行。将配好的胶黏剂均匀地涂抹在清洁的混凝土和钢板条黏结面上。立面涂胶应自上而下地进行。钢板条黏结面上的抹胶可中间厚两边薄，板的中央涂抹胶的厚度为 3 ~ 5 mm。将钢板平稳对准螺栓孔并迅速拧紧螺帽，使钢板与混凝土紧密黏合，清除挤出的多余胶黏剂。钢板加压的顺序应由中间向两边对称进行。钢板厚度大于 5 mm 时，采用压力注胶黏结，先用封边胶将钢板周围封闭，留出排气孔，在钢板低端粘贴注浆嘴并通气试漏后，以不小于 0.1 MPa 的压力压入胶黏剂，当排气孔出现浆液后停止加压，并用封边胶封堵，再以较低压力维持 10 min 以上。

该工序所用主要设备：加压固定及卸荷系统、腻刀、手套。

⑥检验。检验时可用小锤轻击粘贴钢板，从音响判断粘贴效果，也可采用超声仪检测。若锚固区有效黏结面积少于 90 %，非锚固区有效黏结面积少于 70 %，应剥离钢板，重新粘贴。锚栓的植入深度应符合设计要求，钻孔深度偏差不应大于 5 mm。目测钢板边缘的溢胶色泽应均匀，胶体应固化。钢板的有效黏结面积占比应不小于 95 %。钢板的有效黏结面积可采用三种方法检查：敲击检测法、超声波检测法和红外线检测法。

⑦维护。加固后钢板宜采用 20 mm 厚的 M15 水泥砂浆抹面保护，也可采用涂防锈漆保护，以避免钢材受到腐蚀。

5. 钢板粘贴加固施工要点与注意事项

（1）板粘贴加固施工步骤及施工要点

①钢板下料制作及表面清理。按设计图纸要求，根据混凝土构件的实际尺寸对钢板进行下料、成型、钻孔（钻孔以混凝土构件上螺栓孔位置为准）。对于未生锈或轻微锈蚀的钢板，可用喷砂、砂纸或平轮打磨，直至钢板贴面出现金属光泽。钢板打磨时，粗糙度越大越好，打磨纹路尽量与钢板受力方向垂直。钢板打磨后用脱脂棉沾丙酮擦拭干净。对于大面积锈蚀的钢板，须先用适量盐酸浸泡

20 min，使锈层脱落，再用石灰水冲洗，最后用平砂轮打磨出纹道。

②基底处理。表面处理包括加固构件结合面处理和钢板贴合面处理。

对于混凝土构件结合面，应根据构件表面的新旧程度、坚实程度、干湿程度，分情况进行处理。对表面有浮油污物的混凝土构件的黏结面，应先用硬毛刷沾丙酮刷除表面浮油污物，后用冷水冲洗；再对黏结面进行打磨，除去厚度 2 ~ 3 mm 的表层，直至完全露出新面，并用压缩空气吹除粉粒；处理后，若表面凹凸不平，可用高强树脂砂浆修补。对表面已碳化的旧混凝土构件的黏结面，直接对黏结面进行打磨，去掉 1 ~ 2 mm 厚的表层，用压缩空气除去粉尘或用清水冲洗干净，待完全干燥后用脱脂棉沾丙酮擦拭表面即可。对于新混凝土黏结面，先用钢丝刷将表面松散浮渣刷去，再用硬毛刷沾洗涤剂洗刷表面，或用清水冲洗，待完全晾干即可。对于湿度较大的混凝土构件或龄期在 3 个月内的混凝土构件，因一般树脂类胶黏剂在潮湿的基层上黏结强度会大幅度降低，故除满足上述要求外，尚需进行人工干燥处理。对于露筋的混凝土表面，需用钢丝刷将钢筋表面的锈蚀除去，再剔除松动的混凝土，用清水冲洗润湿，用高强树脂砂浆修补。对于本身空鼓的混凝土构件，应将空鼓处剔除，用清水冲洗润湿，用高强树脂砂浆修补混凝土。

③配胶。目前各种结构加固用胶黏剂通常分为主剂、固化剂双组分。将主剂、固化剂两组分别倒入干净容器（容器内不得有油污），利用手提电钻搅拌，或采用人工搅拌，搅拌至胶黏剂色泽完全均匀为止。

④粘贴。胶黏剂配制好后，用抹刀同时涂抹在已处理好的混凝土表面和钢板贴合面，为使胶能充分浸润、渗透、扩散、黏附于结合面，宜先用少量胶在结合面来回刮抹数遍，再添抹至所需厚度（1 ~ 3 mm），中间厚边缘薄，然后将钢板贴于顶定位置。若是立面粘贴，为防止胶黏剂流淌，可加一层脱蜡玻璃丝布。

⑤钢板固定与预压。钢板粘好后，应立即用特制 U 形夹具夹紧，或用支撑顶撑或用膨胀螺栓等固定，并适当加压，以胶液刚从钢板边缘挤出为准。

⑥固化。结构胶黏剂都是常温（20 ℃左右）下固化，24 h 后即可拆除夹具或支撑，3 d 后即可受力使用。若气温低于 5 ℃，应采取人工加温措施，一般用红外线灯或电热毯加热保温。结构胶黏剂固化期中钢板不得有任何扰动。

⑦防腐处理。外部粘钢加固，应按设计要求须对钢板进行防腐处理。一般采用刷防锈漆、钢板网抹灰、喷防火涂料、环氧砂浆涂抹等方法对钢板进行保护，并且间隔一定周期进行检查与重处理。

⑧钢板粘贴加固施工注意事项。由于配置好的结构胶发热较大，经常导致结构胶快速固化，所以应用导热性能较好的容器，每次配胶时不应过多（宜为 3 ~ 5 kg），应及时涂抹，不应间隔太长时间而导致结构胶固化。而且结构胶属于易燃物品，在施工过程中应注意防火。

在涂抹已处理好的混凝土表面和钢板时，中心轴线位置可以多涂抹些结构胶，厚度在 2 ~ 3 mm，然后往两边厚度逐渐减小，在加压挤胶时，有利于胶体均匀分布，避免中心位置形成空鼓或胶体厚度不够。

在放置钢板时，应快速倾斜下放，避免胶体流淌和整块钢板整面接触到结构胶，使混凝土上胶体和钢板胶体之间由于空气的阻断而产生空鼓。

在加压时，最好在钢板面上放置压条，然后在每隔 500 mm 的位置上放置夹具，加压时夹具两边应同时施力，且间隔一个夹具加压，然后再对剩余夹具进行加压，这样可以避免沿钢板纵向交替不均。

处理端部锚固时，对于使用 U 形套箍的，首先应注意 U 形锚固环下料时应精确，避免过大造成结构胶厚度过厚，导致黏结强度下降，或过小而造成锚固环套不上；其次加压时最好在锚固环开口处打上膨胀螺栓。

（五）粘贴碳纤维增强复合材料（CFRP）加固法

现代复合材料的诞生以 20 世纪 40 年代碳纤维增强复合材料（CFRP）的出现为标志。目前，各国已研发出了具有各种优异性能的聚合物基复合材料，包括玻璃纤维、碳纤维、芳纶纤维等纤维增强复合材料（fiber reinforced polymer，FRP）。在航空航天领域、现代国防工业中，FRP 首先得到发展、应用。在民用工业如机械工业、交通运输、建筑工业，以及生物医学、体育等领域，FRP 由于其优异性能也得到了广泛应用。

粘贴碳纤维增强复合材料加固法是采用胶黏剂将碳纤维增强复合材料粘贴

在钢筋混凝土结构物的受拉区或薄弱部位，使之与结构物形成整体，从而提高受弯构件承载能力的加固方法。

在采用碳纤维布等碳纤维增强复合材料加固混凝土梁式桥时，碳纤维布因纤维排列方向不同而使各方向拉伸强度不同，纤维方向与受力方向相同时，其拉伸强度最高；反之，纤维方向与受力方向垂直时，其强度最低。因此，在用碳纤维布进行加固设计中，必须正确掌握纤维的布置方向。

1. 碳纤维增强复合材料加固机理

工程材料的进步及新材料的出现，历来是土木结构工程发展的先驱和动力。碳纤维增强复合材料的出现和成功应用于土木工程的加固与补强，使土木工程加固技术研究更上一个台阶。碳纤维是一种新型建材，因其质轻、耐腐蚀、片材很薄、抗拉强度高而被广泛应用。碳纤维布加固法亦被视为梁式桥加固补强、提高承载能力，尤其是高度受限制时的首选加固方法，其施工工艺也很简单。适用于钢筋混凝土受压柱提高延性、耐久性的加固；亦可用于梁、板的加固。

与传统的其他加固方法相比，此法将抗拉性能优良的碳纤维布用粘贴材料粘贴到梁体底面或箱梁内壁上，使其与原结构一起受力，即碳纤维布可以与原结构内布置的钢筋共同承受拉力，以提高旧桥的承载能力。沿桥梁的主拉力方向（或与裂缝正交方向）粘贴碳纤维布，两端分别设置锚固端，可约束混凝土表面裂缝，防止裂缝再扩展，从而达到提高构件抗弯刚度、减少构件挠度、改善梁体受力状态的目的。

粘贴碳纤维增强复合材料加固法适用于梁、板的加固，可提高梁、板的承载力，但对刚度的提高效果相对较差，亦可用于加固钢筋混凝土受压柱，以提高其承载力、延性、耐久性等。适用范围为：原构件受拉主筋或腹筋配筋不足的梁和板，抗弯、抗剪加固效果较为显著；原构件受拉钢筋严重腐蚀或受损，以致承载力无法满足安全及使用要求；提高构件的抗裂性，限制裂缝的发展；以延长结构使用年限为主要目的的耐久性加固；混凝土墩柱的抗剪、抗压补强及抗震延性补强。

碳纤维布可采用的对混凝土结构构件进行加固的方式有：在梁、板构件的受拉区粘贴碳纤维布进行受弯加固，纤维方向与加固处的受拉方向一致；采用封闭式粘贴、U形粘贴或侧面粘贴对梁、柱构件进行受剪加固，纤维方向宜与构件轴向垂直；采用封闭式粘贴对柱进行抗震加固，纤维方向与柱轴向垂直。当有可靠依据时，碳纤维布也可用于其他形式和有其他受力状况的混凝土结构构件的加固。

2. 碳纤维增强复合材料与要求

采用粘贴碳纤维布对混凝土结构加固时，应使用碳纤维布、配套树脂类黏结材料和表面防护材料。

（1）碳纤维布

碳纤维布的抗拉强度应按纤维的净截面面积计算，净截面面积取碳纤维布的计算厚度乘以宽度。碳纤维布的计算厚度应取碳纤维布的单位面积质量除以碳纤维密度。

碳纤维板的性能指标应按板的截面（含树脂）面积计算，截面（含树脂）面积取实测厚度乘以宽度。

单层碳纤维布的碳纤维面密度不宜低于 150 g/m^2，且不宜高于 450 g/m^2。在施工质量有可靠保证时，单层碳纤维布的碳纤维面密度可提高到 600 g/m^2，碳纤维板的厚度不宜大于 2 mm，宽度不宜大于 200 mm，纤维体积含量不宜小于 60 %。碳纤维片材的力学性能参照现行国家标准测定。

（2）配套树脂类黏结材料

采用碳纤维布对混凝土结构加固时，应采用与碳纤维布配套的底层树脂、找平树脂、浸渍树脂或黏结树脂。

（3）表面防护材料

对已加固完的结构表面应进行防护处理。表面防护材料应与浸渍树脂或黏结树脂可靠黏结。选用的防火材料及其处理方法，应使加固后的建筑物达到要求的防火等级。当被加固的结构处于特殊环境时，应根据具体情况选用有效的防护材料。

3. 碳纤维增强复合材料加固设计及要点

（1）一般规定

采用碳纤维增强复合材料加固受压柱时，原构件混凝土强度等级不得低于C25。纤维复合材料宜粘贴成条带状，非围束时板材不宜超过2层，布材不宜超过3层。对钢筋混凝土柱粘贴碳纤维增强复合材料进行加固时，条带应粘贴成环形箍，且纤维方向应与柱的纵轴线垂直。加固大偏心受压构件，可将纤维复合材料粘贴于构件受拉区边缘混凝土表面，纤维方向应与柱的纵轴线方向一致。加固受拉构件，纤维方向应与构件受拉方向一致。梁的受拉区两侧粘贴碳纤维增强复合材料进行抗弯加固时，粘贴高度不宜高于梁高的1/4。采用封闭式粘贴或U形粘贴对梁、柱构件进行斜截面加固，纤维方向宜与构件轴线垂直或与其主拉应力方向平行。碳纤维增强复合材料沿纤维受力方向的搭接长度不应小于100 mm，当采用多条或多层纤维复合材加固时，其搭接位置应相互错开。当碳纤维增强复合材料绕过构件（截面）的外倒角时，构件的截面棱角应在粘贴前打磨成圆弧面，且圆弧半径满足梁不应小于20 mm，柱不应小于25 mm。对于主要受力纤维复合材料，不宜绕过内倒角。粘贴多层碳纤维增强复合材料加固时，宜将碳纤维增强复合材料逐层截断，并在每层截断处最外侧加压条，其粘贴形式采用内短外长式。

采用碳纤维增强复合材料对钢筋混凝土梁或柱的斜截面承载力进行加固时，其构造应符合下列规定：①宜选用环形箍或加锚固的U形箍；仅按构造需要设箍时，也可采用一般U形箍。②U形箍的纤维受力方向应与构件轴向垂直。③一般情况下，在梁的中部应增设一道纵向中压带。

（2）梁和板的加固

对梁、板进行抗弯加固时，可在碳纤维增强复合材料两端设置U形箍或横向压条。其切断位置距其充分利用截面的距离不应小于黏结长度。

当碳纤维增强复合材料延伸至支座边缘仍不满足黏结长度的规定时，应采取以下锚固措施：①对于梁，在碳纤维增强复合材料延伸长度范围内至少应设置两道U形箍锚固。U形箍宜在延伸长度范围内均匀布置，且在延伸长度端部必须设置一道。U形箍的粘贴高度宜伸至顶板底面。每道U形箍的宽度不宜小于受弯加固碳纤维增强复合材料宽度的 1/2，U 形箍的厚度不宜小于受弯加固碳纤维增强复合材料厚度的 1/2。②对于板，在碳纤维增强复合材料的延伸长度范围内至少设置两道垂直于受力纤维方向的压条。压条宜在延伸锚固长度范围内均匀布置，且在延伸长度端部必须设置一道。每道压条的宽度不宜小于受弯加固碳纤维增强复合材料条带宽度的 1/2，压条的厚度不宜小于受弯加固碳纤维增强复合材料厚度的 1/2。③当碳纤维增强复合材料的黏结长度小于按公式计算所得长度的 1/2 时，应采取可靠的附加机械锚固措施。

对梁、板负弯矩区进行受弯加固时，碳纤维布的截断位置距支座边缘的延伸长度应根据负弯矩分布确定，且对板不小于 1/4 跨度，对梁不小于 1/3 跨度。当采用碳纤维布对框架梁负弯矩区进行受弯加固时，应采取可靠锚固措施与支座连接。当碳纤维布需绕过柱时，宜在梁侧 1/4 高度范围内粘贴；当有可靠依据和经验时，此限制可适当放宽。板受弯加固时，碳纤维布宜采用多条密布方案。当沿柱轴向粘贴碳纤维布对柱的正截面承载力进行加固时，碳纤维布应有可靠的锚固措施。

采用碳纤维布对钢筋混凝土梁、柱构件进行受剪加固时，应符合下列规定：①碳纤维布的纤维方向宜与构件轴向垂直。②应优先采用封闭粘贴形式，也可采用 U 形粘贴和侧面粘贴。对碳纤维板，可采用双 L 形板形成 U 形粘贴。③当碳纤维布采用条带布置时，净间距不应大于现行国家标准规定的最大箍筋间距的 0.7 倍。④U 形粘贴和侧面粘贴的粘贴高度宜取构件截面高度。对于 U 形粘贴形式，宜在上端粘贴纵向碳纤维布压条；对于侧面粘贴形式，宜在上、下端粘贴纵向碳纤维布压条。

4. 受弯构件加固计算

（1）加固受力特点分析

碳纤维布加固混凝土构件，在提高其抗弯承载力时，还可能对抗弯构件的破坏形态产生影响。当碳纤维布用量过多时，构件的破坏形态将由碳纤维被拉断引起的破坏转变为混凝土被突然压碎破坏。与此同时，由于碳纤维为完全弹性的材料，它与钢筋共同工作会减弱钢筋塑性性能对构件延性的影响。碳纤维布用量过多时，构件延性将有所降低。因此，碳纤维布用于钢筋混凝土梁式桥的加固补强时，应根据实际情况合理使用。

用碳纤维布加固的旧桥，发生破坏（如拉断或剥离等脆性破坏）时具有突发性，因此其承载力极限状态不能按普通钢筋混凝土的定义，一般应按碳纤维抗拉强度的 2/3 进行抗弯承载力计算。

研究证实，碳纤维布能够提高混凝土梁抗剪承载力，其作用机理与箍筋类似，同时还能明显改善构件的变形性能，增强构件抗变形能力。

（2）基本假定

构件弯曲后，截面仍保持为平面。截面受压混凝土的应力图形简化为矩形，其压应力强度取混凝土的轴心抗压强度设计值；截面受拉混凝土的抗拉强度不予考虑。极限状态计算时，受拉区钢筋应力取其抗拉强度设计值；受压区钢筋应力取其抗压强度设计值。达到受弯承载力极限状态时，按平截面假定确定的碳纤维增强复合材料的拉应变不应超过碳纤维增强复合材料的拉应变。碳纤维增强复合材料的应力取拉应力与弹性模量的乘积。构件达到正截面承载能力极限状态时，碳纤维增强复合材料与混凝土之间不应发生黏结剥离破坏。

受弯构件的作用荷载效应分为两个阶段受力进行计算：

第一阶段为加固前，作用（或荷载）应包括原构件自重在内的实际恒载及施工荷载。

第二阶段为加固后，作用（或荷载）应考虑包括自重在内的恒载、二期恒载作用及使用阶段的可变作用。作用效应组合系数按现行规范取用。

5.加固施工工序

（1）加固梁式桥施工工序

①施工准备。认真阅读设计施工图，根据施工现场和被加固构件混凝土的实际情况，拟订施工方案和施工计划。最后对所使用的碳纤维布、配套树脂、机具等做好施工前的准备工作。

②表面处理。清除被加固构件表面剥落、疏松、蜂窝状、腐蚀的劣化混凝土，露出混凝土结构层，并用修复材料将表面修复平整。然后按设计要求对裂缝进行

灌缝或封闭处理。把被粘贴的混凝土表面打磨平整，除去表层浮浆、油污等杂质，直至完全露出混凝土结构新面。转角粘贴处应进行导角处理并打磨成圆弧状，圆弧半径不应小于 20 mm。混凝土表面应清理干净并保持干燥。

③涂刷底层树脂。该工序用于渗透混凝土表面，促进黏结并形成长期持久界面的基础。油灰用于填充整个表面空隙并形成平整表面，以便使用碳纤维布；浸渍树脂或黏结树脂，前者用于碳纤维布粘贴，后者用于碳纤维板粘贴。按产品生产厂提供的工艺规定配制底层树脂，采用滚筒刷将底层树脂均匀涂抹于混凝土表面。可以在底层树脂表面指触干燥后，尽快进行下一工序的施工。

④找平处理。按产品生产厂提供的工艺规定配制找平材料。对混凝土表面凹陷部位用找平材料填补平整，不应有棱角。转角处应采用找平材料修理成为光滑的圆弧，且其半径不应小于 20 mm。可以在找平材料表面干燥后，尽快进行下一工序的施工。

⑤粘贴碳纤维布与碳纤维板。

粘贴碳纤维布。按设计要求的尺寸裁剪碳纤维布；按产品生产厂提供的工艺规定配制浸渍树脂，并均匀涂抹于粘贴部位；将碳纤维布用手轻压放在需粘贴的位置，采用专用的滚筒顺纤维方向多次滚压，挤出气泡，使浸渍树脂充分浸透碳纤维布，滚压时不得损伤碳纤维布；多层粘贴时重复上述步骤，并宜在纤维表面的浸渍树脂指触干燥后尽快进行下一层粘贴；在最后一层碳纤维布的表面均匀涂抹浸渍树脂。

粘贴碳纤维板。按设计要求的尺寸裁剪碳纤维板，并按产品生产厂提供的工艺规定配制黏结树脂；将碳纤维板表面擦拭干净至无粉尘。当需粘贴两层时，底层碳纤维板的两面均应擦拭干净；擦拭干净的碳纤维板应立即涂刷黏结树脂，树脂层应呈突起状，平均厚度不应小于 2 mm；将涂有黏结树脂的碳纤维板用手轻压贴于需粘贴的位置。用橡皮滚筒顺纤维方向均匀平稳压实，使树脂从两边挤出，保证密实无空洞。当平行粘贴多条碳纤维板时，两条板带之间的空隙不应小于 5 mm；需粘贴两层碳纤维板时，应连续粘贴。当不能立即粘贴时，在开始粘贴前应对底层碳纤维板重新进行清理。

⑥表面防护。防紫外线辐照、防火和保证防护材料与碳纤维片材之间有可靠的黏结。施工宜在 5 ℃以上环境温度条件下进行，环境温度低于 5 ℃时，应使用适用于低温环境的配套树脂或采用升温处理措施。在表面处理和粘贴碳纤维布前，应按加固设计部位放线定位。

⑦检查与验收。碳纤维布实际粘贴面积应不少于设计量，位置偏差不应大于10 mm。碳纤维布与混凝土之间的黏结质量可用小锤轻轻敲击或手压碳纤维布表面的方法来检查，总有效黏结面积应不低于95 %。当碳纤维布的空鼓面积小于10 000 mm² 时，可采用针管注胶的方式进行补救；当空鼓面积大于 10 000 mm² 时，宜将空鼓处的碳纤维布切除，重新搭接贴上等量的碳纤维布，搭接长度应不小于100 mm。碳纤维布粘贴效果用拉拔力方法进行测定。

（2）采用碳纤维布等纤维复合材料加固梁式桥施工工艺

采用碳纤维布等碳纤维增强复合材料加固梁式桥时具体施工工艺及要求如下。

①面层处理。混凝土表面的劣化层，如风化、游离石灰、脱模剂、剥离的砂浆、粉刷层、污物等，必须用砂轮机去除并研磨。用空气喷嘴、砂轮机与毛刷将待补强区的粉尘及松动物质去除，用水洗净后，必须使其充分干燥。

②断面修复。将混凝土面层的不良部分（例如，剥落、孔隙、蜂窝、腐蚀等）清除。若有钢筋外露的情形，必须先做好防蚀处理，再以强度相等或大于混凝土的环氧树脂砂浆材料修补。裂缝以环氧树脂胶黏剂灌注。裂缝或打除部分若有漏水情形时，应先做好止水、导水处理。修复完成后的高度差应在 1 mm 以下。

③表面修整。表面平整度凸出部分（小突起等）以切割机或砂轮机将其铲除并使其平滑。凹陷部分（打除部分）以环氧树脂补土或树脂砂浆填补。转角处需研磨至凸角 R=20 mm（R 为曲率半径）以上，凹角则以环氧树脂砂浆材料填补。

④底层涂料涂布。将主剂和硬化剂依所规定的配置比放置于拌和桶中，使用电动搅拌机，使其均匀混合（约 2 min）。一次的拌和量为在可使用时间内的施工量，超过可使用时间的材料，不可使用。以毛刷滚轮均匀涂布，依现场状况决定是否涂布第二道(初干之后)。涂布量随施工面的方向及粗糙的程度有所变化。以指触方式确认干燥时间，一般为 3 ~ 12 d。施工现场空气应十分流通，严禁烟

火。施工时必须要穿戴保护装置（如口罩、护目镜及橡皮手套）。应注意气温在5 ℃以下，雨天或空气湿度 > 95 % 时，不可施工。施工范围的温度、湿度确认后，选用适当的底层涂料。

⑤碳纤维布材的粘贴。

纤维贴片预先以剪刀、刀子依所设计的尺寸大小裁好，依使用量剪裁尺寸、长度在 2 m 以内最适宜。为防止保管期间内的破损，裁剪数量只裁所需使用的数量。施工面底漆的干燥程度可以指触确认。底漆超过一星期以上时，应以砂轮机磨平。将环氧树脂胶黏剂的主剂和硬化剂依所规定的配比放置于拌和桶中，使用电动搅拌机，使其均匀地混合（约 2 min）。一次的拌和量为在可使用时间内的施工量，超过可使用时间的材料，不可使用。在完成上述准备工作后，首先，将环氧树脂胶黏剂用毛刷滚轮均匀涂布（涂布在底漆上）。涂布量随施工面的表面粗糙程度会有所变化，转角部分要多涂。其次，将强化纤维粘贴于环氧树脂涂布面，以毛刷滚轮和橡皮刮刀顺着纤维方向用力推平，使环氧树脂浸透并去除气泡，纤维（长向）方向的搭接长度至少要留 10 cm，短向则可不留。粘贴后放置30 min，若纤维有浮出或脱线情形发生时，以滚轮或橡皮刮刀压平修正。最后，在单向强化纤维表面再涂环氧树脂（涂于面层），以毛刷滚轮或橡皮刮刀顺着纤维方向用力推展，使树脂充分浸透和补充。当两层以上的强化纤维相叠贴时，重复上述粘贴步骤。施工现场空气应十分畅通，严禁烟火。工作人员施工时必须要穿戴保护装置。

⑥养护。纤维加固施工完成后，待确认指触干燥后，应用塑胶布覆盖，以防止雨淋，同时也应注意覆盖布不要碰触到施工面。覆盖布的养护需要 24 d 以上。应注意在室外施工时，为了不使雨水、砂、灰尘等附着其上，必须使用塑胶布保护。

⑦涂层保护。完工后表面涂刷耐紫外线涂层或与原混凝土颜色相近的涂层。

（六）体外预应力加固法

1. 体外预应力加固法基本概念

体外预应力加固法是运用预应力原理，通过增设体外预应力索（包括钢绞线、高强钢筋丝束和精轧螺纹钢筋）对既有混凝土梁体主动施加外力，以改善原结构的受力状况的加固方法。对于钢筋混凝土或预应力混凝土梁板，采用对受拉区施以预加压力的加固方法，可以抵消部分自重应力，起到卸载作用，从而能较大幅度地提高梁的承载能力。体外预应力加固法既可作为桥梁通过重车的临时加固手段，又可作为永久提高桥梁荷载等级的措施。

体外预应力加固体系主要由预应力钢筋（束）、锚固系统、转向块或滑块、水平束减振装置和梁体组成，可用于混凝土简支梁、连续梁及连续刚构桥等的加固。用预应力方法加固桥梁结构时，应考虑的主要问题有：施加预应力方式方法、预应力损失的估计、减少预应力损失的措施、预应力加固的计算等。

工程实践表明，桥梁体外束加固技术具有的优点为：①施工工艺简单。体外束不需要设置结构内部管道，在原有结构上固定预应力束方便、快捷，加固块件的制作质量容易控制，安装张拉方便，所需设备简单、人力投入少、工期短、干扰交通少、经济效益明显。②附加重量小，能够较大幅度地提高旧桥承载能力。加固后所能达到的等级与原桥设计标准及安全储备有关，一般情况下可将原桥承载力提高 30 % ~ 40 %，使结构轻便、美观。对原结构损伤小，可以做到不影响桥下净空、不增加路面高程。体外预应力筋线形简单，预应力损失小，材料使用效率高。在加固过程中，可以实现不中断交通或短时限制交通，便于检测、检查及维护。体外预应力加固需要可靠的防腐设计，要限制自由长度以控制振动，防止火灾发生。

（1）施加预应力常用方法

用预应力法加固钢筋混凝土或预应力混凝土梁板，加固件一般采用钢杆、粗钢筋或钢丝索等，施加预应力的方法有纵向张拉法、横向张拉法和张拉钢丝束等。纵向张拉法在施加的预应力数值较小时可采用螺栓、丝杆、花篮螺丝等简易拉紧器进行张拉。在施加的预应力较大时，可采用手拉葫芦、千斤顶或电热法张拉。横向张拉法基本原理是在钢拉杆中部施加较小的横向外力，从而可在钢拉杆内获得较大的纵向内力。由于横向张拉力一般并不很大，采用螺栓、丝杆、花篮螺丝等简易工具即可。钢丝束通常通过锚具用千斤顶进行张拉，如果张拉要求不高，采用撬棍等工具绞紧钢丝绳束亦可产生预拉应力。

（2）预应力损失估计和减少预应力损失的措施

预应力损失是影响预应力加固的适用范围和加固后工作状态的重要问题。预应力损失由加固件本身和承受加固件作用的结构两方面的变形而产生，主要因素有：基础徐变和地基沉降、被加固构件收缩和其他变形、加固件本身徐变、加固件节点和传力构造变形、温度应变。

在预应力加固件使用过程中，由于基础沉降、温度应变、新浇混凝土徐变等具体原因，将产生较大的预应力损失，这时，为减少预应力损失，保证加固效果，必须在加固过程中预留构造措施，以便在使用过程中及时调整加固件的工作应力数值。

（3）预应力加固设计特点

在自重很小的情况下，能较大幅度地改善和调整原结构的受力情况，提高承重结构的刚度、抗裂性；体外预应力筋布置在构件截面以外，其锈蚀状况便于检查，可以修补或更换；由于体外预应力筋的变形与混凝土截面不协调，力筋的应力沿长度方向分布均匀，变化幅度小；能够有效控制原结构的裂缝和挠度，使裂缝部分或全都闭合；能够控制和调校体外约束的应力。

体外预应力筋无混凝土保护，易遭火灾破坏，并要限制自由长度以控制振动；转向和锚固装置因承受着巨大的纵、横向力，比较笨重；对于体外预应力结构，锚固失效意味着预应力的丧失，所以锚具防腐要求高；承载极限状态下体外预应力结构的抗弯能力小于有黏结和无黏结预应力结构；体外预应力结构在极限状态下可能因延性不足而产生没有预兆的失效。

（4）预应力加固适用范围

预应力加固适用范围包括：正截面抗弯承载力不足或正截面受拉区钢筋锈蚀；梁抗弯刚度不足导致原梁挠度超过规范规定，或由于刚度太小导致梁的受拉区裂缝宽度超过规范规定；梁斜截面抗弯承载力不足。

2. 预应力拉杆加固钢筋混凝土梁板

钢筋混凝土梁 / 板预应力补强加固一般采用预应力拉杆，常用的拉杆体系有三种：水平预应力补强拉杆、下撑式预应力补强拉杆和组合式预应力补强拉杆。各种拉杆体系的结构和加固原理如下。

（1）水平预应力补强拉杆加固法

对于钢筋混凝土或预应力混凝土的 T 梁桥或工形梁桥，可采用在梁断面的受拉面，即在梁底下加设预应力水平拉杆的简易补强方法进行加固。当拉杆安装并通过紧销钢栓实施横向拉力后，钢拉杆内将产生较大的纵向拉力，于是梁受拉区就受到拉杆预压应力的作用，梁中受拉应力也就相应减少。从加固原理上看，这种补强加固法可提高梁构件正截面抗弯承载能力，但不能提高支座附近斜截面抗剪承载能力。

（2）下撑式预应力补强拉杆加固法

下撑式预应力补强拉杆的加固方法，将水平补强拉杆在接近支座处向上弯起，锚固于梁板支座的上部，弯起点增设传力构造，再施加预拉应力。在桥下净空许可的条件下，可采用下撑式预应力补强拉杆法加固梁式钢筋混凝土梁。这种加固法的预应力补强拉杆用钢材做成，拉杆弯起点设立柱，立柱用钢筋混凝土或混凝土做成；立柱一般设在 1/4 跨径的地方，以使预应力加固的斜拉杆与水平线的角度为 30° ～ 45°。

预应力加固件的斜拉杆，装在被加固的 T 梁腹板左右两侧支座上方的两端。在钢筋混凝土梁上凿开一个安装垫座的位置，割去一部分梁的钢筋箍和竖钢箍，将用角钢或槽钢做成的支撑垫座安放在凿好的洞内，并与斜拉杆成垂直角。斜拉杆的一端插入支撑垫座内用螺帽扣紧，另一端在立柱下面用一对节点板和水平拉杆结合。装好之后，用花篮螺丝把加劲的水平拉杆拧紧。为减少对桥下净空的影响，预应力补强拉杆也可布置在主梁腹部的两侧（中性轴以下）。

为使补强拉杆锚固于梁腹板，形成整体，锚固的方法有很多种。由于下撑式预应力补强拉杆布置较为合理，拉杆中施加预应力后，通过拉杆弯起点的支托构件传力，与梁结构产生作用力，起到卸载的作用。这种加固方法的优点是可对受弯构件垂直截面上的抗弯强度和斜截面上的抗剪强度同时起到补强作用。此法加固效果显著，可将原结构的承载能力增大一倍。

（3）组合式预应力补强拉杆加固法

既布置水平补强拉杆，又布置下撑式补强拉杆，这种加固方式称为组合式预应力加固方法。

组合式预应力补强拉杆的加固方法既具备提高抗弯、抗剪强度的优点，又可在必要时将安设的两根拉杆增加到4根（两根水平拉杆），从而更大幅度地提高承载能力。

上述三种预应力补强拉杆加固法的采用，可根据具体情况进行选择。从补强的内力种类来看，当梁板跨中受弯强度不足，而斜截面上抗剪强度足够时，可采用水平预应力拉杆补强；当梁板支座附近斜截面抗剪强度不足时，则采用下撑式和组合式预应力补强拉杆；当要求补强加固后承载力能提高较大时，宜采用组合式补强拉杆。此外，三种拉杆的选择均须考虑施工的方便与可能。

3.体外预应力加固形式

（1）体外预应力的布设原则

预应力筋的外形和位置应尽可能与弯矩图一致，合理的预应力筋的布置形状应该是使张拉预应力筋所产生的等效荷载与外部荷载的分布形式上基本一致。

为了获得较大的截面抵抗弯矩，控制截面处的预应力筋应尽量靠近受拉边缘布置，以提高其抗裂能力及承载能力。

尽可能减少预应力筋的摩擦损失和锚固损失，增大有效预应力值，以提高施加预应力的效益和构件的抗裂性。

（2）体外预应力的布设形式

体外预应力筋的布置方式须考虑桥梁结构的内力分布状况。体外预应力筋可根据原结构的构造及断面形式布置在梁体的外侧或内侧。对箱梁，宜将体外预应力筋布置在箱（室）的内侧。体外预应力筋沿桥梁纵向长线布置，桥梁横向应对称。

对于截面变高度桥梁，情况则完全不同。当每跨内有两个转向内横梁时，由于截面高度的变化，内横梁必须尽量靠近跨中弯矩较大的区域，以提供必需的偏心距，但此时体外预应力筋束提供的预剪力却很小。当跨中截面与墩顶截面的高度相差较大时，体外预应力筋仅有很小的偏转角度，对结构的抗剪不利，此时应该增加转向内横梁的数目以改善结构的抗剪性能。

由于墩顶附近截面高度变化较快，没有必要在此处引入较大的预剪力，因此在跨内其他部分增大体外索的偏转角度是合适的，最好的解决方法是对主梁高度的变化曲线进行修正，将梁底曲线改为左右两段为抛物线变化，总长为跨径的40 % ~ 50 %，中间为等高度的直线段，这种曲线明显好于整个跨内均为抛物线的形式。

为减少墩顶横梁上锚固点的数目，体外预应力筋也可以在两跨之间全长布置，即体外索在两跨的中间墩顶横梁通过而不锚固，这样有利于锚固点的空间布置，改善了横梁的受力条件。同时可以降低工程造价，因为锚具的费用很高，尤其是可更换的体外索的锚具。

一般来说，下挠桥梁势必会有跨中箱梁下缘截面压应力储备不足、1/4 跨径至墩顶位置附近截面主拉应力偏大等病害，改善结构下挠的体外预应力布置应以结构计算分析为依据。

（3）体外预应力的加固形式

体外预应力的加固形式多种多样，一般采用折线形。梁的跨中部分体外束布置在腹板下缘处，主要通过水平力筋和斜筋提高梁的承载能力，其中水平筋作用于梁底的水平预应力，产生一个反向弯矩，用来抵抗由自重及活载产生的正弯矩，而斜筋给梁端部位提供负弯矩和预剪力。针对不同的桥梁类型，具体有不同的加固形式，主要有以下五种。

①钢筋混凝土板梁加固形式。常用加固形式是由两根粗钢筋作为水平拉杆和斜拉杆组成体外预应力加固体系。斜拉杆与滑块固定，通常是张拉水平筋牵动斜杆受力，斜杆的顶端多锚固在梁顶上，也有锚固在腹板上的。

②钢筋混凝土 T 梁桥或工形梁桥加固形式。

锚固于梁腹、用钢丝绳作拉索的加固形式：采用钢丝绳或钢绞线作为预应力索，用手动葫芦张拉水平筋并锚固于梁腹。

锚固于梁顶、用钢丝绳作拉索的加固形式：采用钢丝绳或钢绞线作为预应力索，并用千斤顶张拉并锚固于梁顶部。

锚固于梁腹、用钢筋或钢绞线作拉索的加固形式：采用刚度较大的槽钢作为斜杆并与楔形滑块构成整体，水平筋采用粗钢筋、钢绞线或高强钢丝等，用千斤顶张拉水平筋从而对梁体实施预应力。

③悬臂钢筋混凝土梁加固形式。

锚固于梁腹、用钢绞线作预应力筋的加固形式：以钢绞线作为预应力筋置于梁底部，锚固点设于梁腋上。张拉时可两端同时进行。张拉锚固完成后将钢绞线套入无缝钢管再压浆防护。

悬臂梁支点上方布置预应力筋的加固形式：在支点上方布置预应力钢筋，预应力筋应事先采取防锈措施，加力后再用砂浆包住，以加强抗锈能力。

④箱梁加固形式。

箱梁体外预应力常用加固形式是采用钢丝束作为预应力筋，并锚固于箱上、下顶面。对于箱梁腹板承受剪力、提升力和割裂拉力的不足，以沿主梁和横梁腹板布设的竖向预应力钢丝束对其追加预应力。

⑤梁体外预应力加固形式。

竖向预应力加固形式：在主梁腹板内的竖向钢筋少且有塌桥危险时，可在腹板上钻孔并在孔内配置竖向预应力钢筋并将其张拉；同时，对所有裂缝宽度大于 0.1 mm 的裂缝都灌注树脂进行封闭。

4. 体外预应力加固计算原理与步骤

体外预应力加固设计计算应先绘制加固前后结构的受力图形，分析内力的变化。加固件中工作应力数值应满足原有结构加固的需要。加固件中施加的预应力数值应为工作应力和预应力损失数值之和。预应力损失值在具备一定经验和资料时可由计算确定，在经验和资料尚不充分时宜在加固前测定。

（1）持久状况下构件承载能力极限状态计算

①构件正截面抗弯承载力计算时基本假定。

构件正截面抗弯承载力计算时基本假定为：在极限状态下，加固梁仍须为适筋破坏，受拉区的混凝土退出工作，全部拉力由原梁中的预应力钢筋或普通钢筋与体外索共同承担；加固后原梁的正截面变形仍符合平截面假设；受压区混凝土的应力分布按矩形应力图考虑，其应力大小取为凝土抗压强度设计值，混凝土的极限压应变取 0.003；原混凝土梁中普通钢筋或预应力钢筋应力分别达到其抗拉强度设计值；体外索水平筋在极限状态下的应力达到其极限应力。

②体外索加固梁的正截面抗弯承载力计算。

加固结构抗弯承载力计算时，应根据截面形状和中性轴的位置分两种情况考虑：一是矩形截面或中性轴位于 T 形或 I 形截面翼板内；二是 T 形或 I 形截面及中性轴位于截面腹板内。

③相对界限受压区高度。可根据原梁中受拉钢筋的种类，确定相对界限受压区高度。

④体外索的水平筋的极限应力。理论和实验研究均表明，影响体外预应力筋极限应力的主要因素有普通钢筋面积、体外预应力钢筋、混凝土强度、跨高比、加载方式、布索方式六项。

（2）持久状况下构件正常使用时承载能力极限状态计算

体外预应力加固受弯构件按下列三种情况设计：①全预应力混凝土加固结构。在作用（或荷载）短期效应组合下控制截面边缘不容许出现拉应力，在结构自重和体外预应力作用下简支梁控制截面的上缘不得消压。② A 类体外预应力混凝土加固结构。在作用（或荷载）短期效应组合下控制截面边缘可出现不超过限值的拉应力。③ B 类体外预应力混凝土加固结构。在作用（或荷载）短期效应组合下控制截面边缘可出现超过限值的拉应力，但裂缝宽度应小于限值。

体外预应力混凝土结构弹性内力分析时，应采用原梁全截面换算截面几何性质，亦可近似采用毛截面几何性质。

计算体外预应力混凝土结构的弹性应力时，全预应力构件、A 类构件应采用全截面换算截面几何性质；B 类构件应采用开裂的换算截面几何性质。

　　考虑到加固桥梁多为运行十几年的旧桥，其混凝土的收缩、徐变已基本完成，故在体外预应力加固旧桥的预应力损失计算中不再考虑由于收缩、徐变引起的应力损失。则采用体外索加固的既有混凝土桥梁在正常使用极限状态计算中应考虑几种因素引起的预应力损失：①在转向和锚固构造管道内的摩擦引起的预应力损失。②锚具变形、筋回缩和接缝压密引起的预应力损失。③分批张拉引起的构件混凝土弹性压缩预应力损失。④钢筋松弛引起的预应力损失终极值。⑤体外预应力筋的应力损失总值。

　　抗裂性验算可分为三种：①正截面抗裂性验算。②斜截面抗裂性验算。③预应力混凝土 B 类加固构件的裂缝宽度验算。

　　预应力混凝土 B 类构件，在正常使用极限状态下的裂缝宽度，应按作用（或荷载）短期效应组合并考虑长期效应影响进行计算。

　　（3）构件应力计算

　　不论原梁是钢筋混凝土梁还是预应力混凝土梁，只要其加固后为全预应力混凝土或预应力混凝土 A 类构件，加固后的梁体混凝土截面不开裂，均采用全截面的换算截面几何性质，其截面应力计算应按不开裂的偏心受压构件考虑。由于钢筋混凝土桥梁的混凝土强度等级较低，施加的体外预应力也较小，因此上述两种加固情况在实际工程中出现的概率较小。钢筋混凝土梁加固后多为预应力混凝土 B 类构件。

　　若原梁是预应力混凝土构件，由于体外预应力的作用，将使原梁中预应力钢筋的应力损失发生变化。例如，体外预应力将使得原梁预应力筋在原分批张拉损失的基础上新增加弹性压缩损失；由于原梁预应力钢筋重心处的混凝土压应力发生变化，其混凝土收缩徐变损失也将发生变化。原梁预应力钢筋预应力损失的变化在加固设计中应予以考虑。

　　持久状况设计的体外预应力混凝土受弯构件，应计算其截面使用阶段正截面混凝土的法向应力、斜截面混凝土的主压应力、原梁受拉区预应力钢筋的拉应力，以及体外预应力筋中的拉应力。计算上述应力时，作用（或荷载）取其标准值。应力计算时汽车荷载须考虑其冲击系数。

体外预应力筋中的拉力等于其永存预加力与可变作用标准值产生的拉力增量之和。

5.体外预应力加固施工工艺

体外预应力体系有四个基本组成部分，即体外预应力筋、体外束锚固系统、体外束转向装置和体外束防腐系统。体外预应力混凝土结构是一种采用体外预应力体系的混凝土结构。根据其是否同时配置体内预应力筋，它又可区分为体内、体外混合预应力混凝土结构和全体外预应力混凝土结构。

（1）预应力筋加工与运输

预应力所用的粗钢筋、钢绞线等预应力材料在下料安装之前要密封包裹，防止锈蚀。运输过程中要防止钢材之间相互碰撞而变形损坏。预应力材料必须保持清洁，在存放和搬运过程中应避免机械损伤和锈蚀。例如，材料进场后需长时间存放，必须安排人员定期进行外观检查。仓储保管时，仓库应干燥、防潮、通风良好、无腐蚀性气体和介质；室外保管时，时间不宜超过6个月，不得直接堆放在地面上，必须采取下面垫加枕木并在其上用防雨布覆盖等有效措施，防止雨露和各种腐蚀性气体、介质的影响。钢绞线、精轧螺纹钢筋应采用切断机或砂轮锯切断，不得采用电弧切割。预应力筋的下料长度应通过计算确定，计算时应考虑张拉设备所需的工作长度、冷拉伸长值、弹性回缩值、张拉伸长随和外露长度等因素。

（2）安装及张拉

①简支梁桥体外预应力加固。按设计要求凿出锚固槽口，在槽口内按设计要求的角度钻孔，并粘贴锚固钢板。按设计要求安装转向装置。对称、均衡张拉至设计吨位，拉杆的松紧度应调整一致。张拉方法按现行规范执行。

②箱梁体外预应力加固。按设计要求增设横隔板或齿板，安装锚具，在横梁、转向块位置的混凝土上粘贴钢板，待结构胶完全达到强度后才能进行张拉。为了使预应力钢绞线在锚固点附近成喇叭口状分布在锚具上，锚固端400 mm范围内应将孔道逐渐扩宽满足锚具安装要求。

（3）施工监控

在控制张拉力和伸长量的同时，应对旧桥主要断面的应变及整体挠度进行监控。

（4）齿板、转向块（板）及滑块

①齿板。按照设计图纸进行放样，确定齿板纵向位置。如果探测出底板原预应力筋位置与新增齿板位置有冲突时，可经设计同意后调整齿板横向位置。然后凿除底板混凝土保护层，漏出新鲜混凝土面，将混凝土碎渣清理干净，使底板纵向和横向钢筋外露，并用钢刷除去钢筋上的锈迹。按照设计要求在底板植筋，等到植筋胶固化后，绑扎齿板钢筋，调整锚具位置及角度，并将齿板钢筋和原底板钢筋焊接成整体。立模浇筑齿板混凝土，等到齿板混凝土强度达到设计强度后才能张拉预应力筋。

②转向块。新浇混凝土转向块与梁体间接缝处必须人工凿毛处理，需要植筋时可参照相关规范的要求。为减少体外索水平筋在活载作用下发生振动，应沿其纵向设置水平筋减振装置。

③滑块。滑块可用钢筋或混凝土浇筑成型，对于后者需预留孔道，以穿入水平预应力钢筋。水平滑块的钢垫板需粘贴在梁的底面。当在水平滑块上设置四氟乙烯滑块时，可将其预先粘贴在钢垫板或滑块的顶面上。水平预应力筋的定位座可粘贴在跨中梁底位置上。

（5）防腐与防护

体外预应力筋张拉结束后，应按设计要求进行防腐处理。当体外预应力筋采用成品索，自身带有防腐功能时，可不采取防腐措施。

（七）增加辅助构件加固方法

1. 增设纵梁加固法

在墩台地基安全性能好，并具有足够承载能力的情况下，可采用增设承载能力高和刚度大的新纵梁，这些新梁与旧梁相连接，共同受力。由于荷载在新增主梁后的桥梁结构中重新分布，使原有梁中所受荷载得以减少，由此使加固后的桥梁承载能力和刚度得到提高。当增设的纵梁位于主梁的一侧或两侧时,则兼有加宽的作用。

旧桥梁中间增设纵梁时,可拆除个别主梁或两相邻主梁之间的翼板,从而形成空位,然后再在空位上安装承载能力和刚度都比原有主梁大的新纵梁。保证新旧主梁能够共同工作的关键在于使新旧混凝土之间形成可靠的连接。因此,必须做好新旧梁之间的横向连接。横向连接的做法很多,有企口铰接、键槽连接、焊接和钢板铰接等。对装配式板梁,可采用企口铰接、键槽连接的形式,而常用的是梁跨中部分采用企口铰接,在较薄弱的梁端部分需采用数道键槽连接。

原桥为装配式 T 梁桥时,可采用沿梁跨设置数道键槽连接的方法,使新纵梁与原有主梁的翼板连接成一体。这种键槽连接能承受接头处的剪切应力和局部承压力。为实现这种键槽连接,施工时必须在原梁翼板上每隔一小段距离凿一个正方形或圆形孔洞,安装后正好互相吻合对齐,或使用刚性钢筋。在设置好锚固钢筋和防收缩钢筋网之后,在对齐的孔洞中和装配式钢筋混凝土梁的接缝中浇筑细石水泥混凝土使之成为整体。

静动载试验结果表明,采用这种加固方法加固的桥梁,加固后桥梁整体刚度增大,荷载横向分布性能改善,各梁受力均匀,实测挠度很小,达到提高通行能力的要求。

2. 增设横隔梁加固法

对于因横向整体性差而降低承载能力的桥梁上部结构,可以采用增加横隔梁的方法,增加各主梁之间的横向连接。此时可在新增横隔梁部位的主梁梁肋上钻孔,设置贯通全桥宽的横向连接钢筋,此钢筋的梁端用螺帽锚固在两侧主梁梁肋外侧。新筑新增横隔梁混凝土之前,应将与主梁结合处的混凝土表面先凿毛洗净,然后悬挂模板浇注横隔梁混凝土。

3. 梁式桥上部结构拓宽与改建

为了提高桥梁的通行能力,适应线路拓宽改建要求,必须把宽度较窄的桥梁加以拓宽改建,梁式桥梁上部结构拓宽改建,有单边拓宽改建和双边对称拓宽改建两种形式。

（1）单边拓宽改建法

当原有公路路线是以单边拓宽进行改建时，相应地对旧桥也可采用单边拓宽的形式予以改建。单边拓宽的做法是平行于原桥另建一座新的桥跨结构。

（2）双边对称拓宽改建法

为了与旧有路线双边对称拓宽的方案相适应，许多旧桥也应采用双边对称拓宽改建方案。双边对称拓宽改建的形式主要有增设独立边梁作为人行道，以及增设大边梁来拓宽旧桥桥面和提高旧桥承载能力等。施工步骤为：掀开桥面铺装，凿除旧梁翼板，切断横隔梁。利用原桥搭设脚手架，支立模板，安装钢筋骨架，安装支座。浇筑混凝土，强度达到 75％后拆除模板。焊接新旧横隔梁连接部位的钢板，浇筑接缝处的混凝土。焊接上翼板处和桥面的钢筋，并浇筑混凝土。

（八）改变结构体系加固方法

1.改变结构体系加固概念及原理

改变结构体系加固实际就是通过改变桥梁结构体系以调整结构上内力的分布。例如，在简支梁下增设支架或桥墩，或把简支梁与简支梁加以连接从而变为连续梁，或者在梁下增设钢桁架等加劲梁或叠合梁，或者改小桥为涵洞等。改变结构体系的根本目的在于提高桥梁的承载能力。

改变结构体系的方法很多，大多要在桥下操作，或设置永久设施，因而影响桥下净空。需要在不影响通航及桥梁泄洪能力的情况下才能使用。

该法加固效果较好，也是一种常见的解决临时通行超重车辆加固措施。重车通过后临时支墩可以拆除，故对通航、排洪影响不大。

改变桥梁原结构受力体系会使某些控制截面内力下降，但也会使某些截面内力增大，或者支座反力发生变化。因此，使用该法加固梁桥要求为：对需要采用改变体系法加固的结构，须进行深入、细致的方案论证。采用改变结构受力体系加固法，应对新、旧整体结构的各受力阶段进行验算。必要时综合使用其他加固法作为加固补充。施工中应严格执行规定的施工方法。

2. 简支梁变连续梁加固法

简支梁变连续梁加固法是将多跨简支梁转变为连续梁的方法。采用在简支梁下增设临时支墩或把相邻的简支梁加以连接的方法，可改变原有结构物的受力体系——由简支梁变为连续梁，降低了车辆活载、人群及二期恒载在原梁跨中截面的弯矩。但在原相邻跨梁端将出现负弯矩，同时支座反力也会发生变化。该法的构造要求为：简支梁变连续梁加固的结构连续可采用在墩顶部位结构上缘加设普通钢筋或增设预应力筋并现浇接头混凝土形成结构连续体系。原梁的截面尺寸不足时，需采用增大截面法等措施。中支点处 T 梁应新增横系梁。除对主梁墩顶部位连接段进行分析外，还应对其他相关截面进行验算。简支梁体系转换后进行正截面承载力和斜截面承载力计算时，结构体系转换前恒载仍由简支体系承担，转换后新加恒载及活载由连续体系承担。对于桥龄 10 年以上的桥梁，可不考虑原混凝土收缩、徐变的影响。

将多跨简支梁的梁端连接起来，变为多跨连续梁，施工工序做法为：掀开桥面铺装层，将梁顶保护层凿除使主筋外露，并将箍筋切断拉直；沿梁顶增设纵向受力主筋，钢筋直径和根数依梁端连接处所受负弯矩大小而配置。浇注梁顶加高混凝土和梁端接头混凝土。拆除原有支座，用一组带有加劲垫板的新支座代替原有的两个支座。重新做好桥面铺装。

用临时支架加固时，改变了原简支梁桥的受力体系，支点处将产生负弯矩，故与上述方法基本原理相同。此法由于缩短了桥梁跨径，使桥梁承载能力得到提高。

3. 增设支承结构加固法

该方法适用于桥下净空有利用空间的梁、板、桁架等结构的加固。按支承结构与原结构的连接形式不同分为固结法和铰支法两种，按照支承结构的竖向刚度大小分为刚性支承和弹性支承。支承结构的竖向变形对主梁内力的影响可以忽略时按刚性支承计算，否则按弹性支承考虑。为充分发挥新增构件的作用，宜采用预顶措施。预顶力的大小及施力位置以保证结构恒载下的安全为原则。该法加固计算要求为：固结法加固要求新增结构与主梁固结；计算时需根据主梁顶的情况对结构进行必要的验算；基础验算时应考虑新增结构传递弯矩的影响。铰支法加固是主梁与新增结构进行铰接加固。主梁应验算预顶力及位移所产生的效应同时应验算支承结构及基础在预顶力作用下的效应。

4. 加劲梁或叠合梁加固法

采用加劲梁或叠合梁以增强主梁的承载能力，也是常用的改变桥梁结构体系的一种加固法。

采用加劲梁和叠合梁加固时，应根据加固时结构体系转换的实际受力状态，分清主次，进行合理的抽象和简化，得出计算图示，进行补强计算。因实际结构比较复杂，各种结构部分之间存在着多种多样的联系，而决定联系性质的主要因素是结构各部分的刚度比值。故新旧结构体系可依据相对刚度大小分解为基本部分和附属部分，以分开计算其内力，如分为主梁与次梁、主跨与副跨，并注意略去结构的次要变形，从而得到较简明的力学图式。

5. 改桥为涵加固法

对于跨径较小的桥梁，在不影响通航和排洪能力的情况下，可采用改桥为涵加固法。涵洞的形式可采用圆管涵、拱涵等。

（九）高强钢绞线网聚合物砂浆加固法

高强钢绞线网聚合物砂浆加固法是在混凝土构件表面铺上钢绞线网，然后用膨胀螺钉锚固在构件上，使其共同工作整体受力，最后抹上聚合物砂浆作为保护层，以提高结构承载力和耐久性（砂浆与钢丝网这两种不同性质的材料在加固中起着不同的作用，钢丝网提高结构的承载能力，砂浆层起保护和一些黏结作用）的一种加固方法。

1. 构件表面处理

高强钢丝网加固混凝土结构的表面处理的目的是除去妨碍黏结表面的疏松层和污染物，增加被粘物的有效表面积，提高黏结能力，改变被黏物表面化学结构，以便增加新老混凝土的黏结力。

对于使用了很久且很脏的混凝土构件的黏结面，先应用非金属砂如河砂、硅砂、碳化硅或氧化铝干法喷砂吹除，或用硬毛刷沾高效洗涤剂刷除表面油垢；或用铁锤和凿子借人力对新老混凝土黏结面敲打，使其表面形成随机的凹凸不平状，增加黏结面的粗糙程度，人工凿毛后，用真空吹去或刮出块状物，用清洁压缩空气吹掉灰尘和颗粒。如果混凝土表面不是很脏很旧，则可直接对构件进行人工凿毛。

2. 钻孔打铆钉

在上网之前先在离构件底边缘 5 cm 处画一横线，在线上用冲击钻钻孔，孔深为 38 ~ 40 mm，孔距构件侧边缘 4.5 cm，中间孔间距 6 cm。边孔要注意在构件内的最外侧钢筋内钻孔。

在端头用铆钉锚固环时，每两环合一孔，注意锚固环要理直。在拉网前要在端头打第二排孔，拴住钢丝网，以免拉网时端头锚固环脱落。

3. 挂网

挂网前应在另一端钻一孔，用来挂拉直仪器。挂网时应注意拉直，保证边缘距离。

4. 中间加铆钉

中间钻孔按梅花状在两条分布筋中间靠拉网边钻孔（以便于后面绷紧钢丝网），钻孔时应顶紧钢丝网，保证构件上的孔在两分布筋中。

5. 绷紧钢丝网

当打铆钉快到拉直工具时，拆去拉直工具，并开始在末端钻孔。在末端钻孔时应注意在锚固环外缘斜向外钻孔，由此拉直绷紧纵向钢筋。在中间需加铆钉的，加上铆钉。

6. 清洗构件表面

用高压喷头清洗加固面，应使钻孔中及加固面灰粉洗净，要清洗 3 ~ 5 遍。

7. 配制底胶

水灰比为 0.5 ~ 0.7，用灰量为 0.25 kg/m^2。注意：底胶应随配随用，以免固结；喷浆时堵塞喷嘴。

8. 喷底胶

清理构件面确定钢丝网上及其加固面没有浮水时，然后喷底胶。

9. 配制水泥浆

在底胶还没完全干之前抹底。灰浆配合比为：17 kg 灰：3 kg 结合剂：3.4 kg 水。水泥浆每次搅拌 3 min。注意：第一次搅拌时先加入 90 % 的水，要出料时再加剩余的水；搅拌出料。

10. 抹水泥浆

抹底不能一次性抹光，应分 3 ～ 4 次，第一遍 8 ～ 10 mm；第二、三遍 5 mm。抹第二、三遍时，应注意在前一遍水泥浆快结硬前抹。

11. 养护

从抹底完毕，材料干硬后，要进行浇水养护，干硬后 4 h 内应每半小时养护 1 次，之后每天均匀养护 7 ～ 9 次。

三、桥梁下部结构加固

（一）概述

桥梁的承载能力是否满足正常营运的需求，不仅与上部结构有关，也与桥梁重要组成部分的下部结构有关。墩台和基础直接承受上部结构的作用（包括恒载和活载）并传递给地基。下部结构的状况也直接影响桥梁的承载能力和正常使用。部分桥梁承载能力的降低和主要病害的产生，就是由下部结构的病害引起的。因此，在桥梁加固改造工作中，下部结构的加固改造应该引起高度重视。

1. 下部结构加固的前提条件

桥梁下部结构尤其是基础部分，是隐蔽工程且多数处于水下或地下，所以难以直接观察和判断。因此，对于桥梁的下部构造的加固改造，无论是加固前的检测与病害原因分析、判断，还是具体的加固设计与加固方法选择，相对于上部构造的加固改造来说难度更大。在针对具体的桥梁下部结构实施加固改造前，应先在对现场检测资料分析与判断的基础上，确定下部构造是否具有加固改造的价值，然后从加固技术和施工工艺上分析能否实现加固改造的目的。下部结构具备加固改造价值，同时又能实施加固改造施工，是下部结构加固改造的前提；否则，无论是从技术与安全上还是经济上，都应考虑拆除桥梁、重建新桥的方案。

对于跨河桥梁，应检查基础的被冲刷情况，分析其对桥梁稳定性的影响；考虑基础的埋置深度是否满足要求，还应考虑久经压实的桥梁地基土允许承载力的提高系数，以及桩底和周边土支承力受摩擦力的提高系数；应分别对墩、台及基础各部位进行强度、稳定性及裂缝宽度验算，并在充分考虑已发现的病害基础上评定其使用功能及承载力。对于技术状况特别差、难以加固改造的墩、台及基础结构，或加固改造的施工工艺复杂、把握性不大的工程，应慎重考虑加固利用的决策。

2. 下部结构的加固方法

（1）盖梁加固方法

施加体外预应力加固、增大截面加固、粘贴钢板或纤维复合材料加固等。

（2）桥墩加固方法

钢筋混凝土套箍加固、粘贴碳纤维强化复合材料或钢板加固、加试(柱)加固。

（3）桥台加固方法

支撑法加固，台后增设拉杆、增建辅助挡土墙法加固，钢筋混凝土围墙或钢箍加固。

（4）基础加固方法

扩大基础加固、增补桩基加固、水泥灌浆加固、钢筋混凝土套箍加固。

（5）地基加固方法

换土垫层法加固、水泥搅拌桩加固、振冲碎石桩加固、砂石桩加固、灰土挤密桩加固、强夯法加固、注浆加固法等。

3. 下部结构的加固设计

增大基础加固计算应考虑两阶段受力，基底面积应根据现行规范的规定由地基强度验算确定。增补桩基加固计算应考虑两阶段受力和新、旧桩基的支撑条件、桩径等方面的差异。增补桩基数及群桩基础沉降计算，应根据现行规范规定进行。

基础冲刷加固：①基础的冲刷深度应取现有河床断面计算最大冲刷深度。②拦沙坝顶、底面高程应按实际冲刷深度计算。③桩基承载能力验算应考虑冲刷深度变化的影响。采用抛石防护的桩基的承载力应计入抛石的负摩阻力。

对未设置防撞设施、可能被撞击的桥梁，应进行防撞验算或专题研究。下部结构加固后，应对全桥进行整体验算。当地基强度满足要求而缺陷仅表现为沉降不均匀、变形过大时，采用扩大基础底面积的加固方法，主要由地基变形计算选定。当基础底部扩大部分的地基承载力不足时，可采取在扩大部分基础下增加一定数量的桩，以提高地基承载力；桩的数量根据地基变形计算来选定。增补桩基一般与原桩基的直径、长度不同，在同一基础下，可能存在两种以上形式。由于单桩承担的荷载与该桩的材料性能、桩身的规格尺寸及桩的入土情况等因素有关，而这些因素又综合反映在单桩设计承载力上，因此按单桩设计承载力来分配沉降计算荷载是较合理的。

4. 下部结构的加固要求

下部结构加固前应先处理裂缝、缺陷等病害。当采用预应力加固盖梁、柱、薄壁墩台、空心墩等钢筋混凝土构件时，原构件混凝土强度等级不宜低于C25；采用其他方法对其进行加固时，原构件混凝土强度等级不宜低于C15；当桥下净空不足、影响桥梁的安全使用时，可降低被交路路面高程、加高墩台或调整支座垫石厚度。

用钢筋混凝土套箍加固桥梁下部结构时，应满足要求：①钢筋混凝土墩台出现环向裂缝时，沿裂缝布置一道套箍，套箍高度不小于1.5 m，厚度为250～400 mm。②钢筋混凝土墩台竖向裂缝可用数个套箍加固，每隔一定高度设置一道，其宽度视裂缝分布和裂缝宽度而定，厚度一般为100～200 mm。③被加固墩台为圬工结构时，套箍宜与注浆锚杆共同使用，锚杆间距根据墩台结构尺寸确定，一般为1.5～2.0 m。外露锚具应进行防腐处理。④套箍混凝土强度等级不低于C25，配筋率不小于0.4 %。⑤套箍钢筋应与原结构可靠连接。当采用植筋技术时，桥梁主要构件的混凝土强度等级不得低于C25，其他构件混凝土强度等级不低于C20；桥梁受力植筋用胶黏剂应采用A级胶，仅按构造要求植筋时可采用B级胶；

采用植筋锚固的桥梁结构，其长期使用的环境温度不应高于 60℃；对处于特殊环境（如高温、高湿、介质腐蚀等）的桥梁结构进行植筋时，除应按国家现行有关标准的规定采取相应的防护措施外，尚应采用耐环境因素作用的胶黏剂。

用支撑梁法加固扩大基础的桥台时，钢筋混凝土支撑梁顶面高程不得高于计算冲刷线。采用扩大墩台基础加固桥梁下部结构时，若其抗剪承载力不足，应采取增加承台厚度、在重力式桥台两侧加设钢筋混凝土侧墙等措施，有条件时可在台前新基础下增加短桩。采用增补桩基加固桥梁下部结构时，新增桩的构造、布置、间距等应考虑对既有基础的影响。新增桩与旧桩的间距可适当减小。

采用基础冲刷加固桥梁下部结构时，应满足要求：①浆砌片石铺砌范围为桥墩上游 6~8 m，桥墩下游 8~12 m。②扩大基础（或承台）底掏空宜采用抛石、铅丝笼等措施防护，加固高度要达到基础底面以上 1.0 m，坡度不大于 1:1。

采用加桩加固桥梁下部结构时，可以扩大原来承台尺寸或在原有承台上再加一层新承台，把上部传来的荷载通过新承台传递到新桩。为使上部荷载由墩身很好地传递给新建承台，可在新建承台与既有承台接触范围内，将原承台凿成锯齿状剪力键，设置钎钉；也可采用植筋法连接新老承台，即通过植入的钢筋承接和传导弯矩及剪力，并使新旧混凝土形成有机整体，以达到扩大原承台尺寸的目的。

（二）盖梁加固方法

盖梁可采用施加体外预应力、增大截面、粘贴钢板或纤维复合材料等方法加固。

以结构的安全性、耐久性为基本考虑点，以不改变现阶段结构的受力情况为出发点，并结合工程经济性、施工操作难度、加固时间等因素，经过综合比较，确定盖梁加固方案。

（三）桥墩加固方法

桥墩加固方法有围带加固法、钢筋混凝土套箍加固法、增大截面加固法、钢套管内灌注混凝土加固法、粘贴碳纤维强化复合材料或钢板加固法、桥墩损坏水下修补加固法等。

1. 围带加固法

墩身发生纵向贯通裂缝，可用钢筋混凝土或钢箍进行加固。如果是因基础不均匀下沉而引起自下而上的裂缝，则应先加固基础，后再采用灌缝或加箍的方法对其进行加固。

2. 钢筋混凝土套箍加固法

墩台损坏严重（如大面积裂缝、破损、风化、剥落），或为粗石圬工及砌石圬工的墩台时，一般可用钢筋混凝土箍套加固，其尺寸应能满足通过箍套传递所有荷载或大部分荷载的需要。同时，改造墩台顶部，浇筑支承于箍套上新的、强大的钢筋混凝土板代替旧的支承垫石，以使箍套与原结构共同工作。

3. 桥墩损坏水下修补加固法

砖石或钢筋混凝土墩台表层出现缺陷，且墩台身处于常水位下时，可分别根据不同情况采用不同的加固方法。

水深在 3 m 以下时，可筑草袋围堰，然后将水抽干，当水难以抽干时，则可浇水下混凝土封底后再抽，抽水后以砌石或混凝土填补冲空部位。此种情况的修补也可不抽水而将钢筋混凝土薄壁套箱围堰下沉到损坏处附近河底，在套箱与桥墩间浇筑水下混凝土以包裹损坏或冲空部位。水深在 3 m 以上时，以麻袋装干硬性混凝土，通过潜水作业将袋装混凝土分层填塞冲空部位，并应注意要比原基础宽 0.2 ~ 0.4 m。

（四）桥台加固方法

1. 支撑法加固

对因墩台尺寸不足，难以承受台背土压力而向桥孔方向产生倾斜或滑移的埋置式桥台，可采用修筑撑壁法进行加固。

对于单孔小跨径桥台，为防止桥台滑移，可在两台之间加建水平支撑，如整跨浆砌片石撑板，或用钢筋混凝土支撑梁进行加固。

2.增建辅助挡土墙法加固

对于因桥台台背土水平压力太大而引起的桥台倾斜，应设法减小桥台后壁的土压力，可在台背加建一挡土墙，以增强挡土能力。

3.减轻荷载法加固

筑于软土地基上的桥台，常由于填土较高而受到较大侧向上压力作用，从而使桥台产生前移，以致发生倾斜。此时，一般可更换台背填土，减小土压力，即采用减轻桥台基础所受荷载的方法进行加固。

4.加柱（桩）法加固

竖向承载力不足时可采用此法。一般可在台前增加一排桩，并浇筑盖梁，以分担上部结构传来的力。打桩或钻孔桩时可利用原桥面作脚手架，在桥面开洞、插桩。盖梁可单独受力，也可连接旧盖梁、旧桩共同受力。

5.增厚台身法加固

梁式桥台背土压力过大，台身强度不足，桥台向桥孔方向位移时采用此法。可挖去台背填土，加厚台身（桥台胸墙），施工时注意新旧混凝土结合牢固。

6.更换台后填土并加便梁法加固

为减轻桥后水平压力，需用具有大的内摩擦角的大颗粒土壤或干砌片石、砖石等更换桥台后面填土，同时在台后新增架设便梁。

（五）基础加固方法

1.桥梁基础存在的问题

桥梁基础分为浅基础和深基础两类。浅基础可分为刚性扩大基础、单独和联合基础、条形基础、筏板和箱形基础。深基础可分为桩基础、沉井基础、混合基础等。

（1）基础沉降和不均匀沉降

对于深基础都是采用嵌岩或埋入地下较深层，则它所表现的沉降或位移在施工中逐级表现，并且在使用后 1 ～ 2 年内达到稳定。一般它们的强度、变形和稳定性都能达到工程要求，除非有特殊的外界力（如地震、滑坡等）的作用。浅基础由于埋设浅、结构简单、施工方便、造价较低，是建筑物最为常见的基础形式。

在地基压密或软土地基上的桥梁，往往会出现沉降特别是不均匀沉降的情况，对桥梁结构产生极大的危害，应加以观测、分析并做好防范工作。

（2）基础滑移和倾斜

基础由于经常受到洪水冲刷而发生滑移，一般与洪水冲刷深度有密切的关系。因此，处理基础滑移的关键在于如何确定洪水冲刷深度。河床在种种因素影响下，造成了桥台前临河面地基土层的侧向压力减小，使基础产生侧向滑移，桥台基础的地基强度弱化。台背高填方路堤如果处理不当会造成主动土压力过大，使桥台前倾或上体下沉，使桥台台座前移或台顶后仰，导致基础移动、桥台倾斜。沉井和桩的抗滑移性能较好，但也有滑移和倾斜的可能。

（3）基础底面压力分布异常

刚性基础的底面压力分布与荷载、基础深度、地基刚度分布等有关。基面压力分布不当将引起基础开裂等病害。

2. 桥梁基础加固方法

桥梁基础加固的常用方法有扩大基础加固法、增补桩基（打入桩或钻孔灌注桩）加固法和人工地基（改良地基）加固法等。

（1）扩大基础加固法

扩大桥梁基础底面积的加固方法，称为扩大基础加固法。此法适用于基础承载力不足或埋置太浅，而墩台又是砖石或混凝土刚性实体式基础的情况。扩大基础底面积应由地基强度验算确定。当地基强度满足要求而缺陷仅表现为不均匀沉降、变形过大时，是否采用扩大基础面积的方法进行加固，主要由地基变形计算决定。在刚性实体式基础周围加石砌圬工或混凝土，以扩大基础的承载面积。

扩大基础加固法的顺序为：通常在必须加宽的范围内先打板桩围堰，如果墩台基底土壤不好，应做必要的加固。挖去堰内土壤至必要的深度，以保证墩台的安全。抽干堰内的水后铺砌石块（浆砌），或做混凝土基础。新旧基础要注意牢固结合，施工时可加设连接（锚固）钢筋或插以钢销，以使加固扩大基础和旧基础牢固地结合成一整体。立模，浇筑混凝土并养生。对于拱桥，可在桥台两侧加设钢筋混凝土实体耳墙，并将耳墙与原桥台用钢销连接起来，从而达到增大桥台基础面积，提高桥台承载力的目的。加固后耳墙与原桥台连接在一起，这样既增加了竖向承压面积，又由于耳墙的自重而增加了抗水平推力的摩阻力。

当拱脚前有一定的填土时，可在台前加建新的扩大基础，并可将改建为变截面的拱肋支承到新基础上，新老基础之间用钢销进行连接，有条件新增基础时在台前新基础下增加短桩，以提高桥台的承载力。

（2）增补桩基加固法

在桩式基础的周围，补加钻孔桩或打入钢筋混凝土预制桩并扩大原承台，以此提高基础承载力、增加基础稳定性，这种加固法称为增补桩基加固法。增补桩基加固法有多种，可在桩式基础的周围补加钻孔桩，也可打入预制桩或静压加桩，并扩大原承台，以此提高基础承载力、增加基础稳定性。

通过增设基板（钻孔桩或打入桩）扩大原承台，墩台部分荷载传至新桩基上。

对单排架桩式桥墩，采用打桩（或灌注桩）加固时，若原有桩距较大（4～5倍桩径），可在桩间插桩；若原有桩距较小且通航净跨允许缩小，可在原排架两侧增加桩数，成为三排式的墩柱。当在桩间加桩时，需凿除原盖梁并浇筑新盖梁，将新旧桩顶连接成一体。此时，要注意验算盖梁在加桩顶部能否承受与原来方向相反的弯矩，如不能承受，则必须加固原有盖梁或重新浇筑盖梁。加固原有盖梁时，可在盖梁顶部增设钢筋。

当桥台垂直承载力不足时，一般可在台前增加一排桩并浇筑盖梁，以分担上部结构传来的压力。打桩（或钻孔桩）时可利用原有桥面脚手架，在桥面上开洞插桩。增浇的盖梁可单独受力，也可与旧盖梁连接在一起，使旧盖梁、旧桩及新桩一起受力。

对于多跨拱桥，为预防因其中某一跨遭到破坏使整体失去平衡而引起其他拱跨的连锁破坏，可根据情况，对每隔若干拱跨中的一个支墩采取加固措施。方法是在支墩两侧加斜向支撑，或加大该墩截面，使得一跨遭到破坏时，只影响若干拱跨而不致全部毁坏。由于受桥下净空影响，拱桥桥墩的加桩可采用静压加桩方法。

增补桩基加固墩台基础的优点是不需要抽水筑坝等水下施工作业，且加固效果显著。该方法的缺点是需搭设打桩架（或钻孔架）和开凿桥面，对桥头原有架空线路及陆上、水上交通均有一定的影响。

（六）地基加固方法

1. 概述

桥梁结构是通过桥梁基础与地基共同作用来承担桥梁结构的上部荷载。当桥梁结构地基的承载力不足或沉降过大不能满足要求时，需要进行地基加固处理。地基加固技术从原理来说可以分为两大类：一类是提高土体的密度；另一类是用其他材料来代替软弱土，或掺和其他材料打入土体中。

提高土的密度是最古老的一种地基加固方法，有时也是最经济有效的一种方法。当压密土体不能达到预期的加固效果时，用其他材料代替软弱土（如换土垫层法、石灰桩、水泥搅拌桩等）就是必要的手段。

2. 常规地基处理方法

（1）换土垫层加固法

此方法主要作用是提高地基承载能力，减少桥梁上部结构的不均匀沉降，适用于浅层软弱地基及不均匀地基的处理。

（2）水泥搅拌桩加固法

此方法主要适用于处理淤泥，淤泥质土、粉土、砂性土、泥炭土等各种成因的饱和软黏土，含水率较高且地基承载力标准值不超过 120 kPa 的黏性土地基，可以最大限度地利用原状土的承载力。水泥搅拌桩可以形成防渗帷幕，并具有施工工期短、无公害、成本低等优点。

（3）振冲碎石桩加固法

此法适用于处理砂土、粉土、粉质黏土、素填土和杂填土地基。其桩体与原来的软土组成一个整体，共同承受外部荷载。采用振冲碎石桩加固法可以提高地基承载力，减小地基沉降。因为碎石桩本身的抗剪强度大于软土的抗剪强度，同时软土与碎石桩合成的混合体，其抗剪强度增大，从而使地基整体的抗剪性能得到很大的提高。另外，由于碎石桩的透水性较好，因此地基的排水性能得到很大的改善，这为加速软土地基固结、减小桥梁地基工程沉降提供重要的条件。

（4）砂石桩加固法

此法主要适用于砂土、素填土及杂填土地基，是利用桩的挤密作用和在施工中的振动作用，使桩周围土的密度增大，从而使地基的承载能力提高、压缩性降低。砂石桩在松散砂土和粉土地基中的作用可以概括为挤密作用、振密作用、抗液化作用；在黏性土地基中的作用可以概括为置换作用、排水作用。

当软弱地基层较厚时，可用砂桩法改善地基的承载能力。施工时，将钢管或木桩打入基础周围的软弱土层中，然后将桩或管拔出，在形成的洞内灌入干燥的粗砂、砾砂，然后捣实，形成砂桩，达到提高地基土密实度的目的。在含水饱和的砂土或粉砂土中，由于易坍孔，灌砂困难，可采用砂袋套管法与振冲法来加固地基。

（5）灰土挤密桩加固法

此法适用于处于地下水位以上的湿陷性黄土、素填土和杂填土等地基，可处理地基深度达 5 m 以上。灰土挤密桩主要适用于消除大厚度黄土地基的自重湿陷性，可以利用成孔侧向挤密，回填重锤夯实，使处理深度大大提高。当地基土的含水率大于 24 %，饱和度大于 65 % 时，不宜采用这种方法。

（6）强夯法加固

此法适用于处理碎石土、砂土、低饱和度的粉土与黏性土、湿陷性黄土、杂填土和素填土等地基。强夯法加固地基后可以提高地基承载力达 4 倍以上，其加固影响深度可达 10 m，可以消除地基土的液化与黄土的湿陷性。

（7）注浆加固法（化学方法）

在墩台基础之下，于墩台中心直向或斜向钻孔或打入管桩，通过孔眼及管孔，用一定压力把各种浆液（加固剂）灌入土层中，通过浆液凝固，把原来松散的土固结为有一定强度和防渗性能的整体，或把岩石裂缝堵塞起来，从而达到加固地基、提高地基承载力的目的。

不同情况下，注浆加固的作用包括：①填充圬工砌体内的空隙，使其成为整体，从而提高砌体强度。②填充土壤或岩石的空洞和裂缝，从而堵塞土壤或岩石的渗流孔道，提高其承压能力，减少渗流冲刷可能性。若空洞大，应使用水泥砂浆；若为裂缝，应使用水泥浆。③填充沙砂和砾石的孔隙，提高其承压能力。④挤密较软弱的土层，形成复合地基，使地基承载能力得到提高。

注浆加固法根据注浆压力的不同，可分为静压注浆和高压喷射注浆两大类。

注浆加固时，各种浆液材料的选择应遵循的原则为：①浆液应是真溶液而不是悬浮液，浆液黏度低，流动性好，能进入细小裂缝。②浆液凝胶时间可在大范围内随意调节，易准确控制，浆液凝胶可在瞬间完成。③浆液的稳定性好，在常温常压下，长期存放不改变性质，不发生任何化学反应。④浆液无毒无嗅，不污染环境，对人体无害，属非易爆物品。⑤浆液对注浆设备、管路、混凝土结构物、橡胶制品无腐蚀，并容易被清洗干净。⑥浆液同化时无收缩现象，固化后与岩石、混凝土等有一定黏结性。⑦浆液结石体有一定抗压和抗拉强度，不龟裂，抗渗性能和防冲刷性能好。⑧浆液结石体耐老化性能好，能长期耐酸、碱、盐、生物细菌等腐蚀且不受温度、湿度影响。⑨材料来源丰富，价格低廉；浆液配制方便，操作容易。

加固墩台基础所采用的方法和注浆材料一般因地质情况不同而异。

（七）支座更换方法

1. 支座的更换方法

桥梁支座是连接桥梁上部结构和下部结构的重要构件，一旦出现病害将影响上下部结构的使用寿命和交通安全。目前，很多新建的公路桥梁选用橡胶支座，特别是对于高速公路。桥梁橡胶支座的用量大，其病害多时有发生。因此，桥梁支座特别是橡胶支座的更换问题，是桥梁加固的重要内容之一。

支座更换的常见方法的有以下几种。

（1）枕木满布式支架法

工作原理：在地面上设置枕木，以枕木为基础，设置满布式或部分木支架至桥梁梁体处，在支架上安置千斤顶顶升梁体。

优点：架设设备比较简单，施工方法简单、易于操作，对于小跨度的梁桥，用支架法施工具有一定优势。

缺点：支架法施工工期长，支架和模板用钢材、木材量大，成本高，不适合桥墩过高的情况。

（2）桥面钢导梁法

工作原理：支撑位置在桥面上，支撑面为顶升梁相邻跨的梁体；在顶升梁上绑扎钢带，安置钢梁，以相邻跨梁体为支撑基础，配合顶升设备，抬升梁体。

优点：对桥下场所无要求，适用于多种桥梁类型，整个起梁过程都在桥上进行，不影响桥下通航、通车。

缺点：钢梁长度有限制，跨径不可过大，要求用较大吨位的千斤顶，对桥面局部压力较大，有可能损伤梁体。

（3）端部整体顶升法

工作原理：以地面为支撑，在墩台两侧建立顶升基础，然后用贝雷梁、槽钢、螺栓连接成受力钢梁（也可用钢管墩作为传力构件），受力钢梁上架千斤顶，在梁两端同步整体顶升。

优点：对桥下通车影响不大，可自由通行，能满足桥下不中断交通的要求；与采用少数大吨位的千斤顶相比较，无须为应力集中设置过大的传力杆及横梁。

缺点：对桥跨下的地基基础要求较高，需建设顶升基础，工序时间长，工期较长。

（4）鞍形支架法

工作原理：用桥墩本身做支撑在盖梁上搭设支架，设计成"鞍形支架"，放置千斤顶来顶升梁体。

优点：施工方便，该方法不受河床地质、桥下水深和桥梁高度的限制。

缺点：顶升过程中盖梁会发生偏心受压现象、局部承压过高的现象，以及支架变形过大的现象，顶升前须进行严格的验算。

（5）钢扁担梁法

工作原理：支撑位置在桥面上，支撑面为顶升梁相邻跨的梁体，在顶升梁上打孔，绑扎钢带，安置钢扁担梁，以相邻跨梁体为支撑基础，配合顶升设备抬升梁体。

优点：对桥下场所无要求，适用于多种桥梁类型；整个起梁过程都在桥上进行，不影响桥下通航、通车。

缺点：钢扁担梁结构设计较为复杂，需进行专门计算；要求用较大吨位的千斤顶，对桥面局部压力较大，有可能损伤梁体，需要对局部压力进行验算。

（6）扁形千斤顶法

工作原理：把超薄的液压千斤顶安放在主梁与盖梁的狭小的空间内，直接顶梁体。

优点：机具设备很少，成本低廉，工序简单，施工快速，中断交通的时间很短；对桥下场所无要求，适用于多种桥梁类型。

缺点：由于扁形千斤顶的特殊构造，导致其行程较短，可能需要多次顶升才能到位。

上述六种桥梁支座更换方法各自有不同的优缺点，适应不同的环境。现针对高墩简支转连续梁桥提出三种新的支座更换方法：钢蝴蝶梁法、钢套箍法和气囊顶升法。

（7）钢蝴蝶梁法

工作原理：支撑位置在盖梁上，通过液压千斤顶顶升蝴蝶梁的翅梁来提升梁体。

优点：充分利用盖梁，施工方便，无大型机具设备；对环境的适应能力很强，不受河床地质、桥下水深和桥梁高度的限制。

缺点：要求盖梁较为宽大能安放液压千斤顶，且千斤顶数量较多。

（8）钢套箍法

工作原理：通过圆箍与桥墩混凝土之间的摩擦力提供竖向支撑，放置液压千斤顶顶升梁体。

优点：充分利用桥梁本身的结构，可以通过增长钢套箍的长度提高其承载能力；环境的适应能力很强，不受河床地质、桥下水深和桥梁高度的限制。

缺点：要求盖梁较为宽大，能安放液压千斤顶，且千斤顶数量较多。

（9）气动顶升法

工作原理：用气动提升系统替换液压千斤顶，上述所有支座更换方法只要用气动提升系统取代千斤顶都可以被称为气动顶升法。

工作特点：起重量不受限制，通过气动提升系统的扩展组合，能满足百吨级甚至千吨级桥梁构件的顶升；同步控制，安全受控，可操作性好，气动提升系统体积大，重量轻；顶升过程平稳，无附加冲击荷载；对顶升的基础要求低，特别适合临时预制构件的工程；有利于保护桥梁构件，采用分布荷载，避免了液压起重的集中荷载。

2. 梁体顶升方法

（1）施工特点

梁体顶升方法施工特点为：整个施工过程中在不中断交通的情况下进行，对道路通行没有任何影响。现场支座情况比较复杂，受限制条件多，根据现场情况拟定多种更换方案。盆式支座顶升力吨位大，自重大，现场空间小，拆除和安装新支座难度大。施工过程中的顶升力和位移控制要求高，为确保结构安全，更换过程都是在顶升高度 5 mm 的情况下进行。

（2）施工流程

梁体顶升方法施工过程为：搭设施工平台—千斤顶安装及布置临时支撑—整体顶升及支座更换—安装新支座及临时支撑卸除—梁复位、保护罩安装。

第七章 道路桥梁工程试验检测的必要性与可行性

第一节 道路桥梁工程试验检测的目的和意义

一、道路桥梁工程试验检测

试验检测是工程质量的重要组成部分，是工程质量科学管理的重要手段。道路桥梁工程试验检测是指根据国家有关法律、法规的规定，依据工程建设技术标准、规范、规程，对道路桥梁工程所用材料、构件、工程制品、工程实体的质量和技术指标等进行试验检测的活动。

二、试验检测的作用和目的

道路桥梁工程试验检测是一门集路桥工程基础知识、试验检测基础理论和测试操作技能于一体的学科，它贯穿路桥工程建设的全寿命周期，是工程设计参数、施工质量控制、工程验收评定、养护管理决策和各种标准、规范及规程修订的主要依据。客观、准确、及时的试验检测数据是路桥工程实践的真实记录，是指导、控制和评定工程质量的科学依据。

道路桥梁工程试验检测的作用和目的是：对各种原材料、成品或半成品，用定量的方法，科学地鉴定其质量是否符合国家质量标准和设计文件的要求，做出接收或拒收的决定，保证工程所用材料都是合格产品。这是控制施工质量的主要手段，对施工全过程进行质量控制和检测试验，保证施工过程中的每个部位、每道工序的工程质量均满足有关标准和设计文件的要求，是提高工程质量、创造优质工程的重要保证。通过各种试验试配，经济合理地选用原材料，能充分利用当地出产的材料，就地取材，优化原材料的组合，提高工程质量，降低建设成本，节约工程造价。通过试验检测，还可以确定施工控制参数，不断改进施工工艺，优化施工流程，保障施工质量。对于新材料、新工艺、新技术，通过试验检测和研究，鉴定其是否符合国家标准和设计要求，为完善设计理论和施工工艺积累实践资料，为推广和发展新材料、新工艺、新技术做贡献。试验检测是评价工程质量缺陷、鉴定和预防工程质量事故的手段。通过试验检测，为质量缺陷或质量事故判定提供实测数据，以便准确判定其性质、范围和程度，合理评价事故损失，明确责任，从中总结经验教训。分项工程、分部工程、单位工程完成后，均要对其进行适当的抽检，以便进行质量等级的评定，为竣工验收提供完整的试验检测证据，保证向业主交付合格工程。试验检测工作集试验检测基本理论、测试操作技能和路桥工程相关学科的基础知识于一体，是工程设计参数、施工质量控制、工程验收评定、养护管理决策的主要依据。

随着工程建设管理水平的不断提高，人们给工程质量赋予了新的内涵，工程质量不仅关系到人民生命财产安全、健康、环保和其他公众利益，还与保护资源、节约投资、提高经济效益和社会效益息息相关。工程质量是这些内容的综合反映，因此公路工程试验检测，需不断更新理念，用科学、准确的数据为工程质量把好关，充分发挥试验检测的质量控制作用。

三、相关的法律、法规

与道路桥梁工程试验检测相关的法律、法规主要包括：

（1）《中华人民共和国计量法》

（2）《中华人民共和国计量法实施细则》

（3）《中华人民共和国标准化法》

（4）《中华人民共和国标准化法实施条例》

（5）《中华人民共和国产品质量法》

（6）《建设工程质量管理条例》

（7）《检验检测机构资质认定评审准则》

（8）《关于进一步加强公路水运工程工地试验室管理工作的意见》（厅质监字〔2009〕183号）

（9）《公路水运工程试验检测管理办法》

第二节 道路桥梁工程试验检测工作管理

一、试验检测频率的确定

在道路桥梁工程施工前，应该先确定各种试验检测的频率，从而建立试验检测工作计划。试验检测的频率由几个方面确定：各种公路/桥梁施工技术规范、验收标准等；工程承包合同、专用技术规范与设计图纸；监理工程师的指令。

确定了检测频率以后，根据预估的原材料、半成品、成品工程结构数量，就可以初步预估出所从事施工的项目基本试验检测次数，从而制订试验检测工作计划，以便对施工中的试验检测进行控制。

二、试验管理流程

试验检测管理主要包括施工原材料订货管理、原材料进场试验管理、委托试验管理和试验检测管理等几个方面。

（一）施工原材料订货管理流程

（1）考察材料厂商生产能力并抽取样品

（2）收集生产厂家的合格证书和试验报告

（3）监理与建设单位现场调查生产厂家（设备、工艺、质量稳定性和合格率）

（4）施工单位对样品试验合格

（5）监理单位对样品复验合格

（6）建设单位对材料进行审批

（7）签订供货合同

（二）原材料进场试验管理流程

（1）根据供货合同组织材料进场

（2）施工单位对进场材料验证性试验合格

（3）试验人员及室主任签认记录、报告

（4）监理单位进行复核试验合格

（5）监理在试验报告单签署结论性意见

（6）将材料用于工程

（三）委托试验管理流程

（1）取样（何处取、怎么取、取多少）

（2）填写试验委托书（最好事先填写）

（3）收样员收取试样（清点、核对、登记）

（4）试验员根据委托书进行试验

（5）填写试验记录单和试验报告单并签字

（6）试验室主任签署结论性意见并签章

（7）形成试验报告签领单

（8）领取人签字并领取试验报告

三、试验检测管理台账

道路桥梁工程施工周期较长，且试验检测项目种类繁多，为了便于试验检测工作的管理，应该事先建立试验检测管理台账表格，并在施工过程对所有的试验进行分类登记、统计和管理。

道路桥梁工程试验检测管理台账主要包括以下几类：

（1）原材料试验分类台账

（2）混合料试验分类台账

（3）结构物试验分类台账

（4）原材料试验统计表

（5）混合料试验统计表

（6）结构物试验统计表

第三节 道路桥梁工程试验检测管理制度

一、检测室管理制度

道路桥梁水运工程试验检测活动应当遵循科学、客观、严谨、公正的原则。根据《公路水运工程试验检测管理办法》，试验检测机构应取得"等级证书"，同时按照《中华人民共和国计量法》的要求经过计量行政部门考核合格，通过计量认证的检测机构，方可向社会提供试验检测服务。

中华人民共和国交通运输部负责道路桥梁工程试验检测活动的统一监督管理。交通运输部工程质量监督局（以下简称"部质量监督局"）具体负责道路桥梁水运工程试验检测活动的监督管理。省级人民政府交通运输主管部门负责本行政区域内道路桥梁工程试验检测活动的监督管理。省级交通质量监督机构（以下简称"省级交通质监机构"）具体实施本行政区域内道路桥梁工程试验检测活动的监督管理。

取得"等级证书"的检测机构在"等级证书"注明的项目范围内出具的试验检测报告，可以作为道路桥梁工程质量评定和工程验收的依据。

道路桥梁工程质量事故鉴定、大型水运工程项目和高速公路项目验收的质量鉴定检测，质监机构应当委托通过计量认证并具有甲级或者相应专项能力等级的检测机构承担。

取得"等级证书"的检测机构，可设立工地临时试验室，承担相应道路桥梁工程的试验检测业务，并对其试验检测结果承担责任。工程所在地省级交通质监机构应当对工地临时试验室进行监督。

检测机构应当严格按照现行有效的国家和行业标准、规范和规程独立开展检测工作，不受任何干扰和影响，保证试验检测数据客观、公正、准确。检测机构应当建立严密、完善、运行有效的质量保证体系，应当按照有关规定对仪器设备进行正常维护，定期检定与校准。

检测机构应当建立样品管理制度，提倡盲样管理。检测机构应当建立健全档案制度，保证档案齐备，原始记录和试验检测报告内容必须清晰、完整、规范。

检测机构在同一道路桥梁工程项目标段中不得同时接受业主、监理方、施工方等多方的试验检测委托。检测机构依据合同承担道路桥梁工程试验检测业务，不得转包、违规分包。

检测人员分为试验检测师和助理试验检测师，检测机构的技术负责人应当由试验检测师担任，试验检测报告应当由试验检测师审核、签发。检测人员应当严守职业道德和工作程序，独立开展检测工作，保证试验检测数据科学、客观、公正，并对试验检测结果承担法律责任。检测人员不得同时受聘于两家及以上检测机构，不得借工作之便推销建设材料、构配件和设备。

二、岗位责任制

（一）最高管理者

最高管理者主持单位全面工作和资源调配，贯彻执行国家政策和法规，负责制定单位质量方针目标并组织实施，批准单位年度工作计划和发展规划。确定单位机构设置，规定组织内各部门的职责和权限，任命技术负责人、质量负责人、各部门负责人及关键岗位人员，组织考核全体人员，实施奖惩制度。建立健全单位质量管理和质量保证体系，批准、颁布质量手册和程序文件，批准年度内审计划；批准管理评审计划和管理评审报告，主持单位的管理评审，保证管理体系持续有效运行。保证单位有足够人力、物力和财力资源，以满足质量管理和检测工作的需要。负责批准财务预算、决算和财务支出，审批仪器设备及大宗物资的申购计划、仪器设备降级和报废，以及试验室重要设施建设和配置。对单位检测结果负法律责任，保证检测结果的公正性、判断的诚实性。负责单位的安全管理，指定安全管理责任人。

（二）技术负责人

技术负责人应当由试验检测工程师担任。负责单位技术管理工作，组织贯彻执行国家有关样品测试的法令、法规、技术标准和规范。负责单位标准方法的更新、验证并付诸实践，负责非标准方法修订的有关管理工作。对单位出现的不合格项进行调查分析，提出纠正措施并组织实施，对可能存在质量问题的检测结果进行复查或要求有关人员重新检测；对可能造成不良后果的行为，有权要求暂停检测工作。负责组织质量控制活动的实施，审批检测工艺、作业指导书、试验方案等技术文件。负责单位人员的技术培训及考核，决策检测工作中重大技术问题。负责组织单位内外的比对试验。审批质量控制计划和组织对质量控制结果进行评审。收集分包方的资质材料。完成领导交办的其他事项。

（三）质量负责人

质量负责人负责单位检测工作质量管理，参与单位最高管理层对单位方针和资源的决策活动及技术管理活动，组织解决检测工作中的质量问题，审批质量文件，并定期向最高管理者汇报工作情况。负责组织管理体系文件的编写、审核、宣贯，保证管理体系现行有效。组织实施管理体系内部审核，指定内审组长，签发内审报告。负责审批质量事故、质量投诉的调查和处理意见；负责纠正、预防措施的审核，监督并跟踪措施的落实情况。制订年度质量监督计划，对不合格项进行控制。参与管理评审，负责编制管理评审计划和评审报告，并协助最高管理者实施。负责管理评审和外审中不符合项的跟踪验证。负责资质考核工作的组织实施。

（四）授权签字人

授权签字人负责签发授权范围内的检测报告，对每份报告的真实性、准确性、合法性和适用性负全面责任。当检测报告不符合规定要求时，有权拒绝签发，并责令质量责任人整改。

（五）检测人员

检测人员应熟悉所承担的分析测试项目的方法原理，严格按照作业指导书和标准、规范规定开展各项检测工作，按时保质完成检测任务，及时提供检测数据。熟悉所用仪器设备的原理、性能和操作方法，严格执行仪器设备的使用、维护制度。严格遵守质量控制管理程序，保证检测原始记录和有关技术资料的真实性、完整性，对自己提供的检测数据和记录负责。发现检测结果出现异常时，要认真进行复查，并及时将情况向部门负责人报告。接受专业技术培训，掌握所从事项目的检测技能，做到持证上岗。了解所从事的分析测试项目的国内外动向和技术水平，掌握本测试项目的最新技术，不断提高分析测试能力和水平。遵守规章制度，爱护仪器设备，保持室内外清洁，做到文明操作；不随意倾倒废弃物，把废酸碱液、废重金属液和其他有毒有害物质等分类倒入收集器内。负责所操作仪器设备的期间核查，保证仪器设备处于完好状态。负责所从事的分析测试项目相关的试剂、耗材和仪器设备等物资的验收。负责所操作仪器设备相关联电脑、打印机的日常维护。协助做好仪器设备、检测试剂等验收工作。

（六）内审员

内审员接受内审组长的委派，实施具体的内审工作。负责编制内审检查表和进行有关资料的整理。负责对纠正措施进行审核和效果跟踪验证。负责编制内审不合格报告。内审组长在每次内审结束后编写内审总结报告。

（七）质量监督员

质量监督员负责监督检测工作过程、检测报告的抽查。应熟悉各项检测和/或校准方法、程序、目的及结果评价，应是检测领域内相对业务能力强、工作经验丰富的人员，应能够识别出其他检测人员的检测工作中不规范、不正确之处。对一些重要的工作环节、工作业务、检测项目及人员要实施重点监督，如新的检测项目、新的检测设备、新的检测人员、重要的检测业务、容易出问题的重要环节等。监督记录也是试验室容易出问题的一点，监督和其他工作一样，需要留有"痕迹"，即质量记录，它的格式应是受控的，是体系文件的一部分。

（八）仪器设备管理员

仪器设备管理员负责仪器设备的分类、编号、登记管理。负责组织所有仪器设备的建档（包括名称、型号、规格、说明书、主机和附件、验收报告、保修单、检修记录、检定周期和使用记录等）和归档。负责制订仪器设备的年度检定/校准计划，并按计划进行检定/校准，避免漏检和迟检；负责对检定/校准结果进行确认，确保符合要求。负责仪器设备的标识管理。负责仪器设备购置、验收、停用与报废等工作。

（九）样品管理员

样品管理员负责样品的接收、登记、编码。负责样品的流转、贮存、发放。负责对测试完毕的样品进行合理的处置，并进行记录。负责样品室的防火、防潮、防盗等安全工作。

（十）档案管理员

档案管理员负责报告的发放；负责单位所有文件资料记录的分类、编目和保管。负责文件资料的借阅登记、复制工作。负责保证并承办文件资料的销毁工作。负责档案室的环境条件、安全和卫生，保证档案资料完好无损。档案管理员要忠于职守，不失密、不泄密，如有工作变动时，要严格履行文件资料的移交手续。

（十一）抽样员

抽样员负责各检测项目的样品采集。抽样出发前，根据任务需要准备抽样工具、样品瓶、样品箱、现场测试仪器、记录表等抽样所需物品。在抽样现场，负责进行各检测项目样品的采集，并严禁样品被玷污和丢失，保证样品的代表性、完整性和真实性，同时做好现场检测项目的记录，必要时，对现场环境和抽样过程进行拍照与摄像。抽样完成后，负责将样品安全运输至试验室，防止样品被破损、玷污、变质、丢失。样品交接后，负责抽样工具和现场测试仪器等的清洁和保养，并妥善存放待用。对应急监测的样品还需保证抽样的时效性。管理抽样准备室，保持抽样工具、样品瓶、样品箱等的清洁和完备，负责现场测试仪器的管理和维护，保证其性能正常。

（十二）试剂、耗材、标准物质管理员

试剂、耗材、标准物质管理员负责标准物质的采购、入库、登记及使用管理。负责标准物质的验收及核查。负责建立试剂、耗材出入库台账。负责对单位所有试剂、耗材按类别、规格和性质合理有序地摆放。对有毒试剂、耗材，危险试剂、耗材，以及贵重试剂、耗材设专柜存放，并实行双人双锁制度。负责失效和变质试剂、耗材的及时报废处理，保证试剂、耗材的原有质量，有毒试剂、耗材应处理成低毒或无毒试剂后再废弃。保证试剂、耗材安全，对试剂、耗材库要勤检查和定时通风，做到防火、防盗、防水。参与重要试剂、耗材验收。

三、安全管理

（一）安全监督管理的方针和依据

"安全第一，预防为主，综合治理"是安全生产工作的指导方针。安全意识是安全科学发展之本，是实现安全生产和安全生存的灵魂，是所有企业经济效益的重要基础。

（二）道路桥梁工程试验检测的安全责任

根据《公路水运工程安全生产监督管理办法》相关规定，建设单位在工程施工招标文件中应当按照法律、法规的规定对施工单位的安全生产条件、安全生产信用情况、安全生产的保障措施等提出明确要求。建设单位不得对咨询、勘察、设计、监理、施工、设备租赁、材料供应、检测等单位提出不符合工程安全生产法律、法规和工程建设强制性标准规定的要求，不得随意压缩合同规定的工期。

施工单位应向作业人员提供必需的安全防护用具和安全防护服装，书面告知危险岗位的操作规程，并确保作业人员其熟悉和掌握有关内容和违章操作的危害。

作业人员有权对施工现场的作业条件、作业程序和作业方式中存在的安全问题提出批评、检举和控告，有权拒绝违章指挥和强令冒险作业。

在施工中发生可能危及人身安全的紧急情况时，作业人员有权立即停止作业或者在采取必要的应急措施后撤离危险区域。

作业人员应当遵守安全施工的工程建设强制性标准、规章制度，正确使用安全防护用具、机械设备等。

施工单位采购、租赁的安全防护用具、机械设备、施工机具及配件，应当具有生产（制造）许可证、产品合格证，并在进入施工现场前由专职安全管理人员进行查验。

施工现场的安全防护用具、机械设备、施工机具及配件必须由专人管理，定期进行检查、维修和保养，建立相应的资料档案，并按照国家有关规定及时报废。

（三）试验检测过程中的安全工作重点

室内试验检测过程中的安全工作重点如下。

1. 仪器设备安装使用安全

电动设备应有接地装置，有飞溅情况的仪器设备应设置安全防护装置；使用中，应对大型仪器设备进行操作人授权，操作人需经培训合格后方可操作，熟悉仪器设备性能，严格按照操作规程（作业指导书）等操作；操作人员操作中不得擅自离开，如使用中发现异常，应立即停止试验，遇停水、停电、漏油、漏水时，应立即停机，排除故障。

2. 化学品试剂及"三废"处理的安全

危险化学品安全管理需依据《危险化学品安全管理条例》进行。该条例所称危险化学品，是指具有毒害、腐蚀、爆炸、燃烧、助燃等性质，对人体、设施、环境具有危害的剧毒化学品和其他化学品。

危险化学品应当储存在专用仓库、专用场地或者专用储存室（以下统称专用仓库）内，并由专人负责管理；剧毒化学品及储存数量构成重大危险源的其他危险化学品，应当在专用仓库内单独存放，并实行双人收发、双人保管制度。

危险化学品的储存方式、方法及储存数量应当符合国家标准或者国家有关规定。

储存危险化学品的单位应当建立危险化学品出入库核查、登记制度。

3.用水、用电、用火、防噪声安全

用电安全要点为：①试验室内的电气设备的安装和使用管理必须符合安全用电管理规定，大功率试验设备用电必须使用专线，严禁与照明线共用，谨防因超负荷用电着火。②试验室用电容量的确定要兼顾事业发展的增容需要，留有一定余量，但不允许乱拉乱接电线。③试验室内的用电线路和配电盘、板、箱、柜等装置及线路系统中的各种开关、插座、插头等均应经常保持完好可用状态，熔断装置所用的熔丝必须与线路允许的容量相匹配，严禁用其他导线替代。室内照明器具都要经常保持稳固可用状态。④可能散布易燃、易爆气体或粉体的建筑内，所用电器线路和用电装置均应按相关规定使用防爆电气线路和装置。⑤对试验室内可能产生静电的部位、装置要做到心中有数，要有明确标记和警示，对其可能造成的危害要有妥善的预防措施。⑥试验室内所用的高压、高频设备要定期检修，要有可靠的防护措施。凡设备本身要求安全接地的，必须接地；定期检查线路，测量接地电阻。自行设计、制作对已有电气装置进行自动控制的设备，在使用前必须经试验室与设备处技术安全办公室组织的验收，合格后方可使用。自行设计、制作的设备或装置，其中的电气线路部分，也应请专业人员查验无误后再投入使用。⑦试验室内不得使用明火取暖，严禁抽烟。必须使用明火试验的场所，须经批准后，才能使用。⑧手上有水或潮湿请勿接触电器用品或电器设备；严禁使用水槽旁的电器插座（防止漏电或感电）。⑨试验室内的专业人员必须掌握本试验室的仪器、设备的性能和操作方法，严格按操作规程操作。⑩机械设备应装设防护设备或其他防护罩。⑪电器插座勿接太多插头，以免插座超负荷运行，引起电器火灾。⑫如果电器设备无接地设施，请勿使用，以免触电。

用水安全要点为：①节约用水，用完后随手关掉阀门。②用水时要用器皿盛水，不得将水淋在化学药品上。③管理人员要经常检查上下水是否完好。

用火安全要点为：①防止煤气管、煤气灯漏气，使用煤气后一定要把阀门关好。②乙醚、乙醇、丙酮、二硫化碳、苯等有机溶剂易燃，试验室不得存放过多，切不可倒入下水道，以免集聚引起火灾。③金属钠、钾、铝粉、电石、白磷及金属氢化物的使用和存放应注意，尤其不宜与水直接接触。④万一着火，应冷静判断情况，采取适当措施灭火；可根据不同情况，选用水、沙、泡沫、CO_2 或 CCl_4 灭火器灭火。

防噪声安全要点为：试验过程中有强噪声产生，应采取减噪声或隔声措施。产生噪声的试验室，应远离人口密集区。

（四）现场检测人员的安全及临时设施的安全管理

道路桥梁现场检测尤其是已开放交通的道路桥梁质量检测，多采用自动化检测设备或多种检测指标一体的综合检测车辆，由于已开放交通的道路桥梁车辆流动频繁，各种不确定因素较多，给检测车辆和人员安全增加了风险，必须制定行之有效的检测方案及安全防护措施，确保人员、车辆及仪器设备安全。对于现场需要安装、拆卸、整体提升、模板等自升式架设设施，必须由有相关资质的单位承担，设施安装完毕后需自检后方可开展检测作业。

第四节 道路桥梁工程试验检测机构

一、试验检测机构等级设置

试验检测机构等级是依据检测机构的道路桥梁工程试验检测水平、主要试验检测仪器设备及检测人员的配备情况、试验检测环境等基本条件对检测机构进行的能力划分。

试验检测机构等级分为公路工程专业和水运工程专业。公路工程专业分为综合类和专项类，公路工程综合类设甲、乙、丙三个等级，公路工程专项类分为交通工程和桥梁隧道工程。水运工程专业分为材料类和结构类，水运工程材料类设甲、乙、丙三个等级，水运工程结构类设甲、乙两个等级。

二、试验检测机构资质要求

申请资质认定的检验检测机构应当符合的条件为：依法成立并能够承担相

应法律责任的法人或者其他组织；具有与其从事检验检测活动相适应的检验检测技术人员和管理人员；具有固定的工作场所，工作环境满足检验检测要求；具备从事检验检测活动所必需的检验检测设备设施；具有能有效运行，保证其检验检测活动独立、公正、科学、诚信的管理体系；符合有关法律法规或者标准、技术规范规定的特殊要求。

三、试验检测机构等级评定程序

部质量监督局负责公路工程综合类甲级、公路工程专项类和水运工程材料类及结构类甲级的等级评定工作。省级交通质监机构负责公路工程综合类乙、丙级，水运工程材料类乙、丙级及水运工程结构类乙级的等级评定工作。

试验检测机构可以同时申请不同专业、不同类别的等级。试验检测机构被评为丙级、乙级后须满1年且具有相应的试验检测业绩方可申报上一等级的评定。

申请试验检测机构等级评定，应向所在地省级交通质监机构提交的材料有：公路水运工程试验检测机构等级评定申请书；申请人法人证书原件及复印件；通过计量认证的，应当提交计量认证证书副本的原件及复印件；检测人员证书和聘（任）用关系证明文件原件及复印件；所申报试验检测项目的典型报告（包括模拟报告）及业绩证明；质量保证体系文件。

公路水运工程试验检测机构等级评定工作分为受理、初审、现场评审三个阶段。

（一）受理

省级交通质监机构认为所提交的申请材料齐备、规范，符合规定要求的，应当予以受理；材料不符合规定要求的，应当及时退还申请人，并说明理由。

所申请的等级属于部质量监督局评定范围的，省级交通质监机构核查后出具核查意见并转送部质量监督局。

（二）初审

初审主要包括以下内容：试验检测水平、人员及检测环境等条件是否与所申请的等级标准相符；申报的试验检测项目范围及设备配备与所申请的等级是否相符；采用的试验检测标准、规范和规程是否合法有效；检定和校准是否按规定进行；质量保证体系是否具有可操作性；是否具有良好的试验检测业绩。

（三）现场评审

初审合格的进入现场评审阶段；初审认为有需要补正的，质监机构应当通知申请人予以补正直至合格；初审不合格的，质监机构应当及时退还申请材料，并说明理由。

现场评审是对申请人完成试验检测项目的实际能力、检测机构申报材料与实际状况的符合性、质量保证体系和运转等情况的全面核查。

现场评审所抽查的试验检测项目，原则上应当覆盖申请人所申请的试验检测各大项目，抽取的具体参数应当通过抽签方式确定。

现场评审由专家评审组进行，专家评审组由质监机构组建，3人以上单数组成（含3人）。评审专家从质监机构建立的试验检测专家库中选取，与申请人有利害关系者不得进入专家评审组。

专家评审组应当独立、公正地开展评审工作。专家评审组成员应当客观、公正地履行职责，遵守职业道德，并对所提出的评审意见承担个人责任。

专家评审组应当向质监机构出具"现场评审报告"，主要内容包括：现场考核评审意见、公路水运工程试验检测机构等级评分表、现场操作考核项目一览表，以及两份典型试验检测报告。

（四）等级确定及发证

质监机构依据"现场评审报告"及检测机构等级标准对申请人进行等级评定。质监机构的评定结果，应当通过交通运输主管部门指定的报刊、信息网络等媒体向社会公示，公示期不得少于7天。公示期内，任何单位和个人有权就评定结果向质监机构提出异议，质监机构应当及时受理、核实和处理。

公示期满无异议或者经核实异议不成立的，由质监机构根据评定结果向申请人颁发"公路水运工程试验检测机构等级证书"（以下简称"等级证书"），等级证书有效期为5年；经核实异议成立的，应当书面通知申请人，并说明理由，同时应当为异议人保密。

省级交通质监机构颁发证书的同时应当报部质量监督局备案。

（五）换证

等级证书期满后拟继续开展试验检测业务的，检测机构应提前3个月向原发证机构提出换证申请。

换证的申请、复核程序按照上述等级评定程序进行，并可以适当简化。在申请等级评定时已经提交过且未发生变化的材料可以不再重复提交。

换证复核以书面审查为主，必要时可以组织专家进行现场评审。

换证复核的重点是核查检测机构人员、仪器设备、试验检测项目、场所的变动情况，试验检测工作的开展情况，质量保证体系文件的执行情况，违规与投诉情况等。

换证复核合格的，予以换发新的等级证书；不合格的，质监机构应当责令其在6个月内进行整改，整改期内不得承担质量评定和工程验收的试验检测业务；整改期满仍不能达到规定条件的，质监机构根据实际达到的试验检测能力条件重新做出评定，或者注销等级证书。

换证复核结果应当向社会公布。

（六）变更及注销

试验检测机构的名称、地址、法定代表人或机构负责人、技术负责人等发生变更的，应当自变更之日起30日内到原发证质监机构办理变更登记手续。

试验检测机构停业时，应当自停业之日起15日内向原发证质监机构办理等级证书注销手续。

任何单位和个人不得伪造、涂改、转让、租借等级证书。

第五节　道路桥梁工程工地试验检测室

一、工地试验室的类型

道路桥梁工程工地试验室是为加强工程建设现场质量管理而设立的临时试验室，它随建设项目的开工而设立，随项目的结束而撤销。工地试验室所提供的试验检测数据是工程建设现场质量控制和评判的重要基础数据来源，是工程建设质量保证体系的重要组成部分。根据设立单位的不同，工地设立的试验室一般包括以下几类。

（一）施工企业试验室

施工企业试验室是施工企业为完成其所承担的施工任务而建立的试验室。

（二）监理中心试验室

各项目的驻地监理或总监办，在项目上一般都设有工地试验室，主要承担本项目合同段内的监理方面的试验任务。

（三）第三方试验检测室

近些年，第三方检测制度在道路桥梁工程中得到推行，一般由建设单位单独招标一个第三方检测单位，进行独立的第三方试验检测工作。部分第三方试验检测需要在现场设立工地试验室。

工地试验室一般按合同段划分单独设立，工程线路跨度较大时，应设立分支工地试验室。分支工地试验室作为工地试验室的组成部分，也应按标准化建设要求建设，并接受项目质监机构的监管。

二、工地试验室的职责范围

各级各类工地试验室的职能不同，其职责范围也有区别，分别简单介绍如下。

（一）施工企业工地试验室的职责范围

1. 选定料源

地方材料（包括土、砂石材料、石灰）等，按设计文件提供的料源，通过试验，选择符合技术标准要求、开采方便、运输费用低的料场供施工使用。

2. 试样管理

试样管理包括试样的采集、运输、分类、编号及保管。

3. 验收复检

验收复检是指对已进场的各种材料（包括原材料、成品或半成品材料）按技术标准或试验规程的规定，分批量进行有关技术性质试验，以决定准予使用或封存、清退。

4. 标准试验

标准试验是指完成各种混合材料的配合组成设计试验，提出配合比例及相关施工控制参数。

5. 工艺试验

工艺试验包括试验路铺设、混合材料预拌等过程中的试验工作，为施工控制采集有关的控制参数。

6. 自检试验

自检试验包括配合比例、压实度、强度（包括各类试件的成型、养护和试验）、施工控制参数、分项或分部工程中间交工验收试验等。

7. 协助试验

协助试验是指为监理试验室提供其复核试验所需的一切材料（同现场监理人员一同取样，每种材料取两份，一份留自己试验用，一份送监理试验室），为现场监理人员抽检试验提供必要的仪器设备及人员协助，以及委托试验的送样任务。

另外，协助有关方面调查施工中出现的质量问题或质量事故，为调查处理提供真实、齐全的试验数据、证据或信息，参与必要的试验检测工作。对试验资料进行整理分析，提出分析报告，随时掌握施工质量动态，供有关人员参考。参与现场科研试验工作，推广及应用新材料、新技术、新工艺。

（二）监理试验室的职责范围

1. 监理试验室的职责

监理试验室对工程的实施进行全过程、全方位的监督管理。监理试验室的职能介于施工企业和政府监督之间，即有监督的一面。其职责主要是进行复核或平行试验。

2. 评估验收

标段试验室在起用前要经过监理试验室的评估验收，包括试验室用房、设备到位及安装情况、衡器及测力设备检定校验情况、人员及其资质情况、规章制度及管理情况等，以决定是否同意投入使用。

3. 验证试验

对各种原材料或商品构件，按施工企业提供的样品、产品合格证和试验报告等进行订货前预验，以决定是否同意采购。

4. 标准试验

对各种混合材料的配合比例、标准击实及所用原材料进行平行复核试验，以决定是否同意批复使用。

5. 工艺试验

参与施工企业的有关工艺性的试验，包括各类试验路铺筑、混合材料预拌等过程中的试验工作，以决定是否同意正式开工。

6. 抽检试验

在工程实施过程中，按规定的抽检频率，对工程所用原材料、成品或半成品材料的性能、压实度、强度等做全程跟踪抽检试验。

7. 验收试验

对已完工的工程项目进行试验检测，以准确地评价工程内在品质，多指中间交验的分部及分项工程，以决定是否接收。

8. 监管作用

对施工企业试验室的工作实施全面监督管理，包括试样管理、试验工作管理、仪器设备管理、文献资料管理等。

以上工作任务有些要由监理试验室来完成，有些由现场监理人员在标段试验室人员的协助下完成，也可由现场监理人员利用标段试验室的设备独立完成。

（三）第三方检测试验室的职责范围

第三方检测试验室的职责包括以下两方面。

1. 抽检试验

在工程实施过程中，定期或不定期地对在建工程的部分项目进行抽检试验，或进行全面的质量普查，以了解工程的质量动态，监督项目顺利实施。

2. 协助建设单位

对项目的试验检测工作进行管理。

（四）三类试验室的职责范围差异

三类试验室的性质不同、职能不同，职责范围也有区别。

施工企业试验室的职责主要是用规定的方法和手段，对工程所用原材料、成品或半成品材料、结构构件乃至结构物进行自检试验，提出自检报告，作为申请监理检查验收的依据。

监理试验室的职责主要是进行复核性或平行试验，提出复核或抽检试验报告，作为批复或检查验收的依据。

第三方检测试验室的职责主要是定期或不定期地对分项或分部工程进行抽检，提出抽检报告，作为项目建设单位监督的依据。

尽管各自的职责有所侧重，但目标是一致的，即杜绝不合格材料用于工程，对不合格的构件、结构物或工程提出返工或拒收的依据，构成了既有自检、复核，又有监督的质量保障体系，保证工程质量万无一失。因此要求各类试验室必须具有性能先进、配套齐全的试验设备，以及有丰富专门知识和试验技能的、能熟练操作使用这些设备的工作人员，充分发挥试验室检测在工程建设中举足轻重的作用。

三、工地试验室标准化建设

工地试验室检测应坚持规范化、标准化、精细化的方针，坚持"因地制宜、量力而行、务求实效"的工作原则，根据工程特点，将工地试验室标准化建设有关要求及费用标准等纳入招标文件，保证工地试验室标准化建设有序开展。各参建单位应将工地试验室标准化建设纳入日常管理，采取有效措施营造有利于工地试验室独立规范运行的外部环境，将提高工地试验检测数据的准确性、客观性和科学性作为工地试验室标准化建设的重中之重抓实抓好。

工地试验室标准建设应注意以下四点。

（一）工地试验室标准化建设

工地试验室标准化管理的内涵是硬件建设标准化、检测工作规范化、质量管理精细化、数据报告信息化。工地试验室标准化建设应坚持因地制宜、务求实效、经济适用的工作原则，根据工程项目建设内容和规模进行设置，既要满足工程质量控制要求，又要满足布局合理、安全环保、环境整洁的要求。工地试验室选址应充分考虑安全、环保、交通便利及工程质量管理要求等因素。根据工作、生活、院落及周围所需面积，合理利用原有地形、地貌、地物、水面和空间以及现有的设施等，并按照分区设置、布局合理、互不干扰、经济适用原则进行合理规划，规划方案应满足试验检测工作需要和标准化建设有关规定，经项目建设单位有关部门审核后开始实施。工地试验室用房可新建或租用合适的既有房屋，房屋应坚固、安全、实用、美观，并满足工作、生活需要，新建房屋宜安装、拆卸方便且满足环保要求。环境建设应满足水、电、通风、采光、温湿度、安全、环保等方面的规定。还需要根据不同试验设备，满足规范、规程规定的其他要求。

（二）人员配备

工地试验室应综合考虑工程特点、工程量及工程复杂程度、工期要求等因素，科学合理地确定试验检测人员数量，确保试验检测工作正常开展。试验检测人员应持证上岗，专业配置合理，能涵盖工程涉及专业范围和内容。工地试验室授权负责人必须是母体试验检测机构委派的正式聘用人员，且须持有试验检测工程师证书。试验检测人员不得同时受聘于两家及以上的工地试验室。工地试验室不得聘用信用较差或很差的试验检测人员担任授权负责人，不得聘用信用很差的试验检测人员从事试验检测工作。

（三）设备配置

工地试验室应按照合同要求和母体检测机构授权范围内的试验检测项目及参数配备相应的仪器设备和辅助工具，使用频率高的仪器设备在数量上应能满足周转需要，仪器设备的功能、准确度和技术指标均应符合现行规范规程要求。仪器设备应按照优化试验检测工作流程、整体布局合理、同步作业不形成相互干扰的原则进行布置。仪器设备应严格按照试验检测规程和使用说明书中相关要求进行安装与调试。对有环境条件要求的功能室，应配置相应的温湿度控制设备。标准养护室应配置一定数量的试件存放架，其刚度、尺寸应满足使用要求，且方便存取。办公室一般配置计算机、打印机、传真机、空调等设备，具有良好的工作和网络通信条件。资料室应配置一定数量的金属资料柜，具有防潮、防虫等措施。工地试验室应配置一定数量的交通工具，满足检测工作需要。

（四）体系与文化建设

工地试验室应依据母体检测机构的质量体系文件，结合工程特点，编制简明、适用、针对性和操作性强的质量体系文件及各项管理制度。工地试验室管理制度主要包括但不限于：试验室工作职责；主要岗位人员工作职责、试验检测人员管理制度；试验检测仪器设备管理制度；样品管理制度；化学品（试剂）管理制度；环境管理制度；标准、文件管理制度；试验检测记录、报告管理制度；试验检测工作程序及质量管理制度；外委试验管理制度；档案资料管理制度；不合格报告管理制度；检测事故分析报告制度。工地试验室在运行前，应开展质量管理体系文件和各项管理制度的宣贯和培训工作，并将各项制度落实到人，加强考核和检查，确保各项管理制度能得到有效执行，并做好相应记录。工地试验室应积极营造"诚实守信、科学规范"的工地检测文化氛围，将"科学、客观、严谨、公正"的理念，融入具体试验检测工作中。

第八章 道路桥梁工程材料试验检测

第一节 水泥试验检测

一、概述

水泥按其主要成分可分为硅酸盐类水泥、铝酸盐类水泥、硫铝酸盐类水泥和磷酸盐类水泥。其中最为常用的是硅酸盐类水泥。

水泥的主要水化产物有两种：一是凝胶体，主要包括水化硅酸钙凝胶（C–S–H）和水化铁酸钙凝胶（C–F–H）；二是晶体，主要包括氢氧化钙 [Ca（OH）$_2$] 晶体、水化铝酸钙（C–A–H）晶体和水化硫铝酸钙晶体（C–A–S–H）。

水泥石由凝胶体、晶体粒子、毛细孔、凝胶孔及未水化的水泥颗粒组成。毛细孔是指多余水分所占的空间。从理论上讲，水泥水化所需的水灰比为 0.22 左右，但为使水泥浆体达到施工所要求的稠度，水灰比需达到 0.4 以上。凝胶孔是存在于凝胶体中的孔隙，其空间较毛细孔要小。

二、技术指标

水泥的技术指标主要包括化学指标和物理指标。

（一）化学指标

通用硅酸盐水泥的化学指标见表 8–1。

碱含量为选择性指标，水泥中碱含量按 $Na_2O+0.658K_2O$ 计算值表示。若使用活性骨料，用户要求提供低碱水泥时，水泥中的碱含量应不大于 0.60 % 或由买卖双方协商确定。

表 8-1　通用硅酸盐水泥的化学指标

单位：%

品种	代号	不溶物（质量分数）	烧失量（质量分数）	三氧化硫（质量分数）	氧化镁（质量分数）	氯离子（质量分数）
硅酸盐水泥	P·I	≤ 0.75	≤ 3.0	≤ 3.5	≤ 5.0[1]	≤ 0.06[3]
	P·II	≤ 1.50	≤ 3.5			
普通硅酸盐水泥	P·O	—	≤ 5.0			
矿渣硅酸盐水泥	P·S·A	—	—	≤ 4.0	≤ 6.0[2]	
	P·S·B	—	—		—	
火山灰质硅酸盐水泥	P·P	—	—	≤ 3.5	≤ 6.0[2]	
粉煤灰硅酸盐水泥	P·F	—	—			
复合硅酸盐水泥	P·C	—	—			

注：1. 如果水泥压蒸试验合格，则水泥中氧化镁的含量（质量分数）允许放宽至 6.0 %。
2. 如果水泥中氧化镁的含量（质量分数）大于 6.0 %，需进行水泥压蒸安定性试验并合格。
3. 当有更低要求时，水泥中氧化镁的含量由买卖双方协商确定。

（二）物理指标

1. 强度指标

通用硅酸盐水泥的强度指标见表 8-2。

2. 密度和细度

硅酸盐水泥的密度约为 3.10 g/cm^3，松散状态下的堆积密度为 $1\,000 \sim 1\,200 \text{ kg/m}^3$，紧密堆积密度达 $1\,600 \text{ kg/m}^3$。

细度是指水泥颗粒的粗细程度，是影响水泥性能的重要指标。水泥越细，比表面积越大，与水接触面积也越大，水化快、水化程度高，但需水量大。

硅酸盐水泥和普通硅酸盐水泥的细度以比表面积表示，不小于 $300 \text{ m}^2/\text{kg}$；矿渣硅酸盐水泥、火山灰质硅酸盐水泥、粉煤灰硅酸盐水泥和复合硅酸盐水泥以筛余表示，80 μm 方孔筛筛余不大于 10 % 或 45 μm 方孔筛筛余不大于 30 %。

表 8-2 通用硅酸盐水泥强度指标

单位：MPa

品种	强度等级	抗压强度		抗折强度	
		3 d	28 d	3 d	28 d
硅酸盐水泥	42.5	≥ 17.0	≥ 42.5	≥ 3.5	≥ 6.5
	42.5R	≥ 22.0		≥ 4.0	
	52.5	≥ 23.0	≥ 52.5	≥ 4.0	≥ 7.0
	52.5R	≥ 27.0		≥ 5.0	
	62.5	≥ 28.0	≥ 62.5	≥ 5.0	≥ 8.0
	62.5R	≥ 32.0		≥ 5.5	
普通硅酸盐水泥	42.5	≥ 17.0	≥ 42.5	≥ 3.5	≥ 6.5
	42.5R	≥ 22.0		≥ 4.0	
	52.5	≥ 23.0	≥ 52.5	≥ 4.0	≥ 7.0
	52.5R	≥ 27.0		≥ 5.0	
矿渣硅酸盐水泥、火山灰质硅酸盐水泥、粉煤灰硅酸盐水泥、复合硅酸盐水泥	32.5	≥ 10.0	≥ 32.5	≥ 2.5	≥ 5.5
	32.5R	≥ 15.0		≥ 3.5	
	42.5	≥ 15.0	≥ 42.5	≥ 3.5	≥ 6.5
	42.5R	≥ 19.0		≥ 4.0	
	52.5	≥ 21.0	≥ 52.5	≥ 4.0	≥ 7.0
	52.5R	≥ 23.0		≥ 4.5	

3. 标准稠度用水量

为了测定水泥的凝结时间及体积安定性等性能，应该使水泥净浆在一个规定的稠度下进行，这个规定的稠度称为标准稠度。

水泥净浆达到标准稠度时的用水量称为标准稠度用水量，以水与水泥质量之比的百分数表示，标准稠度用水量按《水泥标准稠度用水量、凝结时间、安定性检验方法》（GB/T 1346—2011）规定的方法测定。

4. 凝结时间

凝结时间分初凝时间和终凝时间。初凝时间是指从水泥全部加入水中到水泥开始失去可塑性所需的时间。终凝时间是指从水泥全部加入水中到水泥完全失去可塑性并开始产生强度所需的时间。

硅酸盐水泥初凝时间不小于 45 min，终凝时间不大于 390 min；普通硅酸盐水泥、矿渣硅酸盐水泥、火山灰质硅酸盐水泥、粉煤灰硅酸盐水泥和复合硅酸盐水泥初凝时间不小于 45 min，终凝时间不大于 600 min。

5. 体积安定性

水泥体积安定性是评价水泥浆体硬化后体积变化是否均匀的性质。若当水泥浆体在硬化过程中或硬化后发生不均匀的体积膨胀，会导致水泥石开裂、翘曲等现象，称为体积安定性不良。

引起水泥体积安定性不良的原因有：熟料中含有过量的游离氧化钙（f–CaO）；熟料中含有过量的游离氧化镁（f–MgO）；掺入的石膏过多。

体积安定性采用沸煮法进行检测。

三、检测方法

水泥出厂前按同品种、同强度等级编号和取样，袋装水泥和散装水泥应分别进行编号和取样，每一编号为一取样单位，10×10^4 t 以下，不超过 200 t 为一编号。取样方法按《水泥取样方法》（GB/T 12573—2008）进行。可连续取，亦可从 20 个以上不同部位取等量样品，总量至少 12 kg。当散装水泥运输工具的容量超过该厂规定出厂编号吨数时，允许该编号的吨数超过取样规定吨数。

（一）标准稠度用水量、凝结时间和安定性

1. 仪器设备及材料

仪器设备：水泥净浆搅拌机；标准法维卡仪；雷氏夹及雷氏夹膨胀测定仪；煮沸箱；量筒或滴定管精度 ±0.5 mL，天平，最大称量不小于 1 000 g，分度值不大于 1 g。

材料：试验用水应是洁净的饮用水，如有争议应以蒸馏水为准。

2. 试验条件

试验室温度为 20℃ ±2℃，相对湿度应不低于 50 %；水泥试样、拌和水、仪器和用具的温度应与试验室一致；湿气养护箱的温度为 20℃ ±1℃，相对湿度应不低于 90 %。

3. 水泥标准稠度用水量测定方法（标准法）

（1）试验前准备工作

①标准法维卡仪的滑动杆能自由滑动，试模和玻璃底板用湿布擦拭，将试模放在底板上。②调整至试杆接触玻璃板时指针对准零点。③搅拌机运行正常。

（2）操作步骤

①用水泥净浆搅拌机搅拌，搅拌锅和搅拌叶片先用湿布擦过，将拌和水倒入搅拌锅内，然后在 5 ~ 10 s 内小心将称好的 500 g 水泥加入水中，防止水和水泥溅出；拌和时，先将锅放在搅拌机的锅座上，升至搅拌位置，启动搅拌机，低速搅拌 120 s，停 15 s，同时将叶片和锅壁上的水泥浆刮入锅中间，接着高速搅拌 120 s，停机。②拌和结束后，立即取适量水泥净浆一次性装入已置于玻璃底板的试模中，用宽约 25 mm 的直边刀轻轻拍打超出试模部分的浆体 5 次以消除浆体中的空隙，然后在试模表面约 1/3 处，略倾斜于试模分别向外轻轻锯掉多余净浆，再从试模边沿轻抹顶部一次，使净浆表面光滑，在锯掉多余净浆和抹平的操作过程中，注意不要压实净浆；抹平后迅速将试模和底板移到维卡仪上，并将其中心定在试杆上，降低试杆直至与水泥净浆表面接触，拧紧螺丝 1 ~ 2 s 后，突然立即放松，使试杆垂直自由地沉入水泥净浆中。③试杆停止沉入或释放试杆 30 s，记录试杆距底板之间的距离，升起试杆后，立即擦净；整个操作应在搅拌后 1.5 min 内完成。以试杆沉入净浆并距底板 6 mm ±1 mm 的水泥净浆为标准稠度净浆。其拌和水量为该水泥的标准稠度用水量，按水与水泥质量的百分比计。

4. 凝结时间的测定

（1）试验前准备工作

调整至凝结时间测定仪的试针接触玻璃板时指针对准零点。试件的制备以标准稠度用水量按《公路工程水泥及水泥混凝土试验规程》（JTG 3420—2020）

要求装模和刮平后，立即放入湿气养护箱中。记录水泥全部加入水中的时间作为凝结时间的起始时间。

（2）初凝时间的测定

试件在湿气养护箱中养护至加水后 30 min 时进行第一次测定。测定时，从湿气养护箱中取出试模放到试针下，降低试针与水泥净浆表面接触。拧紧螺丝 1～2 s 后，突然放松，使试针垂直自由地沉入水泥净浆中。观察试针停止下沉或释放试针 30 s 时指针的读数。临近初凝时间时每隔 5 min（或更短时间）测定一次，当试针沉至距底板 4 mm ± 1 mm 时，为水泥达到初凝状态。由水泥全部加入水中至初凝状态的时间为水泥的初凝时间，单位为 min。

（3）终凝时间的测定

为了准确观测试针沉入的状况，在终凝针上安装一个环形附件。在完成初凝时间测定后，立即将试模连同浆体以平移的方式从玻璃板取下，翻转 180°，直径大端向上。小端向下放在玻璃板上，再放入湿气养护箱中继续养护，临近终凝时间时每隔 15 min（或更短时间）测定一次，当试针沉入试体 0.5 mm 时，即环形附件开始不能在试体上留下痕迹时，为水泥达到终凝状态。由水泥全部加入水中至终凝状态的时间为水泥的终凝时间，单位为 min。

（4）测定时注意事项

测定时应注意，在最初测定的操作时应轻轻扶持金属柱，使其徐徐下降，以防试针撞弯，但结果以自由下落为准；在整个测试过程中试针沉入的位置至少要距试模内壁 10 mm。临近初凝时，每隔 5 min（或更短时间）测定一次，临近终凝时，每隔 15 min（或更短时间）测定一次，到达初凝时应立即重复测一次，当两次结论相同时才能确定达到初凝。到达终凝时，需要在试体另外两个不同点再进行测试，确认结论相同才能确定达到终凝状态。每次测定不能让试针落入原针孔，每次测试完毕须将试针擦净并将试模放回湿气养护箱内，整个测试过程要防止试模受振。

5. 安定性测定（标准法）

（1）试验前准备工作

每个试样需成型两个试件，每个雷氏夹需配备两个边长或直径约 80 mm、厚度为 4 ～ 5 mm 的玻璃板，凡与水泥净浆接触的玻璃板和雷氏夹内都要稍稍涂上一层油。

（2）雷氏夹试件的成型

将预先准备好的雷氏夹放在已稍擦油的玻璃板上，立即将已制好的标准稠度水泥净浆一次性装满雷氏夹，装浆时一只手轻轻扶持雷氏夹，另一只手用宽度约 25 mm 的直边刀在浆体表面轻轻插捣 3 次，然后抹平，盖上稍擦油的玻璃板，接着立即将试件移至湿气养护箱内养护 24 h ± 2 h。

（3）沸煮试验

调整好煮沸箱内水位，使试验用水能保证在整个过程中都能超过试件，无须中途添补试验用水，同时又能保证在 30 min ± 5 min 时开始沸腾。脱去玻璃板取下试件，先测量雷氏夹指针尖端间的距离，精确到 0.5 mm，接着将试件放入沸煮箱中的试件架上，指针朝上，然后在 30 min ± 5 min 内加热至沸腾并恒沸 180 min ± 5 min。

（4）结果判别

沸煮结束后，立即放掉箱中的热水，打开箱盖，待箱体冷却至室温，取出试件进行判别。测定雷氏夹指针尖端的距离（C），精确到 0.5 mm，当沸煮后两个试件指针尖端增加的距离（C-A）的平均值不大于 5.0 mm 时，即认为该水泥安定性合格。当沸煮后两个试件增加的距离（C-A）的平均值差大于 5.0 mm 时，应用同一样品立即重做一次试验，以复检结果为准。

（二）胶砂强度

胶砂强度检验适用于硅酸盐水泥、普通硅酸盐水泥、矿渣硅酸盐水泥、粉煤灰硅酸盐水泥、复合硅酸盐水泥、道路硅酸盐水泥，以及石灰石硅酸盐水泥的抗折与抗压强度检验。

1. 仪器设备

①胶砂搅拌机。②振动台。③试模及下料漏斗：试模为可装卸的三联模。④抗折试验机和抗折夹具。⑤抗压试验机和抗压夹具：抗压试验机的吨位以 200～300 kN 为宜。⑥天平：感量为 1 g。

2. 材料

①水泥试样。从取样到试验要保持 24 h 以上，在这 24h 内应将水泥试样储存在基本装满和气密的容器中，这个容器不能和水泥反应。② ISO 标准砂。各国生产的 ISO 标准砂都可以用于本方法测定水泥强度。③试验用水为饮用水，仲裁试验时用蒸馏水。

3. 温度与相对湿度

①试件成型试验时应保持试验室温度为 20 ℃ ±2℃（包括强度试验室），相对湿度大于 50 %。水泥试样、ISO 标准砂、拌和水及试模等的温度应与室温相同。②养护箱或雾室温度为 20℃ ±1℃，相对湿度大于 90 %，养护水的温度为 20℃ ±1℃。③试件成型试验室的空气温度和相对湿度在工作期间每天应至少记录一次。养护箱或雾室温度和相对湿度至少每 4 h 记一次。

4. 试件成型

试件成型前将试模擦净，四周的模板与底座的接触面上应涂黄油，紧密装配，防止漏浆，内壁均匀地刷一薄层机油。

水泥与 ISO 标准砂的质量比为 1∶3、水灰比 0.5。每成型 3 条试件需称量的材料及用量为：水泥 450 g ± 2 g；ISO 标准砂 1 350 g ± 5 g；水 225 mL ± 1 mL。

将水加入锅中，再加入水泥，把锅放在固定架上并上升至固定位置。然后立即开动机器，低速搅拌 30 s 后，在第二个 30 s 开始的同时均匀将砂加入。砂分级加入时，应从最粗粒级开始，依次加入，再高速搅拌 30 s。

用振动台成型时，将空试模和模套固定在振动台上，用适当的勺子直接从搅拌锅中将胶砂分为两层装入试模，装第一层时，每个槽里放约 300 g 砂浆，用大播料器垂直架在模套顶部，沿每个模槽来回一次将料层播平，接着振实 60 次。再装入第二层胶砂，用小播料器播平，再振实 60 次。移走模套，从振动台上取下试模，并用刮尺以 90° 的角度架在试模顶的一端，沿试模长度方向以横向锯割动作慢慢向另一端移动，一次性将超出试模的胶砂刮去。并用同一直尺水平将试件表面抹平。

在试模上做标记或加字条标明试件的编号和试件相对于振动台的位置。两个龄期以上的试件，编号时应将同一试模中的三条试件分在两个以上的龄期内。

试验前或更换水泥品种时，须将搅拌锅、叶片和下料漏斗等抹擦干净。

第二节　混凝土材料及试件试验检测

一、表观密度试验

本方法适用于混凝土拌和物捣实后的单位体积质量的测定。

（一）仪器设备

容量筒、天平、振动台、捣棒。

（二）试验步骤

1. 测定容量筒容积

应将干净容量筒与玻璃板一起称重；将容量筒装满水，应缓慢将玻璃板从筒口一侧推到另一侧，容量筒内应装满水并且不应存在气泡，擦干筒外壁，再称重；两次质量之差除以该温度下水的密度即为容量筒容积 V ；常温下水的密度可取 1 kg/L。

2. 容量

容量筒外壁应擦干净，称出容量筒质量 m_1，精确至 10 g。

3. 装料及捣实方法

混凝土的装料及捣实方法应根据拌和物的稠度而定。

坍落度不大于 70 mm 的混凝土拌和物，宜用振动台振实；大于 70 mm 的混凝土拌和物宜用捣棒捣实。采用捣棒捣实时，应根据容量筒的大小决定分层与插捣次数：用 5 L 容量筒时，混凝土拌和物应分两层装入，每层的插捣次数应为 25 次；用大于 5 L 的容量筒时，每层混凝土的高度不应大于 100 mm，每层插捣次数应按每 10 000 mm² 截面不小于 12 次计算。插捣应由边缘向中心均匀地插捣，插捣底层时捣棒应贯穿整个深度，插捣第二层时，捣棒应插透本层至下一层的表面；每一层捣完后用橡皮锤轻轻沿容器外壁敲打 5 ~ 10 次，进行振实，直至拌和物表面插捣孔消失并看不见大气泡为止；自密实混凝土应一次性填满，且不应进行振动和插捣。

采用振动台振实时，应一次将混凝土拌和物灌到高出容量筒口。装料时可用捣棒稍加插捣，振动过程中如混凝土拌和物低于筒口，应随时添加混凝土拌和物，振动直至表面出浆为止。

4. 总质量

用刮尺将筒口多余的混凝土拌和物刮去，表面如有凹陷应填平；应将容量筒外壁擦净，称出混凝土试样与容量筒总质量 m_2，精确至 10 g。

（三）结果计算

混凝土拌和物表观密度应按下式计算：

$$\rho = \frac{m_2 - m_1}{V} \times 1000$$

式中：ρ ——混凝土拌和物表观密度，kg/m3，精确至 1 kg/m3；

m1 ——容量筒质量，kg；

m2 ——容量筒和试样总质量，kg；

v ——容量筒容积，L。

二、混凝土拌和物稠度

本方法适用于坍落度大于 10 mm，集料公称最大粒径不大于 40 mm 的水泥混凝土的坍落度测定。

（一）仪器设备

坍落筒、捣棒、小铲、木尺、小钢尺、镘刀和钢平板等。

（二）试验步骤

试验前将坍落度筒内外洗净，放在经水润湿过的平板上（平板吸水时应垫以塑料布），踏紧踏脚板。

将代表样分三层装入筒内，每层装入高度稍大于筒高的 1/3，用捣棒在每一层的横截面上均匀插捣 25 次。插捣在全部面积上进行，沿螺旋线由边缘至中心，插捣底层时插至底部，插捣其他两层时，应插透本层并插入下层 20～30 mm，插捣须垂直压下（边缘部分除外），不得冲击。在插捣顶层时，装入的混凝土拌和物应高出坍落度筒口，插捣过程中如混泥土拌和物低于洞口，应随时添加拌和物。当顶层插捣完毕后，将捣棒用锯和滚的动作，清除掉多余的混凝土，用镘刀抹平筒口，刮净筒底周围的拌和物。而后立即垂直提起坍落度筒，提筒在 5～10 s 内完成，并使混凝土不受横向及扭力作用。从开始装料到提出坍落度筒整个过程应在 150 s 内完成。

将坍落度筒放在锥体混凝土试样一旁，筒顶平放木尺，用小钢尺量出木尺底面至试样顶面最高点的垂直距离，该垂直距离即为该混凝土拌和物的坍落度，精确至 1 mm。

当混凝土试件的一侧发生崩坍或剪切破坏，则应重新取样另测。如果第二次仍发生上述情况，则表示该混凝土和易性不好，应记录。

当混凝土拌和物的坍落度大于 220 mm 时，用钢尺测量混凝土扩展后最终的最大直径和最小直径，在这两个直径之差小于 50 mm 的条件下，用其算术平均值作为坍落扩展度值；否则，此次试验无效。

坍落度试验的同时，可用目测方法评定混凝土拌和物的下列性质，并予以记录。

1. 棍度

按插捣混凝土拌和物时难易程度评定，分上、中、下三级。上表示插捣容易；中表示插捣时稍有石子阻滞的感觉；下表示很难插捣。

2. 含砂情况

按拌和物外观含砂多少而评定，分多、中、少三级。多表示用抹刀抹拌和物表面时，一两次即可使拌和物表面平整无蜂窝；中表示抹五六次才可使拌和物表面平整无蜂窝；少表示抹面困难，不易抹平，有空隙及石子外露等现象。

3. 黏聚性

观测拌和物各组分相互黏聚情况。评定方法是用捣棒在已坍落的混凝土锥体侧面轻打，如锥体在轻打后逐渐下沉，则表示黏聚性良好；如锥体突然倒坍、部分崩裂或发生石子离析现象，即表示黏聚性不好。

4. 保水性

按水分从拌和物中析出情况，分多量、少量、无三级评定。多量表示提起坍落度筒后，有较多水分从底部析出；少量表示提起坍落度筒后，有少量水分从底部析出；无表示提起坍落度筒后，没有水分从底部析出。

（三）结果计算

混凝土拌和物坍落度和坍落扩展度值以 mm 为单位，测量精确至 1 mm，结果修约至最接近的 5 mm。

（四）坍落度经时损失试验

本试验方法适用于骨料粒径不大于 40 mm、坍落度为 15 ~ 230 mm 的混凝土拌和物坍落度经时损失的测定，用以评定混凝土拌和物的坍落度随静置时间的变化。

坍落度经时损失试验是在坍落度试验基础上进行的，具体应按下列步骤进行：应测得刚出机的混凝土拌和物的坍落度值 H_0；将全部试样装入塑料桶或不被水泥浆腐蚀的金属桶内，应用桶盖或塑料薄膜密封，放于 20℃ ±2 ℃环境室静置；静置 30 min 后应将桶内试样全部倒入搅拌机内，搅拌 10 s，进行坍落度试验，得出 30min 坍落度值 H_{30}。计算 $H_{30} - H_0$，可得到 30 min 混凝土坍落度经时损失试验结果。

三、泌水试验

本方法适用于骨料最大粒径不大于 40 mm 的混凝土拌和物泌水的测定。

（一）仪器设备

容量筒、量筒、振动台、捣棒、天平。天平：称量应为 50 kg，感量应为 1 g。

（二）试验步骤

应在用湿布润湿容量筒内壁后立即称量并记录容量筒的质量。将混凝土试样装入容量筒，并振实或捣实。拌和物坍落度小于 70 mm 时，用振动台振实时应将混凝土拌和物一次装入容量筒内，振动应持续到表面出浆为止，并应避免过振。拌和物坍落度大于 70 mm 时，采用人工插捣，应将混凝土拌和物分两层装入，每层的插捣次数应为 25 次；捣棒由边缘向中心均匀地插捣，插捣底层时捣棒应贯穿整个深度，插捣第二层时，捣棒应插透本层至下一层的表面；每一层捣完后用橡皮锤轻轻沿容量筒外壁敲打 5 ～ 10 次，进行振实，直至拌和物表面插捣孔消失并看不见大气泡为止。自密实混凝土应一次性填满，且不应进行任何振动和插捣。振实和捣实的混凝土拌和物表面应低于容量筒筒口 30 mm ± 3 mm，并用抹刀抹平。

应将筒口及外表面擦净，称量并记录容量筒与试样的总质量，盖好筒盖并开始计时。在吸取混凝土拌和物表面泌水的整个过程中，应使容量筒保持水平、不受振动；除了吸水操作外，应始终盖好盖子；室温应保持在 20℃ ±2℃。计时开始后 60 min 内，应每隔 10 min 吸取 1 次试样表面泌水；60 min 后，每隔 30 min 吸 1 次，直至不再泌水为止。每次吸水前 2 min，应将一片约 30 mm 厚的垫块垫入筒底一侧使其倾斜，吸水后应平稳地复原盖好。吸出的水应盛放于量筒中，记录每次吸水的水量并计算累计水量 V，精确至 1mL。

（三）结果计算

1. 混凝土拌和物的泌水量计算

$$B \quad V \quad A$$

式中：B_a ——单位面积混凝土拌和物的泌水量，mL/mm²，精确至 0.01 mL/mm²，

V ——累计泌水量，mL；

A——混凝土试样外露的表面面积，mm^2。

泌水量应取 3 个试样测值的平均值。3 个测值中的最大值或最小值，如果有一个与中间值之差超过中间值的 15 %，则应以中间值作为试验结果；如果最大值和最小值与中间值之差均超过中间值的 15 % 时，应重新试验。

2. 混凝土拌和物的泌水率计算

$$B = \frac{V_w}{(W/G) \cdot G_w} \times 100$$

式中：B——泌水率，%，精确至 1 %；

V_w——泌水总量，mL；G_w——混凝土试样质量，g；

G——混凝土拌和物总质量，g；

W——混凝土拌和物拌和用水量，mL；

G_1——容量筒及试样总质量，g；

G_0——容量筒质量，g。

泌水率应取 3 个试样测值的平均值。3 个测值中的最大值或最小值，如果有 1 个与中间值之差超过中间值的 15 %，则应以中间值作为试验结果；如果最大值和最小值与中间值之差均超过中间值的 15 % 时，应重新试验。

四、含气量试验

本方法适用于骨料最大粒径不大于 40 mm 的混凝土拌和物含气量的测定。

（一）试验设备

含气量测定仪、捣棒、振动台、天平。天平：称量 50 kg，感量 10 g。

（二）试验步骤

1. 骨料含气量测定

在进行混凝土拌和物含气量测定之前，应先测定所用骨料的含气量，应按下式计算试样中粗、细骨料的质量：

$$m_g = \frac{V}{1000} \cdot m'_g$$

$$m_s = \frac{V}{1000} \cdot m'_s$$

式中：m_g——拌和物试样中粗骨料质量，kg；

m_s——拌和物试样中细骨料质量，kg；m_g——试验混凝土配合比粗骨料质量，kg；

m_s——试验混凝土配合比细骨料质量，kg；

V——含气量测定仪容器容积，L。

应先向含气量测定仪的容器中注入 1/3 高度的水，然后把通过 40 mm 网筛的粗、细骨料称好、拌匀，倒入容器，加料同时应进行搅拌；水面每升高 25 mm 左右，应轻捣 10 次，加料过程中应始终保持水面高出骨料的顶面；骨料全部加入后，应浸泡约 5 min，再用橡皮锤轻敲容器外壁，排净气泡，除去水面泡沫，加水至满，擦净容器上口边缘，加盖拧紧螺栓，保持容器密封不透气。

关闭操作阀和排气阀，打开排水阀和加水阀，应通过加水阀向容器内注入水；当排水阀流出的水流中不出现气泡时，应在注水的状态下关闭加水阀和排水阀。

关闭排气阀，应用打气筒向气室内打气加压至压力大于 0.1 MPa，且压力表显示值稳定；打开排气阀调整压力至 0.1 MPa，同时关闭排气阀。

开启操作阀，使气室里的压缩空气进入容器，待压力表显示值稳定后记录压力值，然后开启排气阀，压力表显示值应回零；应根据含气量与气体压力之间的关系曲线确定压力值对应的骨料的含气量，精确至 0.1%。

所用骨料的含气量 A_g 应以两次测量结果的平均值作为试验结果；如两次测量结果的含气量相差大于 0.5 %，应重新试验。

2. 混凝土拌和物含气量试验

①用湿布擦净混凝土含气量仪的容器和盖的内表面，装入混凝土拌和物试样。②混凝土的装料及捣实方法应根据拌和物的坍落度而定。坍落度不大于 70 mm 的混凝土拌和物，宜用振动台振实；大于 70 mm 的混凝土拌和物宜用捣棒捣

实。采用捣棒捣实时，应将混凝土拌和物分 3 层装入，每层捣实后高度约为 1/3 容器高度；每层装料后捣棒由边缘向中心均匀地插捣 25 次，捣棒应插透本层至下一层的表面；每一层捣完后用橡皮锤轻轻沿容器外壁敲打 5 ~ 10 次，进行振实，直至拌和物表面插捣孔消失。采用振动捣实时，装入捣实后体积约为容器容量的混凝土拌和物，振实过程中如拌和物低于容器口，应随时添加；振动至混凝土表面平整、表面出浆即止，不得过振。自密实混凝土应一次性填满，且不应进行振动和插捣。③刮去表面多余的混凝土拌和物，用抹刀刮平，表面如有凹陷应填平抹光。④擦净容器上口边缘，加盖并拧紧螺栓，保持容器密封不透气。⑤按前述的操作步骤测得未校正的混凝土拌和物的含气量 A_0，精确至 0.1%。⑥混凝土拌和物未校正的含气量 A_0 应以两次测量结果的平均值作为试验结果；如两次测量结果的含气量相差大于 0.5% 时，应重新试验。

（三）结果计算

混凝土拌和物含气量应按下式计算：

$$A = A_0 - A_g$$

式中： A ——混凝土拌和物含气量，%，精确至 0.1%；

A_0 ——未校正的混凝土拌和物含气量，%；

A_g ——骨料的含气量，%。

（四）含气量测定仪的校准

擦净容器，并将含气量测定仪全部安装好，测定含气量测定仪的总质量 m_1，精确至 10 g。

向容器内注水至上缘，然后加盖并拧紧螺栓，保持容器密封不透气；关闭操作阀和排气阀，打开排水阀和加水阀，应通过加水阀向容器内注入水；当排水阀流出的水流中不出现气泡时，应在注水的状态下关闭加水阀和排水阀；再次测定水和含气量测定仪的总质量 m_2，精确至 10 g。

容器的容积应按下式计算：

$$V = \frac{m_2 - m_1}{\rho_w} \times 1000$$

式中：V——容器的容积，L，精确至 0.01 L；

m_1——含气量仪的总质量，kg；

m_2——水、含气量仪的总质量，kg；

ρ_w——容器内水的密度，kg/L，可取 1 kg/L。

关闭排气阀，应用打气筒向气室内打气加压至压力大于 0.1 MPa，且压力表显示值稳定；打开排气阀调整压力至 0.1 MPa，同时关闭排气阀。

开启操作阀，使气室里的压缩空气进入容器，待压力表显示值稳定后测得压力值，此时压力表读数对应的是含气量为 0 时的压力值。

开启排气阀，压力表显示值应回零；关闭操作阀、排水阀和排气阀，开启加水阀，宜借助标定管在注水阀口用量筒接水；用气泵缓缓地向气室内打气，当排出的水恰好是含气量仪体积的 1 % 时，应按上述步骤测得含气量为 1 % 时的压力值。

应继续测取含气量分别为 2 %、3 %、4 %、5 %、6 %、7 %、8 %、9 %、10 % 时的压力值。

以上试验均应进行两次，以两次压力值的平均值作为测量结果。

根据以上含气量 0，1 %，…，10 % 的测量结果，绘制含气量与气体压力之间的关系曲线。

混凝土含气量测定仪的校准每年不应少于 1 次。

五、凝结时间试验

本方法适用于从混凝土拌和物中筛出的砂浆用贯入阻力法来确定坍落度值不为零的混凝土拌和物初凝时间与终凝时间。

（一）试验设备

贯入阻力仪：最大测量值不应小于 1000 N，精度应为 10 N；测针长 100 mm，在距贯入端 25 mm 处应有明显标记；测针的承压面积应为 100 mm²、50 mm² 和

20 mm² 三种。

砂浆试样筒：上口内径 160 mm、下口内径 150 mm、净高 150 mm，刚性不透水的金属圆筒，并配有盖子。

此外，还会用到试验筛、振动台、捣棒。

（二）试验步骤

用试验筛从混凝土拌和物中筛出砂浆，然后应将筛出的砂浆拌和均匀；将砂浆一次分别装入三个试样筒中。取样混凝土坍落度不大于 70 mm 的宜用振动台振实砂浆；取样混凝土坍落度大于 70 mm 的宜用捣棒人工捣实。用振动台振实砂浆时，振动应持续到表面出浆为止，不得过振；用捣棒人工捣实时，应沿螺旋方向由外向中心均匀插捣 25 次，然后用橡皮锤轻轻敲打筒壁，直至插捣孔消失为止。振实或插捣后，砂浆表面应低于砂浆试样筒口约 10 mm，并应立即加盖。

砂浆试样制备完毕，应置于温度为 20℃ ±2℃ 的环境中待测，并在以后的整个测试过程中，环境温度应始终保持 20℃ ±2℃。现场同条件测试时，应与现场条件保持一致。在整个测试过程中，除在吸取泌水时和进行贯入试验外，试样筒应始终加盖。

凝结时间测定从混凝土拌和物加水开始计时。根据混凝土拌和物的性能，确定测针试验时间，以后每隔 30 min 测试一次，在临近初凝时间和终凝时间时，应缩短测试间隔时间。

在每次测试前 2 min，将一片 20 mm 厚的垫块垫入筒底一侧使其倾斜，用吸液管吸去表面的泌水，吸水后应复原。

测试时将砂浆试样筒置于贯入阻力仪上，测针端部与砂浆表面接触，然后在 10 s ±2 s 时均匀地使测针贯入砂浆 25 mm ±2 mm，记录最大贯入阻力值；记录测试时间，精确至 1 min。

每个砂浆筒每次测 1 ~ 2 个点，各测点的间距不应小于 15 mm，测点与试样筒壁的距离不应小于 25 mm。

贯入阻力测试在 0.2 ~ 28 MPa 条件下应至少进行 6 次，直至贯入阻力大于

28 MPa 为止。

根据砂浆凝结状况，在测试过程中应以测针承压面积从大到小顺序更换测针，更换测针应按表 8-3 的规定选用。

表 8-3　测针选用规定表

贯入阻力 /MPa	0.2 ~ 3.5	3.5 ~ 20	20 ~ 28
测针面积 /mm²	100	50	20

（三）结果计算

1. 贯入阻力计算

$$f_{PR} = \frac{P}{A}$$

式中：f_{PR}——贯入阻力，MPa，精确至 0.1 MPa；

P——贯入压力，N；

A——测针承压面积，mm^2。

2. 通过线性回归方法确定凝结时间

将贯入阻力和对应测试时间分别取自然对数 $\ln f_{PR}$ 和 $\ln t$，把 $\ln f_{PR}$ 当作自变量，$\ln t$ 当作因变量作线性回归可得到回归方程：

$$\ln t = a + b \ln f_{PR}$$

式中：t——贯入阻力对应的测试时间，min；

a，b——线性回归系数。

根据上式可求得当贯入阻力为 3.5 MPa 时对应的时间应为初凝时间，贯入阻力为 28 MPa 时对应的时间应为终凝时间。

凝结时间也可用绘图拟合方法确定，应以贯入阻力为纵坐标，测试时间为横坐标，先绘制出贯入阻力与测试时间之间的关系曲线；再分别以 3.5 MPa 和 28 MPa 绘制两条平行于横坐标的直线，这两条直线与曲线交点的横坐标应分别为初凝时间和终凝时间。

应以 3 个试样的初凝时间和终凝时间的算术平均值作为此次试验初凝时间和终凝时间的试验结果。如果 3 个测值的最大值和最小值中有 1 个与中间值之差超过中间值的 10 ％，则应以中间值作为试验结果；如果最大值和最小值与中间值之差均超过中间值的 10 %，则应重新试验。

第三节 混凝土外加剂试验检测

一、定义及分类

混凝土外加剂是在拌制混凝土过程中掺入，用以改善混凝土性能的物质，掺量不大于水泥质量的 5 %（特殊情况除外）。外加剂主要用来改善混凝土拌和物性能和提高混凝土硬化性能。

混凝土外加剂主要包括减水剂（普通、高效、高性能）、引气剂、引气减水剂、泵送剂、早强剂、缓凝剂、防冻剂、膨胀剂、防水剂、速凝剂和阻锈剂等。

根据外加剂的作用，可分为四类：①改善混凝土拌和物流变性能的外加剂，如各种减水剂、引气剂和泵送剂等。②调节混凝土凝结时间、硬化性能的外加剂，如缓凝剂、早强剂和速凝剂等。③改善混凝土耐久性的外加剂，如引气剂、防水剂和阻锈剂等。④改善混凝土其他性能的外加剂，如加气剂、膨胀剂、防冻剂等。

二、外加剂的选择与使用

（一）外加剂选择的总体要求

外加剂种类应根据设计和施工要求及外加剂的主要作用选择。当不同供方、不同品种的外加剂同时使用时，应经试验验证，并确保混凝土性能符合设计和施工要求后再使用。含六价铬盐、亚硝酸盐和硫氰酸盐成分的混凝土外加剂，严禁用于饮水工程中与饮用水直接接触的混凝土。

含有强电解质无机盐的早强型普通减水剂、早强剂、防冻剂和防水剂，严禁用于下列混凝土结构：①与镀锌钢材或铝铁相接触部位的混凝土结构；②有外露钢筋预埋铁件而无防护措施的混凝土结构；③使用直流电源的混凝土结构；④距高压直流电源 100 m 以内的混凝土结构。

含有氯盐的早强型普通减水剂、早强剂、防水剂和氯盐类防冻剂，严禁用于预应力混凝土、钢筋混凝土和钢纤维混凝土结构。含有硝酸铵、碳酸铵的早强型普通减水剂、早强剂和含有硝酸铵、碳酸铵、尿素的防冻剂，严禁用于办公建筑、居住建筑等有人员活动的建筑工程。含有亚硝酸盐、碳酸盐的早强型普通减水剂、早强剂、防冻剂和含亚硝酸盐的阻锈剂，严禁用于预应力混凝土结构。

掺外加剂混凝土所用水泥，宜采用硅酸盐水泥、普通硅酸盐水泥、矿渣硅酸盐水泥、火山灰质硅酸盐水泥、粉煤灰硅酸盐水泥和复合硅酸盐水泥，并应检验外加剂与水泥的适应性，符合要求方可使用。

掺外加剂混凝土所用材料如水泥、砂、石、掺和料、外加剂均应符合国家现行的有关标准的规定。试配掺外加剂的混凝土时，应采用工程使用的原材料，检测项目应根据设计及施工要求确定，检测条件应与施工条件相同，当工程所用原材料或混凝土性能要求发生变化时，应再次进行试配试验。

（二）外加剂的掺量

外加剂掺量应按供货单位推荐掺量、使用要求、施工条件、工程用混凝土原材料和配合比等因素通过试验确定，以胶凝材料总量的百分比表示，或以 mL/kg 胶凝材料表示。当混凝土其他原材料或使用环境发生变化时，混凝土配合比、外加剂掺量可进行调整。

（三）常用混凝土外加剂的选择与使用

1. 普通减水剂

（1）适用范围

普通减水剂宜用于日最低气温 5 ℃以上施工环境、强度等级为 C40 以下的混凝土，普通减水剂不宜单独用于蒸养混凝土。

早强型普通减水剂宜用于在常温、低温和最低温度不低于 −5 ℃的环境中施工的有早强要求的混凝土工程。炎热环境条件下不宜使用早强型普通减水剂。

缓凝型普通减水剂可用于大体积混凝土、碾压混凝土、炎热气候条件下施工的混凝土、大面积浇筑的混凝土、避免冷缝产生的混凝土、需长时间停放或长距离运输的混凝土、滑模施工或拉模施工的混凝土及其他需要延缓凝结时间的混凝土，不宜用于有早强要求的混凝土。

使用含糖类或木质素磺酸盐类物质的缓凝型普通减水剂时，应进行相容性试验，并应符合施工要求后再使用。

（2）施工

难溶和不溶的粉状普通减水剂应采用干掺法。粉状普通减水剂宜与胶凝材料同时加入搅拌机内，并宜延长搅拌时间 30 s；液体普通减水剂宜与拌和水同时加入搅拌机内，计量应准确。减水剂的含水量应从拌和水中扣除。

2. 高效减水剂

（1）适用范围

高效减水剂可用于素混凝土、钢筋混凝土、预应力混凝土，并可用于制备高强混凝土。

缓凝型高效减水剂可用于大体积混凝土、碾压混凝土、炎热气候条件下施工的混凝土、大面积浇筑的混凝土、避免冷缝产生的混凝土、需较长时间停放或长距离运输的混凝土、自密实混凝土、滑模施工或拉模施工的混凝土及其他需要延缓凝结时间且有较高减水率要求的混凝土。

标准型高效减水剂宜用于在日最低气温 0 ℃以上的环境中施工的混凝土，也可用于蒸养混凝土。

缓凝型高效减水剂宜用于在日最低气温 5 ℃以上的环境中施工的混凝土。

（2）施工

难溶和不溶的粉状普通减水剂应采用干掺法。粉状普通减水剂宜与胶凝材料同时加入搅拌机内，并宜延长搅拌时间 30 s；液体普通减水剂宜与拌和水同时加入搅拌机内，计量应准确。减水剂的含水量应从拌和水中扣除。需二次添加高效减水剂时，应经试验确定，并记录备案。二次添加的高效减水剂不应包括缓凝、引气成分。二次添加高效减水剂后应确保混凝土搅拌均匀，坍落度符合要求后再使用。

3. 引气剂及引气减水剂

（1）适用范围

引气剂及引气减水剂宜用于有抗冻融要求的混凝土、泵送混凝土和易产生泌水的混凝土。

引气剂及引气减水剂可用于抗渗混凝土、抗硫酸盐混凝土、贫混凝土、轻骨料混凝土、人工砂混凝土和有饰面要求的混凝土。引气剂及引气减水剂不宜用于蒸养混凝土及预应力混凝土。必要时，应经试验确定。

（2）施工

引气剂宜以溶液掺加，使用时应加入拌和水中，引气剂溶液中的水量应从拌和水中扣除。

引气剂、引气减水剂配制溶液时，应充分溶解后再使用。

引气剂可与减水剂、早强剂、缓凝剂、防冻剂等复合使用。配制溶液时，如产生凝絮或沉淀等现象，应分别配制溶液，并应分别加入搅拌机。

掺引气剂、引气减水剂的混凝土宜采用强制式搅拌机搅拌，并应搅拌均匀。搅拌时间及搅拌量应经试验确定，最少搅拌时间应符合《混凝土外加剂应用技术规范》（GB 50119—2013）的规定。从出料到浇筑的停放时间不宜过长。采用插入式振捣时，同一振捣点振捣时间不宜超过 20 s。

4. 早强剂

（1）适用范围

早强剂宜用于蒸养混凝土，或在常温、低温和最低温度不低于 –5 ℃的环境中施工的有早强要求的混凝土工程。炎热环境条件及温度低于 –5 ℃时不宜使用早强剂。

早强剂不宜用于大体积混凝土；三乙醇胺等有机胺类早强剂不宜用于蒸养混凝土。

无机盐类早强剂不宜用于以下几种情况：①处于水位变化的结构；②露天结构及经常受水淋、受水流冲刷的结构；③相对湿度大于 80% 的环境中使用的结构；④酸、碱或其他侵蚀性介质的结构；⑤有装饰要求的混凝土，特别是要求色彩一致或表面有金属装饰的混凝土。

（2）施工

供方应向需方提供早强剂产品的主要成分及掺量范围。早强剂中硫酸钠掺入混凝土的量应符合相关规定，三乙醇胺掺入混凝土的量不应大于胶凝材料质量的 0.05%，早强剂在素混凝土中引入的氯离子含量不应大于胶凝材料质量的 1.8%。其他品种早强剂的掺量应经试验确定。

掺早强剂的混凝土采用蒸汽养护时，其蒸养制度应经试验确定，掺粉状早强剂的混凝土宜延长搅拌时间 30 s。掺早强剂的混凝土应加强保温、保湿养护。

三、混凝土减水剂

混凝土减水剂是混凝土所有外加剂中使用最广泛、能改善混凝土多种性能的外加剂。将减水剂加入混凝土中，在保持流动性不变的情况下能减少混凝土的单位体积内的用水量，这是混凝土减水剂的基本性质。混凝土减水剂根据其减水率及性能，可以分为高性能减水剂（早强型、标准型、缓凝型）、高效减水剂（标准型、缓凝型）、普通减水剂（早强型、标准型、缓凝型）。

四、混凝土减水剂性能检测实验方法

（一）坍落度和坍落度 1 h 经时变化量测定

每批混凝土取 1 个试样。坍落度和坍落度 1 h 经时变化量均以 3 次试验结果的平均值表示。3 次试验的最大值和最小值与中间值之差有 1 个超过 10 mm 时，将最大值和最小值一并舍去，取中间值作为该批的试验结果；最大值和最小值与中间值之差均超过 10 mm 时，则应重新进行试验。

坍落度及坍落度 1 h 经时变化量测定值以 mm 表示，结果修约到 5 mm。混凝土坍落度按照《普通混拧土拌合物性能试验方法标准》（GB/T 50080—2016）测定；坍落度为 210 mm ± 10 mm 的混凝土，分两层装料，每层装入高度为筒高的一半，每层用插捣棒插捣 15 次。

坍落度 1 h 经时变化量测定：当要求测定此项时，应将按照要求搅拌的混凝土留下足够一次混凝土坍落度试验的量，并装入用湿布擦过的试样筒内，容器加盖，静置至 1 h（从加水搅拌时开始计算），然后倒出，在铁板上用铁锹翻拌至均匀后，再按照坍落度测定方法测定坍落度。计算出机时和 1 h 之后的坍落度之差，即得到坍落度 1 h 经时变化量。

坍落度 1 h 经时变化量按下式计算：

$$\Delta Sl = Sl_0 - Sl_1$$

式中：ΔSl ——坍落度 1h 经时变化量，mm；

Sl_0 ——出机时测得的坍落度，mm；

Sl_1 ——1 h 后测得的坍落度，mm。

（二）减水率测定

减水率为坍落度基本相同时，基准混凝土和受检混凝土单位用水量之差与基准混凝土单位用水量之比。减水率按下式计算，应精确到 0.1 %。

$$W_R = \frac{W_0 - W}{W_0} \times 100\%$$

式中：W_R ——减水率，%；

W_0 ——基准混凝土单位用水量，kg/m^3；

W ——受检混凝土单位用水量，kg/m^3。

计算 3 次试验的算术平均值精确到 1 %。若 3 次试验的最大值和最小值中有 1 个与中间值之差超过中间值的 15 % 时，则把最大值与最小值一并舍去，取中间值作为该组试验的减水率。若两个测值与中间值之差均超过 15 % 时，则该次试验结果无效，应该重新进行试验。

（三）泌水率比测定

泌水率比按下式计算，应精确到 1 %。

$$R_B = \frac{B_t}{B_e} \times 100$$

式中：R_B ——泌水率比，%；

B_t ——受检混凝土泌水率，%；

B_e ——基准混凝土泌水率，%。

泌水率的测定和计算方法为：先用湿布润湿容积为 5 L 的带盖筒（内径为 185 mm，高 200 mm），将混凝土拌和物一次装入，在振动台上振动 20 s，然后用抹刀轻轻抹平，加盖以防水分蒸发。试样表面应比筒口边低约 20 mm。自抹面开始计算时间，在前 60 min，每隔 10 min 用吸液管吸出泌水一次，以后每隔 20 min 吸水一次，直至连续三次无泌水为止。每次吸水前 5 min，应将筒底一侧垫高约 20 mm，使筒倾斜，以便于吸水。吸水后，将筒轻轻放平盖好。将每次吸出的水都注入带塞量筒，最后计算出总的泌水量，精确至 1 g，并按下式计算泌水率：

$$B = \frac{V_w}{(W/G)G_w} \times 100$$

$$G_w = G_1 - G_0$$

式中：B ——泌水率，%；

V_w ——泌水总质量，g；

W ——混凝土拌和物的用水量，g；

G ——混凝土拌和物的总质量，g；

G_w ——试样质量，g；

G_1 ——筒及试样质量，g；

G_0 ——筒质量，g。

试验时，从每批混凝土拌和物中取 1 个试样，泌水率取 3 个试样的算术平均值，精确到 0.1 %。若 3 个试样的最大值和最小值中有 1 个与中间值之差大于中间值的 15 %，则把最大值与最小值一并舍去，取中间值作为该组试验的泌水率；如果最大值和最小值与中间值之差均大于中间值的 15 % 时，则应重做试验。

（四）相对耐久性试验

相对耐久性试验按《普通混凝土长期性能和耐久性能试验方法标准》（GB/T 50082—2009）进行，试件采用振动台成型，振动 15 ~ 20 s，标准养护 28 d 后进行冻融循环试验（快冻法）。

相对耐久性指标以掺外加剂混凝土冻融 200 次后的动弹性模量是否不小于 80 % 来评定外加剂的质量。每批混凝土拌和物取 1 个试样，相对动弹性模量以 3 个试件测值的算术平均值表示。

（五）匀质性参数

氯离子含量、含固量、总碱量、含水率、密度、细度、pH 值、硫酸钠含量的测定按《混凝土外加剂匀质性试验方法》（GB/T 8077—2012）进行。

第四节　混凝土用水试验检测

一、概述

混凝土用水是混凝土拌和用水和混凝土养护用水的总称，包括饮用水、地表水、地下水、再生水、混凝土企业设备洗刷水和海水等。

二、性能指标

对于设计使用年限为 100 年的结构混凝土，氯离子含量不得超过 500 mg/L；对使用钢丝或经热处理钢筋的预应力混凝土，氯离子含量不得超过 350 mg/L。

三、检测方法

pH 值的检验应符合现行国家标准《水质 pH 值的测定—玻璃电极法》（GB 6920—1986）的要求，并宜在现场测定。不溶物的检验应符合现行国家标准《水质悬浮物的测定重量法》（GB 11901—1989）的要求。可溶物的检验应符合现行国家标准《生活饮用水标准检验方法》（GB / T 5750—2006）中溶解性总固体检验法的要求。氯化物的检验应符合现行国家标准《水质氯化物的测定硝酸银滴定法》（GB 11896—1989）的要求。硫酸盐的检验应符合现行国家标准《水质 硫酸盐的测定 重量法》（GB 11896—1989）的要求。碱含量的检验应符合现行国家标准《水泥化学分析方法》（GB / T 176—2017）中关于氧化钾、氧化钠测定的火焰光度计法的要求。水泥凝结时间试验应符合现行国家标准《水泥标准稠度用水量、凝结时间、安定性检验方法》（GB / T 1346—2011）的要求。试验应采用 42.5 级硅酸盐水泥，也可采用 42.5 级普通硅酸盐水泥；出现争议时，应以

42.5 级硅酸盐水泥为准。水泥胶砂强度试验应符合现行国家标准《水泥胶砂强度检验方法（ISO 法）》（GB／T 17671—2020）的要求。试验应采用 42.5 级硅酸盐水泥，也可采用 42.5 级普通硅酸盐水泥；出现争议时，应以 42.5 级硅酸盐水泥为准。

第五节　钢筋及钢筋连接试验检测

一、概述

钢筋的牌号见表 8-4。

表 8-4　钢筋牌号

类别	牌号	牌号构成	英文
热轧光圆钢筋	HPB235	由 HPB+ 屈服强度特征值构成	Hot rolled Plain Bars
	HPB300		
普通热轧带肋钢筋	HRB335	由 HRB+ 屈服强度特征值构成	Hot rolled Ribbed Bars
	HRB400		
	HRB500		
细晶粒热轧带肋钢筋	HRBF335	由 HRBF+ 屈服强度特征值构成	Hot rolled Ribbed Bars Fine
	HRBF400		
	HRBF500		

二、试验检测

（一）组批规则

钢筋应按批进行检查和验收，每批由同一牌号、同一炉罐号、同一规格的钢筋组成。

每批钢筋质量通常不大于 60 t。超过 60 t 的部分，每增加 40 t（或不足 40 t 的余数），增加 1 个拉伸试验试样和 1 个弯曲试验试样。

允许由同一牌号、同一冶炼方法、同一浇注方法的不同炉罐号组成混合批。各炉罐号含碳量之差不大于 0.02 %，含锰量之差不大于 0.15 %。混合批的钢筋质量不大于 60 t。

（二）试件要求

拉伸试件的长度 L 按下式计算后截取：

$$L = L_0 + 2h + 2h_1$$

式中：L 为拉伸试件的长度，mm；

L_0 拉伸试件的标距，mm；

h、h_1 分别为夹具长度和预留长度，mm，$h_1 = (0.5 \sim 1)a$；

a 为钢筋的公称直径，mm。

对于光圆钢筋，一般要求夹具之间的最小自由长度不小于 350 mm。

对于带肋钢筋，夹具之间的最小自由长度一般要求：$d \leqslant 25$ mm 时，不小于 350 mm；25 mm $< d \leqslant 32$ mm 时，不小于 400 mm；32 mm $< d < 50$ mm 时，不小于 500 mm。

（三）主要仪器设备

万能材料试验机：示值误差不大于 1%。量程的选择：试验时达到最大荷载时，指针最好在第三象限（180° ～ 270°）内，或者数显破坏荷载在量程的 50% ～ 75%。

此处还会用到钢筋打点机和画线机、游标卡尺（精度为 0.1 mm）等。

（四）试样制备

拉伸试验用钢筋试件不得进行车削加工，可以用两个或一系列等分小冲点或细画线标出试件原始标距，测量标距长度 L_0 精确至 0.1 mm（图 8-1）。根据钢筋的公称直径选取公称横截面积（mm^2）。

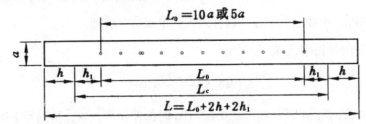

注：a ——试样原始直径；L_0 ——标距长度；h_1 ——取 $(0.5 \sim 1)a$；h ——夹具长度。

图 8-1　钢筋拉伸试验试件

（五）试验步骤

将试件上端固定在试验机上夹具内，调整试验机零点，装好描绘器、纸、笔等，再用下夹具固定试件下端。

开动试验机进行拉伸。拉伸速度为：屈服前，应力增加速度为 10 MPa/s；屈服后，试验机活动夹头在荷载下移动速度不大于 0.5 L_c /min，直至试件拉断。

拉伸过程中，测力度盘指针停止转动时的恒定荷载，或第一次回转时的最小荷载，即为屈服荷载 F_s（N）。向试件继续加荷直至试件拉断，读出最大荷载 F_b（N）。

测量试件拉断后的标距长度将已拉断的试件两端在断裂处对齐，尽量使其轴线位于同一条直线上。

（六）结果评定

1. 钢筋的屈服点 σ_s 和抗拉强度 σ_b 计算：

$$\sigma_s = \frac{F_s}{A}$$

$$\sigma_b = \frac{F_b}{A}$$

式中：σ_s、σ_b 分别为钢筋的屈服点和抗拉强度，MPa；

F_s、F_b 分别为钢筋的屈服荷载和最大荷载，N；

A 为试件的公称横截面积，mm^2。

当大于 1 000 MPa 时，应计算至 10 MPa，按"四舍六入五单双法"修约；在 200～1 000 MPa 时，计算至 5 MPa，按"二五进位法"修约；小于 200 MPa 时，计算至 1 MPa，小数点数字按"四舍六入五单双法"处理。

2. 钢筋的伸长率 δ_5 或 δ_{10} 计算

$$\delta_5\left(或\delta_{10}\right) = \frac{L_1 - L_0}{L_0} \times 100\%$$

式中：δ_5，δ_{10} 分别为 $L_0 = 5a$ 或 $L_0 = 10a$ 时的伸长率，%，精确至 1%；

L_0——原标距长度 $5a$ 或 $10a$，mm；

L_1——试件拉断后直接量出或按移位法得到的标距长度，mm，精确至 0.1 mm。

如试件在标距端点上或标距外断裂，则试验结果无效，应重做试验。

第六节 预应力钢绞线试验检测

一、概述

预应力混凝土用的钢绞线由多根预应力钢丝以一定的捻距捻制而成，常见的有 2 股（1×2）、3（1×3）股及 7（1×7）股钢绞线，捻向又分左捻和右捻，广泛应用于工业与民用建筑、桥梁、核电站、水利、港口设施等建设工程。常用的有 Φ2.7 mm 和 Φ15.20 mm（Φ15.24 mm），强度级别有 1 570 MPa、1 860 MPa、1 960 MPa 等。

二、主要检测指标及性能要求

预应力混凝土所用钢材的主要考核参数除几何尺寸以外，还有强度、延性、弹性模量和松弛性能。目前预应力混凝土所用钢材产品标准规定的力学性能指标有：弹性模量、规定非比例延伸力或规定非比例延伸强度、最大力或抗拉强度、最大力总伸长率、松弛性能。

三、试验检测

（一）取样

每批钢材由同一牌号、同一规格、同一生产工艺捻制的钢绞线组成，每批质量不大于 60 t。应从外观检查合格的产品上直接切取试样，表面有磨痕或机械损伤、裂纹及肉眼可见的冶金缺陷的试样均不允许用于试验（供货厂家应确保提供的钢材质量合格）。

由于它们的最终交货状态是经消除应力回火处理的，试样的切取应采用无齿锯（砂轮片）切割，不应用烧割，以免试样过热，影响其力学性能。切割后应不松散，如离开原来位置，可以用手复原到原位。

（二）尺寸检验

钢绞线的直径应用分度值为 0.02 mm 的量具测量。1×7 钢绞线的直径测量应以横穿直径方向的相对两根外层钢丝为准，并在同一截面不同方向上测量两次。

（三）每米质量检测

钢绞线每米质量测量应采用的方法：取 3 根长度不小于 1 m 的钢绞线，每根钢绞线长度测量精确到 1 mm。称量每根钢绞线的质量，精确到 1 g，然后按下式计算钢绞线的每米质量。

$$M = m / L$$

式中：M——钢绞线每米质量，g/m；

m——钢绞线质量，g；

L——钢绞线长度，m。实测结果取 3 个计算值的平均值。

（四）拉伸试验

试验机应按照《静力单轴试验机的检验 第 2 部分：拉力蠕变试验机施加力的检验》（GB/T 16825.2—2018）要求，定期进行校准，并应为 1 级或优于 1 级准确度。

引伸计的准确度级别应符合《单轴试验用引伸计的标定》（GB/T 12160—2002）（ISO 9513：1999）的要求，并定期进行校准。测定规定非比例延伸力应使用不劣于 1 级准确度的引伸计；测定其他具有较大延伸率的性能，例如抗拉强度、最大力总伸长率及断后伸长率等，应使用不劣于 2 级准确度的引伸计。

试验机上、下工作台之间的距离测量应用精度不小于 0.1 mm 的长度测量尺或游标卡尺。

测定规定非比例延伸力时，应力速率应在 6 ~ 60 N/mm^2·s^{-1}，测定抗拉强度时，应力速率不应超过 0.008 s^{-1}。

整根钢绞线的最大力试验按《金属材料—拉伸试验》（GB/T 228.1—2010）的规定进行。如试样在夹头内和距钳口 2 倍钢绞线公称直径内断裂，达不到《预应力混凝土用钢绞线》（GB/T 5224—2014）中的性能要求时，则试验无效。计算抗拉强度时取钢绞线的参考截面积值。

最大力总伸长率的测定按规定进行，使用计算机采集数据或使用电子拉伸设备测量伸长率时，预加负荷对试样所产生的伸长率应加在总伸长率内。测定钢绞线伸长率时，$1×7$ 结构钢绞线的标距不小于 500 mm；$1×2$ 和 $1×3$ 结构钢绞线的标距不小于 400 mm。

如果任何一根钢丝破坏之前，钢绞线的伸长率已达到所规定的要求，此时可以不继续测定最后伸长率的值。如因夹具原因产生剪切断裂，所得最大负荷及延伸未满足标准要求，则试验是无效的。

最大力除以试验钢绞线参考截面积得到抗拉强度，数值修约间隔为 10 N/mm^2。最大力总伸长率 Agt 数值修约间隔为 0.5 %。

（五）应力松弛性能试验

钢绞线的应力松弛性能试验应按《金属材料—拉伸应力松弛试验方法》（GB/T 10120—2013）的规定进行。试验期间，试样的环境温度应保持在 20 ℃ ±2 ℃。试验标距长度不小于公称直径的 60 倍。

试样制备后不得进行任何热处理和冷加工。初始负荷应在 3 ～ 5 min 内均匀施加完毕，持荷 1 min 后开始记录松弛值。

允许用至少 120 h 的测试数据推算 1 000 h 的松弛值。

6. 疲劳试验

疲劳试验所用试样是成品钢绞线上直接截取的试样，试样长度应保证两夹具之间的距离不小于 500 mm。

钢绞线应能经受 $2×10^6$ 次 $0.7F_m ～（0.7F_m-2\Delta F_a）$ 脉动负荷后而不断裂。

$$2\Delta F_a / S_n = 195 \text{ MPa}$$

式中：F_m——钢绞线的公称最大力，N；

$2\Delta F_a$——应力范围（2 倍应力幅）的等效负荷值，N；

S_n——钢绞线的参考截面积，mm^2。

在试验的全过程中，脉动拉伸的最大应力保持恒定应力的静态测量误差应

不大于 ±1%。应力循环频率不能超过 120 Hz。

所有应力都沿着轴向传递给试样，应无钳口和缺口影响，且应有一个相应的装置能限定夹头中试样的任何滑移。

由于缺口影响或局部过热引起试样在夹头内和夹持区域内（2倍钢绞线公称直径范围内）断裂时，试验无效。

试验过程中，试件温度不得超过 40 ℃，试验室环境温度在 18 ~ 25 ℃。

第九章　道路桥梁工程现场试验检测

第一节　桥梁上部结构检测

一、混凝土结构构件检测

（一）检测项目与频率

1.拌制和浇筑混凝土时检测

混凝土及组成材料的外观，拌制每一工作班至少2次，必要时随时抽样试验；混凝土的和易性（坍落度）每工作班至少检测2次；砂石材料的含水量，每日开工前检测1次，气候或含水量变化较大时随时检测调整；钢筋、模板、支架等的稳固性和安装位置；混凝土的运输、浇筑方法和质量；外加剂的使用效果；制取混凝土试件。

2.浇筑混凝土后的检测

养护情况；混凝土强度、拆模时间；混凝土外露面及装饰品质；变形和沉降。

3.混凝土强度检测频率

不同强度及不同配合比的混凝土应分别制取试件，试件应在浇筑地点或拌和地点随机制取；浇筑一般体积的结构物（如基础、墩台）时，每一单元结构物应制取2组；连续浇筑大体积结构物混凝土时，每80～200 m³或每一工作班应制取2组；每片梁长16 m以下应制取1组，16～30 m制取2组，31～50 m制取3组，50 m以上者不少于5组；就地浇筑混凝土小桥涵，每一组或每一工作班制取不少于 2 组；原材料和配合比相同，并由同一个拌和站拌制时，可几座合并制取 2 组。

如施工需要，可制取与结构物同条件养护的试件作为考核结构混凝土在拆模、出池、吊装、施预应力、承受荷载等阶段强度的依据。

（二）焊接钢筋的质量检测

钢筋的连接方式有焊接与绑扎接头。轴心受压和小偏心受拉构件中钢筋接头不宜绑扎，普通混凝土中直径大于 25 mm 的钢筋宜采用焊接。

钢筋的焊接方式有闪光对焊和搭接电弧焊。钢筋接头采用闪光对焊前，必须根据施工条件进行试焊，合格后方可正式施焊。钢筋接头采用搭接电弧焊时，两钢筋搭接端部应预先折向一侧，使两接合钢筋轴线一致。接头双面焊缝的长度不应小于 $5d$（d 为钢筋直径），单面焊缝的长度不应小于 $10d$。焊接质量应符合下列要求。

1. 钢筋闪光对焊接头

（1）批量规定

在同一台班内，由同一焊工按统一焊接参数完成的 300 个同类型（指钢筋级别和直径均相同）接头作为一批。一周内连续焊接时可以连续计算，一周内不足 300 个接头时按一批计算。

（2）外观检查、抽样频率与判定

每批抽检 10 % 的接头，不得少于 10 个。焊接等长的预应力钢筋（包括螺纹端杆与钢筋）时，可按生产同条件制作模拟试件。螺纹端杆接头可只做拉伸试验。外观检查要求为：接头处不得有横向裂缝；与电极接触处的钢筋表面，对于 HPB300、HRB335、HRB400 级钢筋，不得有明显烧伤，HRB500 级钢筋不得有烧伤；低温对焊时，对于 HRB335、HRB400、HRB500 级钢筋，不得有烧伤；接头处的弯折不得大于 4°；接头处的钢筋轴线偏移不得大于 $0.1d$，同时不得大于 2 mm。

当有一个接头不符合要求时，应对全部接头进行检查，剔除不合格品。不合格接头切除重焊后，可再次提交验收。

（3）力学性能试验与判定

力学性能试验包括拉伸试验与弯曲试验。应从每批成品中切取 6 个试件，3 个进行拉伸试验，3 个进行弯曲试验。

拉伸试验结果应符合的要求为：2 个热轧钢筋接头试件的抗拉强度均不得低于该级别钢筋规定的抗拉强度，余热处理 HRB400 级钢筋接头试件的抗拉强度均不得低于 HRB400 级钢筋的抗拉强度；应至少有 2 个试件断于焊缝之外，并呈延性断裂。当试验结果有 1 个试件的抗拉强度小于上述规定，或有 2 个试件在焊缝或热影响区发生脆性断裂时，应再取 6 个试件进行复验，复验结果如仍有 1 个试件的抗拉强度小于规定值，或有 3 个试件断于焊缝或热影响区，呈脆性断裂，应确认该批接头为不合格品；预应力钢筋与螺钉端杆闪光对焊接头拉伸试验结果，3 个试件应全部断于焊缝之外，呈脆性断裂。

当试验结果有 1 个试件在焊缝或热影响区发生脆性断裂，应从成品中再切取 3 个试件进行复验，复验结果如仍有 1 个试件在焊缝或热影响区发生脆性断裂，应确认该批接头为不合格品。模拟试件的试验结果不符合要求时，应从成品中再切取试件进行复验，其数量和要求应与初始试验时相同。

弯曲试验结果应符合下列要求：焊缝要处于弯曲中心点，弯曲角度为 90°，弯心直径为 $2d$（HPB300）、$4d$（HRB355）、$5d$（HRB400）、$7d$（HRB500）。

试验结果至少有 2 个试件不得发生破断，否则应确认该批接头为不合格品。

2. 钢筋电弧焊接头

（1）批量规定

以 300 个同类型接头为 1 批，不足 300 个时仍作为 1 批。

（2）外观检查

应在接头清渣后逐个进行目测或量测，检查结果应符合要求：焊缝表面平整，不得有较大的凹陷、焊瘤。接头处不得有裂纹，咬边深度、气孔、夹渣的数量和大小及接头偏差。

（3）强度检验与判定

从成品中每批切取 3 个接头做拉伸试验，试验结果应符合要求：3 个热轧钢筋接头试件的抗拉强度均不得低于该级别钢筋的规定抗拉强度值，余热处理 HRB400 级钢筋接头试件的抗拉强度均不得小于 HRB400 级钢筋规定的抗拉强度。至应少有 2 个试件呈塑性断裂，3 个试件均断于焊缝之外。当检验结果有 1 个试件的抗拉强度低于规定指标或有 2 个试件发生脆性断裂时，应取双倍数量的试件进行复验，复验结果如仍有 1 个试件的抗拉强度低于规定指标，或有 1 个试件断于焊缝或有 3 个试件呈脆性断裂，则该批接头即为不合格品。

二、预应力混凝土结构检测

（一）预应力筋用锚具、夹具和连接器检测

在给预应力混凝土结构施加预应力的过程中，无论是先张法对预应力钢筋的临时固定，还是后张法对预应力钢筋的永久锚固，都需要有锚具或夹具。因此，锚夹具是保证预应力混凝土结构安全可靠的关键之一，它们必须满足受力安全可靠、预应力损失小、张拉锚固方便迅速等要求。

1. 外观检验

受检零件的外形尺寸和外观质量应符合图样规定。全部样品均不得有裂纹，如果发现一件有裂纹，就应对本批全部产品进行逐件检验，合格者方可使用。

2. 硬度检验

按设计图样规定的表面位置和硬度范围检验和判定，如有 1 个零件不合格，则应另取双倍数量的零件重做检验；如仍有 1 个零件不合格，则应对本批零件逐个检验，合格者方可使用。

3. 静载试验、疲劳荷载试验（周期荷载试验）

如符合技术要求，应判为合格；如有 1 个试件不符合要求，即判定为不合格。但允许另取双倍数量的试件重做试验，若全部试件合格，即可判定本批产品合格；如仍有 1 个试件不合格，则该批产品为不合格产品。

4. 辅助性试验

辅助性试验为测定参数及检验工艺设备的项目，不做合格与否的判定。

（二）张拉设备校验

在桥梁工程中施加预应力所用的机具设备通常称为张拉设备。常用的张拉设备为液压拉伸机，由油压千斤顶和配套的高压油泵、压力表及外接油管等组成。液压拉伸机的千斤顶按其构造可分为台座式（普通油压千斤顶）、穿心式、锥锚式和拉杆式。预应力张拉机具应与锚具配套使用，并在进场前进行检查和校验。

油压千斤顶的作用力一般用油压表测定和控制。油压表上的指示读数为油缸内的单位油压，在理论上将其乘以活塞面积即应为千斤顶的作用力。但由于油缸与活塞之间有一定的摩阻力，因此实际作用力要比理论值为小。为正确控制张拉力，一般均用校验标定的方法测定油压千斤顶的实际作用力与油压读数的关系。校验仪器可采用压力试验机、标准测力计或传感器等，一般采用长柱压力试验机。

1. 长柱压力试验机校验

压力试验机的精度不得低于 ±2 %。校验时，应采取被动校验法，即在校验时用千斤顶顶试验机，这样活塞运行方向、摩阻力的方向与实际工作时相同，校验比较准确。

在进行被动校验时，压力试验机本身也有摩阻力，且与正常使用时相反，故试验机表盘读数反映的也不是千斤顶的实际作用力。因此，用被动法校验千斤顶时，必须事先用具有足够吨位的标准测力计对试验机进行标定，以确定试验机的读盘读数值。标定后再校验千斤顶时就可以从试验机读盘上直接读出千斤顶的实际作用力以及相应的油压表的准确读数。

2. 用标准测力计校验

用水银压力计、测力环、弹簧拉力计标准测力计校验千斤顶，是一种简单可靠的方法，校验穿心式千斤顶时的装置如图 9-1 所示（校验拉杆式千斤顶的附加装置与压力试验机校验相同）。校验时，开动油泵，千斤顶进油，活塞杆推出，顶测力计。当测力计达到一定吨位 T_1 时，立即读出千斤顶油压表相应读数 P1，

同样方法可得 T_2、P_2，T_3、P_3，等等。此时，T_1、T_2、T_3……即为相应于油压表读数 P_1、P_2、P_3……的实际作用力。将测得的各值绘成曲线，实际使用时，即可由此曲线找出要求的 T 值和相应的 P 值。

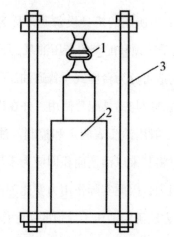

注：1——标准测力计；2——千斤顶；3——框架。

图 9-1 标准测力计校验千斤顶装置

第二节　桥梁支座和伸缩装置检测

一、桥梁支座检测

（一）板式橡胶支座的构造

1.分类

（1）按结构形式分类

普通板式橡胶支座可分为矩形板式橡胶支座（代号 GJZ）、圆形板式橡胶支座（代号 GYZ）；四氟滑板式橡胶支座可分为矩形四氟滑板支座（代号 GJZF）、圆形四氟滑板橡胶支座（代号 GYZF4）。

（2）按支座材料和适用温度分类

常温型橡胶支座，应采用氯丁橡胶（CR）生产，适用温度为 –25 ~ 60 ℃。

不得使用天然橡胶代替氯丁橡胶，也不允许在氯丁橡胶中掺入天然橡胶；耐寒型橡胶支座，应采用天然橡胶（NR）生产，适用温度为 -40 ~ 60 ℃。

2. 产品代号

产品代号表示方法示例：①公路桥梁矩形普通氯丁橡胶支座，短边尺寸为 300 mm，长边尺寸为 400 mm，厚度为 47 mm。表示为 GJZ300×400×47（CR）。②公路桥梁圆形四氟滑板式橡胶支座，直径为 300 mm，厚度为 54 mm。表示为 GYZF4 300×54（NR）。

3. 支座结构

板式橡胶支座（图 9-2）通常由若干层橡胶片与以薄钢板为刚性的加劲物组合而成，各层橡胶与上下钢板经过亚硫化牢固地黏结为一体。支座在竖向荷载作用下，具有足够的刚度，主要是由于嵌入橡胶片之间的钢板限制橡胶的侧向膨胀。在水平力作用下，支座的水平位移量取决于橡胶片的净厚度。在运营期间为防止嵌入钢板的锈蚀，支座的上下面及四边都有橡胶保护层。

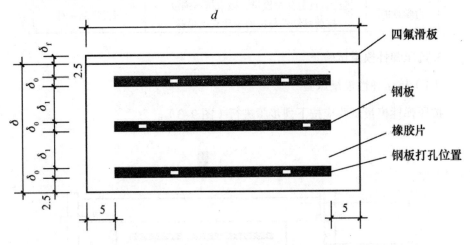

图 9-2　板式橡胶支座结构图（单位：mm）

（二）板式橡胶支座的检测方法

1. 检测分类

桥梁橡胶支座检测可分为进厂原材料检测、出厂检测和型式检测。进厂原材料检测是指板式橡胶支座加工用原材料及外加工件进厂时，应进行的验收检测；支座出厂检测为每批产品交货前应进行的检测。出厂检测应由工厂质检部门进行检测，确认合格后方可出厂，出厂时应附有产品质量合格证明文件，并附有支座的规格、胶种、单层橡胶和钢板厚度、钢板的平面尺寸、钢板层数、橡胶总厚度，以便使用单位验收和抽检。应进行型式检测的情况为：新产品或老产品转厂生产的试制定型鉴定；正常生产后，胶料配方、工艺、材料有较大改变，可能影响产品性能时；产品停产一年以上，恢复生产时；重要桥梁工程或用量较大的桥梁工程用户提出要求时；国家质量监督机构要求或颁发产品生产许可证时。

2. 检验项目及要求

支座出厂检验应满足表9-1的要求。

表9-1 支座出厂检测项目

项目	检测内容	检测周期
外形尺寸	平面尺寸、厚度偏差	抽检25%
外观质量	外观缺陷	每块支座
内在品质	内部缺陷	每200块取一块
力学性能	抗压、抗剪弹性模量、极限抗压强度、抗剪黏结性与抗剪老化交叉检验	每批产品一种

3. 抗压弹性模量试验

（1）抗压弹性模量试验

抗压弹性模量试验应按下列步骤进行（图9-3）。

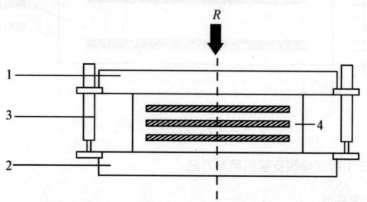

注：1——上承载板；2——下承载板；3——位移传感器；4——支座试样。

图9-3 压缩试验设备图

将试样置于试验机的承载板上，上下承载板与支座接触面不得有油渍；对准中心，精度应小于 1 % 的试件短边尺寸或直径。缓缓载入至压应力为 1 MPa 且稳定后，核对承载板四角对称安置的四只位移传感器，确认无误后，开始预压。

将压应力以 0.03 ~ 0.04 Pa/s 的速率连续地增至平均压应力 σ 为 10 MPa，持荷 2 min，然后以连续均匀的速度将压应力卸至 1 MPa，持荷 5 min，记录初始值，绘制应力—应变图，预压 3 次。

正式载入时，每一加载循环自 1 MPa 开始，将压应力以 0.03 ~ 0.04 MPa/s 速率均匀加载至 4 MPa/s，持荷 2 min，采集支座变形值，然后以同样速率每 2 MPa/s 为一级载入，每级持荷 2 min 后至 σ 为 10 MPa 为止。采集支座变形数据直至平均压应力 σ 为止，绘制的应力—应变图应呈线性关系。然后以连续均匀的速度卸载至压应力为 1 MPa。10 min 后进行下一级加载循环。加载过程应连续进行三次。

以承载板四角所测得的变化值的平均值，作为各级荷载下试样的累积竖向压缩变形 Δ_c，按试样橡胶层的总厚度 t_e 求出在各级试验荷载作用下，试样的累积压缩应变 $\varepsilon_i = \Delta_a / t_e$。

（2）试样实测抗压弹性模量计算

$$E_1 = \frac{\sigma_{10} - \sigma_4}{\varepsilon_{10} - \varepsilon_4}$$

式中：E_1——试样实测的抗压弹性模量计算值，精确至 1 MPa；σ_4、ε_4——第 4 MPa 级试验荷载下的压应力和累积压缩应变值；σ_{10}、ε_{10}——第 10 MPa 级试验荷载下的压应力和累积压缩应变值。

（3）结果

每一块试样的抗压弹性模量 E_1 为三次加载过程中所得的三个实测结果的算术平均值。但单项结果和算术平均值之间的偏差不应大于算术平均值的 3 %，否则应对该试样重新复核试验一次，如果仍超过 3 %，应由试验机生产厂专业人员对试验机进行检修和检定，合格后再重新进行试验。

（三）判定规则

进厂原材料检测应全部项目合格后方可使用，不合格材料不允许用于支座生产。支座出厂检测时，若有一项不合格，则应从该批产品中随机再取双倍支座，对不合格项目进行复检，若仍有一项不合格，则判定该批产品不合格。支座力学性能试验时，随机抽取三块（或三对支座），若有两块（或两对）不能满足要求，则认为该批产品不合格。若有一块（或一对）支座不能满足要求，则应从该批产品中随机再抽取两倍支座对不合格项目进行复检，若仍有一项不合格，则判定该批产品不合格。型式检测时，应全部项目满足要求为合格。若使用单位元抽检支座成品力学性能有两项各有一块（一对）支座不合格；颁发产品许可证时，抽检支座有三项各有一块（一对）支座不合格，则可按照上述规定进行复检，若仍有一项不合格，则判定该批产品为不合格。

二、桥梁伸缩装置检测试验方法

伸缩装置的检测项目包括整体性能试验、钢材试验、橡胶试验、其他材料试验、尺寸偏差、外观质量等内容。这里简要介绍下面几种试验方法。

（一）整体性能试验

1.试样

整体试件宜采用整体装配后的伸缩装置进行试验。若受试验设备限制，不能对整体试件进行试验时，取样要求：单缝模数式伸缩装置的试件长度不小于4 m；多缝模数式伸缩装置的试件长度不小于4 m，并且有不少于4个位移箱；梳齿板式伸缩装置的试件长度不小于4 m或一个单元；无缝式伸缩装置的试件长度不小于4 m。

2.具体要求

整体试验应在制造厂或专门试验机构中进行。对整体试件的伸缩装置进行力学性能试验时，伸缩装置试件的锚固系统应采用定位螺栓或其他有效方法，试验装置应能模拟伸缩装置在桥梁结构的实际受力状态，并进行规定试验项目试验。伸缩装置的试验标准温度为23 ℃ ±5 ℃，且不应有腐蚀性气体及影响检测的震动源。模数式伸缩装置应进行拉伸、压缩、纵向、竖向、横向错位试验、测定水平摩阻力、变位均匀性。应按实际受力荷载测定中梁、支承横梁及其连接部件应力、应变值，并应对试样进行振动冲击试验，对橡胶密封带进行防水试验。梳齿板式伸缩装置应进行拉伸、压缩试验，对水平摩阻力及橡胶密封带进行防水试验。无缝式伸缩装置应进行拉伸、压缩试验及橡胶密封带防水试验。

（二）原材料

伸缩装置中使用的钢材、橡胶、不锈钢板、聚四氟乙烯板、硅脂等应按《公路桥梁伸缩装置通用技术条件》（JT/T 327—2016）中规定的相关方法进行试验。

（三）尺寸偏差

伸缩装置的尺寸偏差，应采用标定的钢直尺、游标卡尺、平整度仪、水平仪等量测，每 2 m 取断面量测后，取平均值。

（四）外观质量

产品外观质量应采用目测方法和相应精度的量具逐件进行检测。

（五）表面涂装质量

表面涂装质量检验按照《公路桥梁钢结构防腐涂装技术条件》（JT/T 722—2008）规定的方法进行检测。

（六）结果判定

型式检验应由第三方进行。型式检验项目全部合格，则该批产品合格。当检验项目中有不合格项，应取双倍试样对不合格项进行复检，复检后仍有不合格，则该批产品为不合格。出厂检验时，当检验项目中有不合格项时，应取双倍试样对不合格项目进行复检，复检后仍有不合格，则该批产品为不合格。

第三节　桥梁荷载试验

一、荷载试验的目的、主要内容及准备工作

（一）荷载试验的目的

桥梁荷载试验可分为静载试验和动载试验。桥梁荷载试验是对桥梁结构工作状态进行直接测试的一种鉴定手段。试验的目的、任务和内容通常由实际的生产需要或科研需要决定。一般桥梁荷载试验的目的如下。

1. 检验桥梁设计与施工的质量

对于一些新建的大、中型桥梁或者具有特殊设计的桥梁，在设计施工过程中必然会遇到许多新问题，为保证桥梁建设质量，施工过程中往往要求做施工监控。在竣工后一般还要求进行荷载试验，以检验桥梁整体受力性能和承载力是否达到设计文件和规范的要求，并将试验结果作为评定工程质量优劣的主要技术资料和依据。

2. 判断桥梁结构的实际承载力

旧桥由于构件局部发生意外损伤、使用过程中产生明显病害、设计荷载等级偏低等原因，有必要通过荷载试验判定构件损伤程度及承载力、受力性能的下降幅度，确定其运营荷载等级。同时，旧桥荷载试验也是改建、加固设计的重要依据。

3. 验证桥梁结构设计理论和设计方法

对于桥梁工程中的新结构、新材料和新工艺，应通过荷载试验验证桥梁的计算图式是否正确，材料性能是否与理论相符，施工工艺是否达到预期目的。对相关理论问题的深入研究，往往也需要大量荷载试验的实测数据。

4. 桥梁结构动力特性及动态反应的测试研究

对一些桥梁在动力荷载作用下的桥梁车致振动问题（包括动态增量和冲击系数）、大跨径轻柔结构抗风稳定性以及桥梁结构抗震性能等，都要求实测桥梁结构的动力特性和动态反应。

（二）荷载试验的准备工作

荷载试验正式进行之前应做好下列准备工作。

1. 试验孔（或墩）的选择

对多孔桥梁中跨径相同的桥孔（或墩），可选 1～3 个具有代表性的桥孔（或墩）进行加载试验。选择时应综合考虑几种因素：该孔（或墩）计算受力最不利；该孔（或墩）施工质量较差、缺陷较多或病害较严重；该孔（或墩）便于搭设脚手架，便于设置测点或便于实施加载。

选择试验孔的工作与制订计划前的调查工作结合进行。

2. 搭设脚手架和测试支架

脚手架和测试支架应分开搭设互不影响，脚手架和测试支架应有足够的强度、刚度和稳定性。脚手架要保证工作人员的安全，方便操作。测试支架要满足仪表安装的需要，不因自身变形影响测试的精度，同时，还应保证试验时不受车辆和行人的干扰。脚手架和测试支架设置要因地制宜，就地取材，便于搭设和拆卸，一般采用木支架或建筑钢管支架。当桥下净空较大不便搭设固定脚手架时，可考虑采用轻便活动吊架，两端用尼龙绳固定在栏杆或人行道路缘石上。整套设置使用前应进行试载以确保安全。活动吊架如需多次使用可做成拼装式以便运输和存放。

晴天或多云天气下进行加载试验时，阳光直射下的应变测点应设置遮挡阳光的设备，以减小温度变化造成的观测误差。雨季进行加载试验时，则应准备仪器、设备等的防雨措施，以备不时之需。

桥下或桥头用活动房或帐篷搭设临时实验室安放数据采集等仪器，并供测试人员临时办公和看管设备之用。

3. 静载试验加载位置的放样和卸载位置的安排

静载试验前应在桥面上对加载位置进行放样，以便于加载试验的顺利进行。如加载工况较少，时间允许，可在每次工况加载前临时放样。如加载工况较多，则应预先放样，且用不同颜色的标志区别不同加载工况时的荷载位置。

4. 试验人员组织及分工

桥梁的荷载试验是一项技术性较强的工作，应组织专门的桥梁试验队伍来承担。试验人员应能熟练掌握所分管的仪器设备，读数快速而精确。试验队伍应设总指挥 1 人，其他人员的配备视具体情况而定。

5. 其他准备工作

加载试验的安全设施、供电照明设施、通信联络设施、桥面交通管制等工作应根据荷载试验的需要进行准备。

二、加载方案和测点设置

（一）加载方案与实施

1. 试验荷载工况的确定

为了满足鉴定桥梁承载力的要求，荷载工况选择应反映桥梁设计的最不利受力状态，简单结构可选 1～2 个工况，复杂结构可适当多选几个工况，但不宜过多。进行各荷载工况布置时可参照截面内力（或变形）影响线进行。下面给出常见的桥型荷载工况。

（1）简支梁桥。

跨中最大正弯矩工况、1/4 最大正弯矩工况、支点最大剪力工况、桥墩最大竖向反力工况。

（2）连续梁桥

主跨跨中最大正弯矩工况、主跨支点负弯矩工况、主跨桥墩最大竖向反力工况、主跨支点最大剪力工况、边跨最大正弯矩工况。

（3）悬臂梁桥（T 形刚构桥）

支点（墩顶）最大负弯矩工况、锚固孔跨中最大正弯矩工况、支点（墩顶）

最大剪力工况、挂孔跨中最大正弯矩工况。

（4）无铰拱桥

跨中最大正弯矩工况、拱脚最大负弯矩工况、拱脚最大推力工况、正负挠度绝对值之和最大工况。

（5）刚架桥（包括斜腿刚架和刚架—拱式组合体系）

跨中截面最大弯矩工况、柱腿截面最大应力工况、节点附近截面最大应力工况。

（6）悬索桥

主梁扭转变形工况、主梁控制截面位移或挠度工况、塔顶最大水平变位工况、塔柱底截面最大应力工况、钢索（主缆、吊索）最大拉力。

（7）斜拉桥

主梁跨中最大正弯矩工况、主梁最大负弯矩工况、主塔塔顶顺桥向最大水平位移工况、斜拉索最大索力工况、主梁最大挠度工况。

另外，对桥梁施工中的薄弱截面或缺陷修补后的截面可以专门进行荷载工况设计，以检验该部位或截面对结构整体性能的影响。

使用车辆加载而又未安排动载试验项目时，可在静载试验项目结束后，将加载车辆（多辆车则相应地进行排列）沿桥长慢速行驶一趟，以全面了解荷载作用于桥面不同部位时结构的承载状况。

动载试验一般安排标准汽车车列（对小跨径桥也可用单车）在不同车速时的跑车试验，跑车速度一般定为 5 km/h、10 km/h、20 km/h、30 km/h、40 km/h、50 km/h。另外，如需测定桥梁承受活载水平力性能，要做车辆制动试验，为测定桥梁自振频率要做跳车后的余振观测，并在无荷载时进行脉动观测。

2. 试验荷载等级的确定

（1）控制荷载的确定

为了保证荷载试验的效果，必须先确定试验的控制荷载，控制桥梁设计的荷载有几种：汽车和人群（标准设计荷载）、挂车和履带车（标准设计荷载）、需通行的特殊重型车辆。

分别计算以上几种荷载对结构控制截面产生的内力（或变形）的最不利值，进行比较，取最不利值对应的荷载作为控制荷载。因为挂车和履带车不计冲击力，所以动载试验以汽车荷载作为控制荷载。

荷载试验应尽量采用与控制荷载相同的荷载，而组成控制荷载（标准设计荷载）的车辆是由运管车辆统计而得的概率模型。当客观条件有限，采用的试验荷载与控制荷载有差别时，为保证试验效果，在选择试验荷载大小和加载位置时采用静载试验效率、动载试验效率进行控制。

（2）静载试验效率

静载试验率为：

$$\eta_v = \frac{S_S}{S(1+\mu)}$$

式中：S_S 为静载试验荷载作用下，某一加载试验项目对应的加载控制截面内力或位移的最大计算效应值；S 为控制荷载产生的同一加载控制截面内力或位移的最不利效应计算值；μ 为按规范取用的冲击系数值，平板挂车、履带车、重型车辆，取 $\mu = 0$。

（3）动载试验效率

动载试验的效率为：

$$\eta_d = \frac{S_d}{S_{l\max}}$$

式中：S_d 为动载试验荷载作用下控制截面最大内力或变形；$S_{l\max}$ 为控制荷载作用下控制截面最大内力或变形（不计冲击）；η_d 为宜取高值，但不应超过 1。

3. 静载加载分级与控制

为了加载安全和了解结构应变和变位随试验荷载增加的变化关系，对桥梁荷载试验的各荷载工况的加载应分级进行。

（1）分级控制的原则

当加载分级较为方便时，可按最大控制截面内力荷载工况分为 4 ~ 5 级。当使用载重车加载，车辆称重有困难时，也可分成 3 级加载。当桥梁的调查和验算工作不充分或桥况较差时，应尽量增多加载分级。如限于条件，加载分级较少时，应注意每级加载时，车辆荷载逐辆缓缓驶入预定加载位置，必要时可在加载车辆未到达预定加荷位置前分次对控制测点进行读数以确保试验安全。在安排加载分级时，应注意加载过程中其他截面内力也应逐渐增加，且最大内力不应超过控制荷载作用下的最不利内力。根据具体条件决定分级加载的方法，最好每级加载后卸载，也可逐级加载达到最大荷载后逐级卸载。

（2）车辆荷载加载分级的方法

逐渐增加加载车数量；先上轻车后上重车；加载车位于内力影响线的不同部位；加载车分次装载重物。以上各法也可综合采用。

（3）加卸载的时间选择

为了减少温度变化对试验造成的影响，加载试验时间以晚10时至晨6时为宜，尤其是采用重物直接加载，加卸载周期比较长的情况下，只能在夜间进行试验。对于采用车辆等加卸载迅速的试验方式，如夜间试验照明等有困难，也可安排在白天进行试验，但在晴天或多云的天气下进行加载试验时每一加卸载周期所花费的时间不宜超过20 min。

（4）加载分级的计算

根据各荷载工况的加载分级按弹性阶段计算结构各测点在不同荷载等级下计算变位（或应变），以便对加载试验过程进行分析和控制。计算采用的材料弹性模量，如已做材料试验则用实测值，未做材料试验的可按规范规定取值。

4.加载设备的选择

静载试验加载设备可根据加载要求及具体条件选用，一般有以下两种加载方式。

（1）自行式车辆

可选用装载重物的汽车或平板车，也可就近利用施工机械车辆。选择装载的重物时要考虑车厢能否容纳得下，装载是否方便。装载的重物应置放稳妥，以避免车辆行驶时因摇晃而改变重物的位置。

采用车辆加载优点很多，如便于调运和加载布置，加卸载迅速等。采用汽车荷载既能做静载试验又能做动载试验，这是较常采用的一种方法。

（2）重物直接加载

一般可按控制荷载的着地轮迹先搭设承载架，再在承载架上堆放重物或设置水箱进行加载，如加载仅为满足控制截面内力要求，也可采取直接在桥面堆放重物或设置水箱的方法加载。承载架的设置和加载物的堆放应安全、合理，能按要求分布加载重量，并不使加载设备与桥梁结构共同承载而形成"卸载"现象。

重物直接加载准备工作量大，加卸载所需周期一般较长，交通中断时间也较长，且试验时温度变化对测点的影响较大，因此宜安排夜间进行试验。

另外，其他一些加载方式也可根据加载要求因地制宜采用。

5. 加载物的称重

可根据不同的加载方法和具体条件选用以下方法，对加载物进行称量。

（1）称重法

当采用重物直接在桥上加载时，可将重物化整为零称重后按逐级加载要求分堆置放，以便加载取用；当采用车辆加载时，可将车辆逐辆开上称重台进行称重，如没有现成可供利用的称重台，可自制专用称重台进行称重。

（2）体积法

如采用水箱加载，可通过测量水的体积来换算水的重量。

（3）综合计算法

根据车辆出厂规格确定空车轴重（注意考虑车辆配件的更换和添减，汽油、水、乘员重量的变化），再根据装载重物的重量及其重心将其分配至各轴。装载物最好采用规则外形的物体整齐码放或采用松散均匀材料在车厢内摊铺平整，以便准确确定其重心位置。

无论采用何种方法确定加载物重量，均应做到准确可靠，其称重误差最大不得超过 5%。最好能采用两种称重方法互相校核。

（二）测点设置

1. 主要测点的布设

测点的布设不宜过多，但要保证观测质量。有条件时，同一测点可用不同的测试方法进行校对，一般情况下，对主要测点的布设应能控制结构的最大应力（应变）和最大挠度（或位移）。四种常用桥梁体系的主要测点布设如下：

①简支梁桥：跨中挠度，支点沉降，跨中截面应变。

②连续梁桥：跨中挠度，支点沉降，跨中和支点截面应变。

③悬臂梁桥：悬臂端部挠度，支点沉降，支点截面应变。

④拱桥：跨中，$l/4$ 处挠度，拱顶，$l/4$ 和拱脚截面应变。

挠度观测测点一般布置在桥中轴线位置。截面抗弯应变测点应设置在截面横桥向应力可能分布较大的部位，沿截面上、下缘布设，横桥向测点设置一般不少于 3 处，以控制最大应力的分布。

当采用测点混凝土表面应变的方法来确定钢筋混凝土结构中钢筋承受的拉力时，考虑到混凝土表面已经和可能产生的裂缝对观测的影响，测点的位置应合理进行选择。如凿开混凝土保护层直接在钢筋上设置拉应力测点，则在试验完成后必须修复保护层。

2. 其他测点的布设

根据桥梁调查和检算的情况，综合考虑结构特点和桥梁目前状况等可适当加设几类测点：挠度沿桥长或沿控制截面桥宽方向分布；应变沿控制截面桥宽方向分布；应变沿截面高分布；组合构件的结合面上、下缘应变；墩台的沉降、水平位移与转角，连拱桥多个墩台的水平位移；剪切应变；其他结构薄弱部位的应变；裂缝的监测测点。

一般应实测控制断面的横向应力增大系数，当结构横向联系构件质量较差，连接较弱时，必须测定控制截面的横向应力增大系数或横向分布系数。简支梁桥跨中截面横向应力增大系数的测定，既可采用观测跨中沿桥宽方向应变变化的方法，也可采用观测跨中沿桥宽方向挠度变化的方法来进行计算，或用两种方法互校。

对于剪切应变测点，一般应采取设置应变花的方法进行观测。为了方便，对于梁桥的剪应力也可在截面中性轴处主应力方向设置单一应变测点来进行观测。梁桥的实际最大剪应力截面应设置在支座附近而不是支座上。

3. 温度测点的布设

选择与大多数测点较接近的部位布设 1～2 处气温观测点。另外，根据需要可在桥梁主要控制截面布设一些构件表面温度观测点。

三、静载试验

静载试验应在现场统一指挥下按计划有秩序地进行。首先，检查不同分工的测试人员是否各司其职；交通管理、加载（或司机）和联络人员是否到位；加载设备、通信设备和电源（包括备用电源）是否准备妥当；加载位置测点放样和测试仪器安装是否正确。其次，调试仪器（自动记录时对测试仪表数据采集和记录设备进行连接），利用过往车辆（或初试荷载）检查各测点的观测值的规律性，使整个测试系统进入正常工作状态。最后，记录气候天气情况和试验开始时间，进行正式试验。

（一）试验观测与记录

1. 温度稳定观测

仪表安装完毕后，一般在加载试验之前应对各测点进行一段时间的温度稳定观测，中间可每隔 10 min 读数一次。观测时间应尽量选择在加载试验时外界气候条件对观测造成误差的影响范围内，用于测点的温度影响修正。

2. 仪表的测读与记录

人工读表时，仪表的测读应准确、迅速，并记录在专门的表格上，以便于资料的整理和计算。记录者应对所有测点量测值变化情况进行检查，看其变化是否符合规律，尤其应着重检查第一次加载时量测值变化情况。对工作反常的测点，应检查仪表安装是否正确，并分析其他可能影响其正常工作的因素，及时排除故障。对于控制测点，应在故障排除后重复一次加载测试项目。

当采用仪器自动采集数据记录时，应对控制点的应变和位移进行监控，测试结果规律异常时，应查明原因采取补救措施。

3. 裂缝观测

加载试验中裂缝观测的重点是结构承受拉力较大部位及旧桥原有裂缝较长、

较宽的部位。在这些部位应测量裂缝长度、宽度，并在混凝土表面沿裂缝走向进行描绘。加载过程中观测裂缝长度及宽度的变化情况，可直接在混凝土表面进行描绘记录，也可采用专门表格记录。加载至最不利荷载及卸载后应对结构裂缝进行全面检查，尤其应仔细检查是否产生新的裂缝，并将最后检查情况填入裂缝观测记录表，必要时可将裂缝发展情况绘制在裂缝展开图上。

（二）加载实施与控制

1. 加载程序

加载应在指挥人员指挥下严格按计划程序进行。采用重物加载时按荷载分级逐级施加，每级荷载堆放位置准确、整齐稳定。荷载施加完毕后，逐级卸载。采用车辆加载时，先由零载加至第一级荷载，卸载至零载；再由零载加至第二级荷载，卸至零载……，直至所有荷载施加完毕（有时为了确保试验结果准确无误，每一级荷载重复施加 1~2 次），每一级荷载施加次序为纵向先施加重车，后施加两侧标准车；横向先施加桥中心的车辆，后施加外侧的车辆。

2. 加载稳定时间控制

为控制加卸载稳定时间，应选择一个控制观测点（如简支梁桥的跨中挠度或应变测点），在每级加载（或卸载）后立即测读一次，计算其与加载前（或卸载前）测读值之差值 S_g，然后每隔 2 min 测读一次，计算 2 min 前后读数的差值 ΔS，并按下式计算相对读数差值 m：

$$m = \frac{\Delta S}{S_g}$$

当 m 值小于 1% 或小于量测仪器的最小分辨值时即认为结构基本稳定，可进行各观测点读数。但当进行主要控制截面最大内力荷载工况加载程序时，荷载在桥上稳定时间应不少于 5 min，对尚未投入营运的新桥应适当延长加载稳定时间。

某些桥梁如拱桥，有时当拱上建筑或桥面系参与主要承重构件的受力时，因连接较弱或变形缓慢，测点观测值稳定时间较长，如结构的实测变位（或应变）值远小于计算值，可将加载稳定时间定为 20~30 min。

3. 加载试验过程的观察

加载试验过程应对结构控制点位移（或应变）、结构整体行为和薄弱部位破损进行实时监控，并将结果随时汇报给指挥人员作为控制加载的依据。随时将控制点位移与计算结果比较，如实测值超过计算值较多，则应暂停加载，待查明原因再决定是否继续加载。试验人员如发现其他测点的测值有较大的反常变化也应查找原因，并及时向试验指挥人员报告。加载过程中应指定人员随时观察结构各部位可能产生的新裂缝，注意观察构件薄弱部位是否有开裂、破损，组合构件的结合面是否有开裂错位，支座附近混凝土是否开裂，横隔板的接头是否拉裂，结构是否产生不正常的响声，加载时墩台是否发生摇晃现象等。如发生这些情况，应报告试验指挥人员，以便采取相应的措施。

4. 终止加载控制条件

发生下列情况，应中途终止加载：控制测点应力值已达到或超过计算值；控制测点变位（或挠度）超过计算值；结构裂缝的长度、缝宽或数量明显增加；实测变形分布规律异常；桥体发出异常响声或发生其他异常情况；斜拉桥或吊索（杆）索力增量实测值超过计算值。

四、结构动载试验

桥梁结构承受车辆、人群、风力和地震等动力荷载作用而产生振动，桥梁在动力荷载作用下的受力分析是桥梁结构分析的又一重要任务。桥梁的振动问题影响因素复杂，仅靠理论分析还不能满足工程应用的需要，需要用理论分析与试验测试相结合的方法解决，桥梁动载试验就成为解决该问题必不可少的手段。桥梁的动力特性（频率、振型和阻尼比）是评定桥梁承载力状态的重要参数，随着我国道路桥梁检验评定制度的推行，桥梁动载试验会将越来越受到重视。

结构振动问题涉及振动源（输入）、结构（系统）和响应（输出），它们的关系为：振动源（输入）→结构（系统）→响应（输出）

在结构振动问题中输入、系统和输出中知其中两者，可以求第三者，所以桥梁的动载试验可以划分为三类基本问题：测定桥梁荷载的动力特性（数值、方向、频率等）；测定桥梁结构的动力特性（自振频率、阻尼、振型等）；测定桥梁在动荷载作用下的响应（动位移、动应力等）。

桥梁的振动试验涉及的范畴很宽，如模拟地震试验、抗风试验、疲劳试验等。常见的测试有桥梁结构动力特性和动载响应的试验与分析。

（一）桥梁动载试验的测试仪器

桥梁动载的测试仪器包括测振传感器、信号放大器、光线示波器、磁带记录仪和数字信号处理机。近年来，振动信号分析处理技术发展很快，已开发出多种 A/D 转换器和微机相结合的数据采集和分析一体化的智能仪器，可以进行实时数据采集分析，并能实现数据储存，有取代磁带记录仪和专用信号处理的趋势，但还有待普及。

1.测振传感器（拾振器）

（1）基本原理

振动参数有位移、速度和加速度。测量这些振动参数的传感器有许多种类。

但由于振动测量的特殊性，如测量时难以在振动体附近找到一个静止点作为测量的基准点，因此就需要使用惯性式测振传感器。通常所指的测振传感器即为惯性式测振传感器（以下简称"测振传感器"）。

测振传感器的基本原理为：由惯性质量、阻尼和弹簧组成一个动力系统，这个动力系统固定在振动体上（传感器的外壳固定在振动体上），与振动体一起振动。通过测量惯性质量相对于传感器外壳的运动，就可以得到振动体的振动参量（图 9-4）。由于这是一种非直接的测量方法，因此这个传感器动力系统的动力特性对测量结构具有很重要的影响。

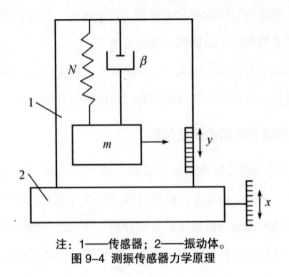

注：1——传感器；2——振动体。
图 9-4 测振传感器力学原理

测振传感器除了要通过惯性质量、弹簧和阻尼系统感受振动外，还要将感受到的振动信号通过各种方式转换成电信号，转换方式有磁电式、压电式、电阻应变式等。传感器所测的振动量通常是以位移、速度和加速度等为参考，按它们的转换方式和所测振动量可以分成很多种类。以下简要介绍磁电式速度传感器和压电式加速度传感器。

（2）磁电式速度传感器

磁电式速度传感器是根据电磁感应的原理制成的，特点是灵敏度高，性能稳定，输出阻抗低，频率响应有一定宽度。调整质量、弹簧和阻尼系统的动力参数，可以使传感器既能测量非常微弱的振动，也能测量比较强的振动。

图 9-5 为磁电式速度传感器，其中磁钢和外壳相固连，并通过外壳安装在振动体上，与振动体一起振动；芯轴和线圈组成传感器的系统质量，通过弹簧片（系统弹簧）与外壳连动。

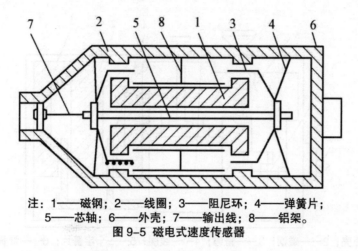

注：1——磁钢；2——线圈；3——阻尼环；4——弹簧片；
　　5——芯轴；6——外壳；7——输出线；8——铝架。
图 9-5　磁电式速度传感器

振动体振动时，系统质量与传感器壳体之间发生相对位移，因此线圈与磁钢之间也发生相对运动。根据电磁感应定律，感应电动势的 E 大小为：

$$E=B \cdot l \cdot n \cdot v$$

式中：E——线圈所在磁钢间隙的磁感应强度；l——每匝线圈的平均长度；n——线圈匝数；v——线圈相对于磁钢的运动速度，即系统质量相对于传感器壳体的运动速度。

从中可以看出，对于传感器来说，B、l、n 是常量，所以传感器的电压输出（感应电动势 E）与相对运动速度 v 成正比。

图 9-6 为摆式测振传感器。它的质量弹簧系统设计成转动的形式，因而可以获得更低的仪器固有频率。摆式传感器可以测垂直方向和水平方向的振动，它也是磁电式传感器，输出电压与相对运动速度成正比。

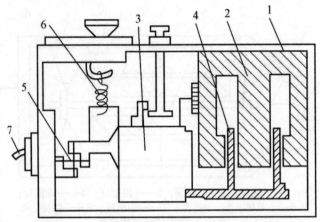

注：1——外壳；2——磁钢；3——重锤；4——线圈；5——十字簧片；6——弹簧；7——输出线。

图 9-6 摆式传感器

磁电式测振传感器的主要技术指标为：

①传感器质量弹簧系统的固有频率。它直接影响传感器的频率响应，固有频率取决于质量的大小和弹簧的刚度。

②灵敏度。传感器在测振方向受到一个单位振动速度时的输出电压。

③频率响应。当所测振动的频率变化时，传感器的灵敏度、输出的相位差等也随之变化，这个变化的规律称为传感器的频率响应。一个阻尼值只有一条频率响应曲线。

④阻尼。传感器的阻尼与频率响应有很大关系，磁电式测振传感器的阻尼比通常设计成 0.5 ~ 0.7。

磁电式传感器输出的电压信号一般比较微弱，需要用电压放大器进行放大。

（3）压电式加速度传感器

从物理学可知，当一些晶体材料受到压力并产生机械变形时，在其相应的两个表面上会出现异号电荷，当去掉外力后，晶体又重新回到不带电的状态，这种现象称为压电效应。压电式加速度传感器就是利用晶体的压电效应制成的，其特点是稳定性高、机械强度高，并能在很宽的温度范围内使用，但灵敏度较低。

图 9-7 为压电式加速度传感器的结构，压电晶体片上是质量块，用硬弹簧将它们夹紧在基座上。质量弹簧系统的弹簧刚度由硬弹簧的刚度和压电晶体片的

刚度组成，刚度很大，质量块的质量较小，因而质量弹簧系统的固有频率很高，可达数千赫兹，高的甚至可达 100 ～ 200 kHz。

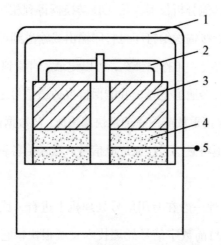

注：1——外壳；2——硬弹簧；3——质量块；4——压电晶体片；5——输出端。
图 9-7 加速度传感器的结构原理

由前面的分析可知，当传感器的固有频率远远大于所测振动的频率时，质量块相对于外壳的位移就反映所测振动的加速度。质量块相对于外壳的位移乘上压电晶体片的刚度就是作用在压电晶体片上的动压力。这个动压力与压电晶体片两个表面所产生的电荷量（或电压）成正比，因此可以通过测量压电晶体片的电荷量来得到所测振动的加速度。

2. 磁带记录仪

磁带记录仪是一种常用的较理想的记录器，可以用于振动测量和静力试验的数据记录，它将电信号转换成磁信号并记录在磁带上，得到的是试验变量与时间的变化关系。

磁带记录仪由磁带、磁头、磁带传动机构、放大器和调制器等组成。

记录时，从传感器来的信号输入磁带记录仪中，经过放大器和调制器的处理，通过记录磁头把电信号转换成磁信号，记录在以规定的速度做匀速运动的磁带上。重放时，使记录有信号的磁带按原来记录时的速度（也可以改变速度）做匀速运动，通过重放磁头从磁带"读出"磁信号，并转换成电信号，经过放大器和调制器的处理，输出给其他仪器。磁带记录仪的记录方式有模拟式和数字式两种，对记录数据进行处理应采用不同的方法。用模拟式记录的数据，可通过重放把信号输送给 X–Y 记录仪或光线示波器等，用前面所提到的方法，得到相应的数值；或者可把信号输送给其他分析仪器，用 A/D 转换器得到相应的数值。用数字式记录仪记录的数据，可直接输送给打印机打印输出或输送到计算机等。

磁带记录仪的特点是：工作频带宽，可以记录从直流到 2 MHz（DC—2 MHz）的信号；可以同时进行多通道记录，并能保持多通道信号之间正确的时间和相位关系；可以快速记录慢速重放或慢速记录快速重放，使数据记录和分析更加方便；通过重放可以很方便地将磁信号还原成电信号，输送给各种分析仪器。

3. 信号处理机

动态信号数据处理一般在专用信号处理机上进行，或利用数据处理软件在通用计算机上进行。目前数字信号处理技术发展很快，它以 FFT 的硬件和专用软件为基础，可以在幅值域、时域、频域方面对各种类型的信号进行处理。图 9–8 给出一般数字信号处理机的组成图。输入信号首先通过低通抗混淆滤波器和前置放大器，其次经过模数转换器，将模拟电信号转换成数字信号输入给计算机，在数据处理硬件和软件支持下进行各种数据处理，最后将分析结果显示在屏幕上或通过打印机（绘图仪）打印出来。功能较全的数据处理机还应配备磁盘驱动器、输入和输出接口及不同算法语言编制的专用程序。信号分析处理已是一门独立的学科专业，广泛用于建筑、通信、气象、医疗等行业。信号处理机的规格型号也很多，如 HP3562A、BK2034、7T18S、CF–500，一般数据处理机由专人操作使用，进行桥梁动态信号分析时，可以根据条件和需要选用。

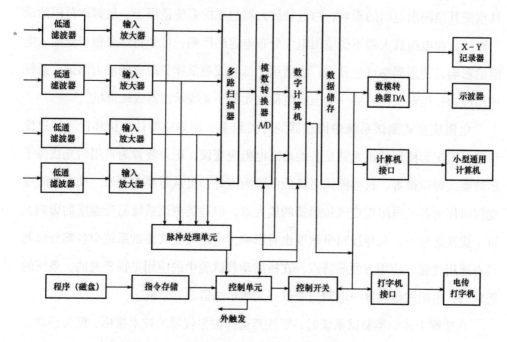

图 9-8 数字信号处理机的组成

4. 测试系统的选配

根据常用的一些测振仪器的性能，一般可构成电磁式测试系统、压电式测试系统和电阻应变式测试系统三种测试系统。

电磁式测试系统在桥梁的动力测试中应用较为普遍，这类系统通过仪器的组合变换可测位移、速度和加速度。电磁式测试系统的特点是输出信号强、灵敏度高、稳定性好、传感器输出阻抗低、长导线的影响较小，因此抗干扰性能好。系统的组成为电磁式传感器→信号放大器→记录装置。

压电式测试系统一般用于测量加速度。由于压电式传感器具有高输出阻抗的特性，要求与输入阻抗很高的放大器相连。因此，放大器输入阻抗的大小将对测试系统的特性产生重大影响。由于压电式传感器自振频率较高，因此可测频率响应较宽，但系统抗干扰性差。长导线对阻抗影响较大，易受电磁场干扰。配套的前置放大器有两种基本形式：一种是电压放大器，它的输出电压与输入电压成正比；另一种是电荷放大器，它的输出电压与压电传感器输出电荷成正比。这两种前置放大器各具特点，电压放大器的输出电压受输出电缆长度的影响，低频特性也受其他输出电阻的影响，由这种放大器组配的系统适用于一般频率范围的动力测试。而电荷放大器不受输出电缆分布电容的影响，低频特性也很少受输入电阻的影响，使用频率可达到零，它适用于低频或超低频长距离的动力测试。系统的组成为：压电式传感器→电压或电荷放大器→光线示滤器或磁带机。

电阻应变式测试系统中传感器的种类较多，例如应变计、位移计、加速度计等，需配套使用的放大器是各类动态电阻应变仪，记录装置为常用的光线振子示波器或磁带机等，这类测试系统的低频响应好，可从零赫兹开始。动态电阻应变仪可作为各类电阻应变式传感器的放大器，但这类测试系统易受温度的影响，抗干扰性能较差，长导线对灵敏度也有影响。电阻应变式测试系统中各部分仪器具有通用性强、应用方便等特点，在桥梁动载试验中的应用是很普遍的。系统的组成为：电阻式传感器→电阻应变仪→光线示滤器或磁带机。

在选配上述三类测试系统时，要注意选择测振仪器的技术指标，使传感器、放大器和记录仪器的灵敏度、动态范围、频率响应和幅值范围等技术指标合理配套，以保证测试结构的准确性和可靠性。

（二）桥梁动载试验的激振方法

在进行桥梁动载试验时，要先设法使桥梁产生一定的振动，然后应用测振仪器加以测试和记录，通过对记录的振动信号进行分析，得到桥梁的动力特性和响应。可用于桥梁动载试验的激振方法很多，应根据被测桥梁的结构形式和刚度大小选择激振效果好、易于实施的方法。

1. 自振法（瞬态激振法）

自振法的特点是使桥梁产生有阻尼的自由衰减振动，记录的振动图形是桥梁的衰减振动曲线。为使桥梁产生自由振动，一般常用突然加荷载法和突然卸荷载法两种方法。

（1）突然加荷载法（冲击法）

在被测结构上急速施加一个冲击作用力，由于施加冲击作用的时间短促，因此施加于结构的作用实际上是一个冲击脉冲作用。由振动理论可知，冲击脉冲的动能传递到结构振动系统的时间要小于振动系统的自振周期，并且冲击脉冲一般都包含从零到无限大的所有频率的能量，它的频谱是连续谱，只有被测结构的固有频率与之相同或很接近时，冲击脉冲的频率分量才对结构起作用，从而激起结构以其固有频率做自由振动。

对于中、小型桥梁结构，可用落锤激振器（或枕木）垂直冲击桥梁，激起桥梁竖直方向的自由振动。如果水平方向冲击桥面缘石，则可激起横向振动。图9-9 所示为工程界常用的落锤激振器的构造图。

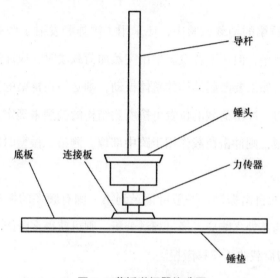

图 9-9 落锤激振器构造图

工程界常利用试验车辆在桥面上驶越三角垫木，利用车轮的突然下落对桥梁产生冲击作用，激起桥梁的竖向振动。但此时所测得的结构固有频率包括了试验车辆这一附加质量的影响。图 9-10 所示为试验用解放载重汽车后轮在跨度为25 m 的预应力混凝土简支梁桥的跨中位置越过 15 cm 高三角垫木后，激起桥跨结构的振动波形记录。

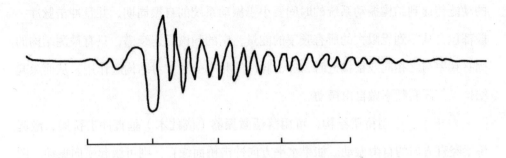

图 9-10 跳车引起的结构振动图形

近年来，在桥梁的动载试验中，还采用了爆炸和发射小型火箭产生脉冲荷载等办法来进行激振，但还不普及。采用突然加荷载法时，应注意冲击荷载的大小及其作用位置。如果要激起结构的整体振动，则必须在桥梁的主要受力构件上施加足够的冲击力，冲击荷载的位置可按所测结构的振型来确定，如为了获得简支梁桥的第一振型，则冲击荷载作用于跨中部位，测第二振型时冲击荷载应加于跨度的1/4处。

冲击法引起的自由振动，一般可记录到第一固有频率的振动图形。如用磁带记录仪录取结构某处之响应，通过频谱分析，则可获得多阶固有频率的参数。

（2）突然卸荷载法（位移激振法）

采用突然卸荷载法时，在结构上预先施加一个荷载作用，使结构产生一个初位移，然后突然卸去荷载，利用结构的弹性性质使其产生自由振动。图 9-11 为卸载法的激振装置。

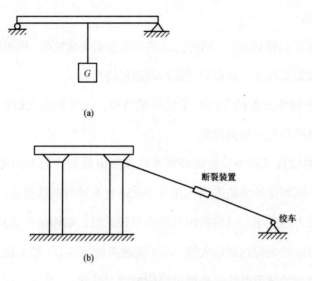

图 9-11 卸载法试验装置

为卸落荷载，可通过自动脱钩装置或剪绳索等方法，有时也专门设计一种断裂装置，当预施加力达到一定的数值时，在绳索中间的断裂装置便突然断裂，从而激起结构的振动。突卸荷载的大小要根据所需最大振幅计算求出。

2. 共振法（强迫振谐法）

激振设备有机械式激振器、电磁式激振器和电气液压式振动台。

共振法是利用激振器，对结构施加激振力，使结构产生强迫振动，改变激振力的频率而使结构产生共振现象，并借助共振现象来确定结构的动力特性。

激振器在结构上安装位置和激振方向要根据试验的要求和目的而定。使用时，激振器应牢固地固定于结构上，由底座将激振器产生的交变激振力传给结构。如果将两台激振器安放于结构的适当位置上，反向激振，则可进行扭转振动试验。

连续改变激振器的频率，当激振力的频率与结构的固有频率相等时，结构出现共振现象，此时所记录到的频率即为结构的固有频率。

对于较复杂的结构，有时需要知道基频以后的几个频率。此时可以连续改变激振力的频率，进行"频率扫描"，使结构连续出现第一次共振、第二次共振……，同时记录结构的振动图形，由此可得到结构的第一频率（基频）、第二频率……在此基础上，再在共振频率附近进行稳定的激振试验，则可准确地测定结构的固有频率与振型。

在上述频率扫描试验时，同时记录结构的振幅变化情况，则可做出共振曲线，即频率—振幅关系曲线，从而确定结构的阻尼特性。

对于自振频率较低的大跨度柔性桥梁结构，也可利用人群在桥面上做有规律的运动，使结构发生共振现象。

在桥梁的动载试验中，常用载重车队按照由低到高的不同速度驶过桥梁，使结构产生不同程度的强迫振动。在若干次运行车辆荷载试验中，当某一行驶速度产生的激振力的频率与结构的固有频率相接近时，结构便产生共振现象，此时结构各部位的振动响应达到最大值。在车辆驶离桥跨以后，结构做自由衰减振动，这时可由记录到的波形曲线分析得出结构的动力特性。

3. 脉动法

对于大跨度悬吊结构，如悬索桥、斜拉索桥跨结构、塔墩，以及具有分离式拱肋的大跨度下承式或中承式拱桥，可利用结构由于外界各种因素所引起的微小而不规则的振动来确定结构动力特性。这种微振动通常称为"脉动"，它是由附近的车辆、机器等振动或附近地壳的微小破裂和远处的地震传来的脉动产生的。

结构的脉动有一重要特性，就是它能明显地反映出结构的固有频率。因为结构的脉动是外界不规则的干扰引起的，因此它具有各种频率成分，而结构的固有频率的谐量是脉动的主要成分，在脉动图上可直接量出。

如果在结构不同部位同时进行检测，记录在同一记录纸上，读出同一瞬时各测点的振幅值，并注意它们之间的相位关系，则可分析得到某一固有频率的振型。

在桥梁结构的正常运营条件下，经常作用于结构上的动力荷载是各类车辆荷载，在进行桥梁的动载试验中，应先考虑采用车辆荷载作为试验荷载，以便确定桥梁在使用荷载作用下的动力特性及响应。对需要考虑风动荷载或地震荷载的桥梁，应结合桥梁的结构形式做进一步的研究。

第十章　道路桥梁工程试验检测中典型仪器设备技术的应用

第一节　落锤式弯沉仪的应用

落锤式弯沉仪（falling weight defletometer，FWD）是利用重锤自由落下的瞬间产生的冲击荷载测定弯沉，其主要用途为测试公路路基、路面基层和路面结构层的弯沉，并可用于检测水泥混凝土路面脱空情况等。落锤式弯沉仪目前尚无公开发布的产品标准，其技术指标应满足《公路路基路面现场测试规程》（JTG 3450—2019）中有关设备参数的要求。落锤式弯沉仪主要由路面加荷发生装置、弯沉测试装置、数据记录系统和车辆牵引装置四部分组成。落锤式弯沉仪的落锤和缓冲器可以进行装配，提供两种不同尺寸的加载板，一种直径为 300 mm，一种直径为 450 mm。系统有荷载传感器，能够准确地测出垂直施加到加载板上的力，荷载传感器的示值误差一般为 1 kPa。每次测试，系统一般可提供超过 7 个独立的电子组件弯沉测试仪及对应独立的弯沉测试通道，用来记录数据。该设备不仅能检测弯沉和弯沉盆，通过计算软件还可反算路面结构层模量。最大测试弯沉可达到 2.5 mm，弯沉传感器分辨率一般可达到 1 μm。

一、量值溯源

（一）技术依据

目前，落锤式弯沉仪并无可直接依据的计量检定规程，使用单位可依照中华人民共和国交通运输部发布的《公路路基路面现场测试规程》中对该类型设备的技术要求执行。

（二）落锤式弯沉仪与弯沉仪的对比试验

1. 路段选择

按照《公路路基路面现场测试规程》的要求，选择结构类型完全相同的路段，针对不同地区选择某种路面结构的代表性路段，进行两种测定方法的对比试验，以便将落锤式弯沉仪测定的动弯沉换算成弯沉仪（又称"贝克曼梁"）测定的回弹弯沉值。选择的对比路段长度 300 ~ 500 m，弯沉值应有一定的变化幅度。

2. 对比试验

①采用与实际使用相同且符合要求的落锤式弯沉仪与弯沉仪测定车。落锤式弯沉仪的冲击荷载应与弯沉仪测定车的后轴双轮荷载相同。②用油漆标记对比路段起点位置。③在测试路段的路基或路面各层表面布置测点，其位置或距离随测试需要而定。当在路面表面测定时，测点宜布置在行车道的轮迹带上。测试时，还可以利用距离传感器定位。测定车开走后，用粉笔以测定点为圆心，在周围画一个半径为 15 cm 的圆，标明测点位置。④将落锤式弯沉仪的承载板对准圆圈，位置偏差不超过 30 mm，按前述要求进行测定。两种设备对同一点弯沉测试的时间间隔不宜过短，以便路面结构恢复变形。⑤逐点对应计算两者的相关关系。⑥通过对比试验得出回归方程式 $L_b = a + b \cdot L_{FWD}$，式中 L_b、L_{FWD} 分别为落锤式弯沉仪、弯沉仪测定的弯沉值。回归方程式的相关系数 R 应不小于 0.95。

3. 对比结果处理

若对比试验的相关系数 R 大于 0.95，则认为该落锤式弯沉仪工作正常，其采集的数据有效，准予使用。

4. 检校周期

按照现行路面结构设计理论，落锤式弯沉仪测量结果需要与弯沉仪测值进行对比，进行相关性转换后，才能用于质量评定。但是，由于路面结构和材料、路基状况、温度、水文条件、路面使用状况不同，对比关系也会随之而变，为了提高数据的准确性，有关标准建议针对各种情况进行此项对比试验，并且线性回归分析需要不同水平的弯沉值，这些在实际工作中均难以实施，造成落锤式弯沉仪应用的尴尬局面。当前情况下，建议落锤式弯沉仪每次检测前，针对特定路面结构，开展上述对比试验，得出相关转换关系。

虽然也有研究建议利用多点弯沉盆数据，采用对数关系回归，提高转换关系的适用性，但成果远未达到应用的条件。随着我国柔性路面结构设计理论的发展，相信这方面会有所突破，落锤式弯沉仪的应用水平也将随之提高。

二、保养维护及注意事项

（一）车轮及制动系统

轮胎压力冬天应达到 0.22 MPa；检查所有轮胎的螺母是否拧紧；确保制动系统外露的所有螺母、螺栓、销套固定完好；每 5 000 km 应对惯性手制动系统润滑一次。手制动附近安置了两个注油孔。应使用高质量润滑油。

（二）落锤组件

通过荷载传感器插头上面的注油孔，对加载板旋转部分定期润滑。首先从地面提升加载板 10 cm，加入润滑油时摇摆加载板，尽可能使润滑油分布于转轴。其次使加载板安全降至地面，再加入一些润滑油，须使用高质量的润滑油。如果转轴上的润滑油被吹干，可能无法转动，这将损坏荷载传感器；检查荷载板的 4 个橡胶稳定装置是否断裂、损坏、缺失。通过 4 个注油孔定期对分离式荷载盘润滑；所有外露的螺母、螺钉应定期检查，如有必要重新拧紧；发动机的内表部件可用干型的喷洒式润滑油润滑；两个外侧的重锤导向轮可用干型的喷洒式润滑油润滑；重锤导向架上不应使用润滑油；检查升 / 降杆钢丝绳有无弯曲或断裂，并检查钢丝绳是否放置在两个导向轮上。检查升 / 降钢丝绳长度调整是否适合，固定夹具是否紧固。检查钢丝绳拉紧弹簧是否损坏；检查可移动式传感器的所有部件是否紧固，特别是底部的测量探头。

（三）电器／电气部件

检查拖车缓冲电池的酸液液面，必要时注入蒸馏水。电池端部夹具必须保持清洁并涂上防腐材料；至少每年检查一次电机电刷是否过量磨损。要由合格人员置换电刷；检查传感器确信它们安全固定密封，以使湿气不能从传感器后部穿入（传感器／金属的交界面）；检查两个压力开关 PS1 和 PS2 的保护橡胶帽，确保帽内的开关部件都涂上防腐材料，以防湿气进入开关触点元件。必要时予以更换；拖车内大电流保险盒应定期检查，看是否发生腐蚀。保险盒内部应涂上防腐材料。

第二节 反光标线逆反射系数测试仪的应用

道路交通标线是一种方便、简单、实用、经济的道路交通安全设施，它是由施划或者安装于道路上的各种线条、箭头、文字、图案，以及里面标记、实体标记、突起路标等所构成的交通设施。它的作用是向道路使用者传递有关道路的规则、警告、指引等信息，可以与标识配合使用或单独使用，实现分离交通、渠化平交路口交通、指示和预告前方路况、执法和守法依据的作用和功能。

我国有关标准对道路交通标线的颜色、虚线长度、标线宽度、标线厚度、标线的反光性和抗滑性做出了明确的要求。反光标线对高速公路行车的驾驶员安全非常重要。为此，《道路交通标线质量要求和检测方法》（GB/T 16311—2009）和《路面标线涂料》（JT/T 280—2004）都对反光标线夜间可见度的光学性能规定了技术指标。

逆反射是反射光从接近入射光的反方向返回的一种反射，当入射光方向在较大范围内变化时，仍能保持这种性质。逆反射材料是在暴露的表面或接近表面有一薄层连续的微小逆反射元的材料。国际上用逆反射系数来表示反光标线亮度，单位为 $med·lx^{-1}·m^{-2}$。其物理意义是：在单位光照条件下，单位面积上产生的亮度值。反光标线逆反射系数测试仪是测定反光标线光学性能的专用仪器，既可以用于实验室，也可以用于现场测量，一般由光源、接收器、光学系统、数据处理与指示单元、电源等部分组成。反光标线测试仪特点：满足全天候测量，白天、夜间、野外、室内等不同条件下均可使用；操作简单，以直观的数字显示出逆反射系数值；性能稳定，测量准确度高，配备标准版，采用资料传递方式进行标定；体积小，重量轻，携带方便；测量几何条件为观察角 1.05°，入射角 88.76°，应符合国家标准要求。

一、量值溯源

（一）技术依据

反光标线逆反射系数测试仪的检定校准按照《逆反射测量仪计量检定规程》[JJG（交通）059—2004] 的计量要求执行。

（二）检验内容及性能要求

反光标线逆反射系数测试仪检定／校准参数及性能要求如表 10-1 所示。

表 10-1　反光标线逆反射系数测试仪检定／校准参数及性能要求

序号	检定内容	性能要求
1	测量范围	不小于 $0.1 \sim 1\,999\text{med}\cdot\text{lx}^{-1}\cdot\text{m}^{-2}$
2	示值误差（重复性测量误差）	±5%
3	复现性测量误差	±5%

通用要求：型号、出厂编号、制造单位、制造日期、几何条件、测量范围、测量不确定度等。使用交流电源供电测试仪的机壳应接安全保护地线，并用单相三线插头连接到电源上，不应存在影响人身安全的缺陷。

二、注意事项

仪器如果出现故障，应及时与供货单位联系，一般不可自行拆修，以免造成不必要的损伤。每次测量结束后，一定要将光门按钮复位还原，并将仪器放入仪器箱中保存，防振、防水、防尘。当仪器光门开关未打开时，如按下测量按钮，也会出现数据，这个数据是仪器光源的监测数据，与实际测量无关。注意保护标准板的清洁，不要损伤。该仪器配备一个充电器。充电时，仪器侧面有一个充电开关。打开开关，指示灯亮，表示已经和内部电源接通，这时接上充电器即可充电，充电时间一般为 3～4 h。仪器长期不用时，须对仪器蓄电池进行充电维护，防止电池活度减弱。仪器有三个指示灯对仪器电源进行监测：绿灯亮表示电源工作正常；红灯亮表示电源电压低，这时需要对仪器充电；充电时，如果黄灯亮，表示电已充足，可以进行测量。

第三节　钢筋位置及保护层测试仪的应用

一、工作原理

应用电磁感应原理的钢筋位置及保护层测试仪主要由探头和主机组成。探头的核心部分是一个线圈，线圈和混凝土中的钢筋构成了一个相互作用的电磁模型，当主机信号源供给交变电流时，线圈向外界辐射出电磁场，钢筋在外界电磁场作用下产生沿钢筋分布的感应电流，该电流又向外界辐射出二次电磁场，使原激励线圈产生感应电动势，线圈的输出电压产生变化，钢筋位置测试仪根据此原理来确定钢筋位置和混凝土保护层厚度。

当钢筋位置测试仪探头位于钢筋正上方，即探头与钢筋的距离最小时，电动势具有极大值，因此可以通过对扫描信号峰值的判断来准确判定钢筋的位置，钢筋位置确定后即可定出钢筋的间距。

钢筋保护层厚度的检测信号幅值 E 与钢筋直径 D 和探头到钢筋的直线距离 L（保护层厚度）有关，$E = f(D, L)$。当钢筋直径已知时，信号幅值 E 仅与探头到钢筋的直线距离 L 有关，一般测定仪都预先标定出信号幅值与钢筋直线距离的关系。当钢筋直径未知时，采用同时检测钢筋直径和保护层厚度的方法，此时，测定仪已预先标定出每一种钢筋直径 D 的信号幅值 E 与钢筋距探头的直线距离 L 的关系式，并得到对应于直径 D 与距离 L 的信号幅值 E 的二维矩阵，用联立方程法或最小二乘法可解得所检测钢筋的直径和保护层厚度。钢筋保护层厚度测定原理如图 10-1 所示。

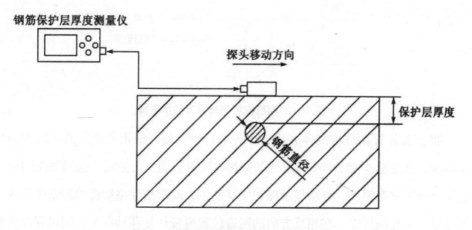

图 10-1 钢筋保护层厚度测定原理示意图

二、使用

以某款仪器为例，钢筋位置及保护层测试仪的操作要点如下所述。

（一）复位操作

将探头拿到空中，远离金属（至少距离金属 0.5 m）。在厚度测试、直径测试和扫描钢筋界面时，按下确定键进行复位操作，消除环境影响。约 3 s 后，屏幕上显示 "wait" 字样。字消失后，复位操作结束。此时可以进入正常检测状态，如果周围有较强的电磁场干扰，复位时间可能会稍长。注意不要在靠近钢筋的位置进行复位操作，否则会导致检测结果严重失真。

（二）单根钢筋定位和保护层厚度检测（已知钢筋直径）

将仪器取出，连接好探头。打开仪器电源，选择厚度测试功能，根据设计资料将钢筋直径设定为已知直径数值，设置本次检测的工程编号。将探头拿到空中，远离金属（至少距离 0.5 m），按下确定键进行复位操作，消除环境引入的影响。根据设计资料或经验确定钢筋走向，如果无法确定，应在两个正交方向多点扫描，以确定钢筋位置，如图 10-2 所示。

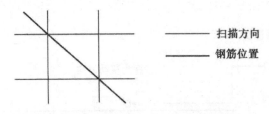

图 10-2 钢筋位置与扫描方向示意图

将探头放置在被检测体表面，探头平行于钢筋，沿钢筋走向的垂线方向匀速移动，速度应小于 20 mm/s。当探头到达被测钢筋正上方时，仪器发出鸣声，提示此处下方有钢筋，自动显示保护层厚度值，此时按存储键将检测结果存入当前设置的工程编号中。在相反方向的附近位置慢慢往复移动探头，同时观察屏幕右侧的两位数字值，出现最小值且信号值最大时的位置即是钢筋的准确位置，钢筋的中心和探头上菱形图案中心重合。

当保护层厚度值大于一定值时，探头检测信号比较微弱，此时为了减少误判，一般程序不对钢筋位置自动判定，需要用户根据当前值的变化规律来判定钢筋位置，我们将这种判定方式称为数值判定。观察屏幕右侧显示的两位小字体数值，当该值由大变小时，表示探头在逐渐靠近钢筋，继续移动探头，当该数字值开始由小变大时，表示探头在逐渐远离钢筋，在相反方向的附近位置慢慢往复移动探头，出现数字最小值且信号值最大的位置即是钢筋的准确位置。

（三）单根钢筋定位和保护层厚度及钢筋直径检测（钢筋直径未知）

取出仪器，连接好探头。打开仪器电源，先进行钢筋直径测试。一般情况下，钢筋直径的测试宜采用多次（不少于 10 次）测量，剔除异常值后取平均值的方式进行，以提高钢筋直径估测的准确性。有些测定仪具有独立的钢筋直径测试功能，可直接选择"直径测试"选项，而后设置本次检测的工程编号。但此功能应慎用，必要时需进行工程验证。将探头拿到空中，远离金属（至少距离金属 0.5 m），按下确定键进行复位操作，消除环境影响。根据设计资料或经验确定钢筋走向，如果无法确定，应在两个正交方向多点扫描，以确定钢筋位置，参见图 10-2。

将探头放置在被检测体表面，探头平行于钢筋，沿钢筋走向的垂线方向匀速移动，速度应小于 20 mm/s，当探头到达被测钢筋正上方时，仪器发出鸣声，提示此处下方有钢筋，在相反方向的附近位置慢慢往复移动探头，同时观察屏幕上的信号值，最大值的位置即是钢筋的准确位置。保持探头位置不动，按下切换键，稍等一会儿，就可检测出被测钢筋的直径和保护层厚度，相应以大字体显示在钢筋直径和保护层厚度右侧的位置，此时按存储键将检测结果存入当前设置的工程编号中。

（四）多根钢筋定位和保护层厚度检测（剖面钢筋的检测）

取出仪器，连接好小车和探头。打开仪器电源，选择钢筋扫描功能，进入剖面扫描功能，根据需要检测的尺寸选择相应的长度，根据设计资料将钢筋直径设定为已知直径数值，如不知道钢筋的直径则为默认值，设置本次检测的工程编号。将探头拿到空中，远离金属（至少距离金属 0.5 m）和强电磁干扰，按下确定键进行复位操作，消除环境引入的影响。根据设计资料或经验确定钢筋走向，如果无法确定，先用仪器的钢筋定位功能分别测出钢筋的走向及位置。将小车和探头放置在被检测体表面，探头平行被测钢筋匀速移动，速度应小于 20 mm/s，按照方向的右侧显示的方向，检测垂直于小车运动方向的钢筋，同时屏幕上显示有一小黑方块从左至右移动。听到报警声后，探测到的钢筋以小黑方块的形式显示在屏幕上，同时厚度下方显示当前被测钢筋的保护层厚度。继续向右平移小车，当小车所走过的距离大于 500 mm、1 000 mm、2 000 mm 时，有连续报警声提示，这时，按存储键将检测结果存入当前设置的工程编号中。按返回键返回到选择扫描方式的界面。

三、维护保养

钢筋位置及保护层测试仪的日常保养可参照使用说明书进行，一般应包括：避免进水；避免高温（> 50 ℃）；避免靠近非常强的磁场，如大型电磁铁、大型变压器等；仪器长时间不使用时，请取出电池，避免电池泄漏对电路造成损坏。

第四节　基桩超声波检测仪的应用

一、工作原理

基桩超声波检测仪的工作原理是向被测的混凝土发射声波脉冲，然后接收穿过混凝土的脉冲信号，仪器显示和记录声波脉冲穿过混凝土所需时间、接收信号的波形、波幅等。根据声波脉冲穿过混凝土的时间（声时）和距离（声程），可计算声波在混凝土中的传播速度；波幅可反映声波脉冲在混凝土中的能量衰减状况，根据所显示的波形，经过适当处理后可对被测信号进行频谱分析，进而做出质量评价。

基桩超声波检测仪检测基桩完整性具有的优点有：检测细致，结果准确可靠，且现场操作简便、迅速；不受桩长、长径比的限制，一般也不受场地限制；无盲区，声测管埋到哪个部位就可以检测该部位，可覆盖全桩长的各个横截面，包括桩顶低强区和桩底沉渣厚度，信息量丰富；不需要桩顶露出地面也可检测，方便施工。

二、使用

（一）使用前准备

1. 换能器的选择

在混凝土检测中，应根据结构的尺寸及监测目的来选择换能器。由于目前主要使用纵波检测，所以只介绍纵波换能器的选择。

换能器种类：纵波换能器有平面换能器、径向换能器。平面换能器用于一般结构、试件的表面对测和平测，同时也是声波仪声时测试系统校验的工具，是必备的换能器，径向换能器（增压式、圆环式、一发双收换能器）则用在需钻孔检测或灌注桩声测管中检测。

换能器频率：由于声波在混凝土中衰减较大，为了使声波有一定的传播距离，混凝土声波检测都是用低频率声波，通常在 200 kHz 以下。在此频率范围内，采用何种频率取决于以下两个因素。

（1）结构（或试件）尺寸

结构尺寸不同，应选择不同的声波频率。这里所谓的尺寸包括穿透距离和横截面尺寸。被测体测距越大，声波衰减也越大，接收波振幅越小。为保证正常测读，应使接收波有一定的波幅，因此对于大的测距只能使用更低频率的声波。目前，探测十多米以上的大型结构通常使用 20 kHz 或以下频率的换能器。当测距较短时，为使接收信号前沿陡峭，起点分辨精确，以及对内部缺陷与裂缝有较高分辨率，则尽量使用较高的频率。

被测体的横截面尺寸主要是考虑声波传播的边界条件。通常所说的声波波速均值是声波在无限大的介质中的速度。若横截面小到某种程度，声波波速将有明显的频散，所测得的声速（表观声速）将降低。通常认为，横截面最小尺寸应小于声波波长的 2 倍以上。因此在测试小截面尺寸的结构或试件时，应用较高频率，但也不宜用过高的频率，因为虽然较高频率波长短，满足半无限大的边界条件，但由于被测体由各种颗粒组成，若波长与颗粒尺寸相比较太小，则被测体呈明显的非均质性，不利于声学参数来反映被测体总体的性能。

（2）被测混凝土对声波的衰减程度

上述根据被测物体尺寸来选择声波频率指的是对一般混凝土而言。对于某些特殊场合，例如被测混凝土质量差、强度低，当用所选用频率测试时接收信号很微弱时，则须降低使用频率，以期获得足够幅度，若被测混凝土是早龄期，甚至尚未完全硬化，声波衰减很大，则只能使用更低的频率，甚至使用可闻声波的频率。

另外应注意，目前使用的换能器大多以压电陶瓷作为压电体，因此换能器在使用时必须保证温度低于相应压电陶瓷的上居里点。

2. 耦合

为了提高基桩超声波检测仪测试系统的工作效率和精度，在检测前向被测结构物用黄油或其他耦合剂使探头与被测介质良好接触，耦合的目的一方面是使尽可能多的声波能量进入被测介质中，另一方面又能使经介质传播的声波信号尽可能多地被测试系统接收。混凝土灌注桩的声波检测一般采用水作为换能器与混凝土的耦合剂，应保证声测管中不含悬浮物（如泥浆、砂等），悬浮液中的固体颗粒对声波有较强的散射衰减，影响声幅的测试结果。

3. 声测管检查

为避免径向换能器卡住后取不上来或换能器电缆被拉断，检测前需检查声测管的通畅情况，对局部漏浆或焊渣造成的阻塞可用钢筋疏通。

4. 换能器的扶正

测试时径向换能器宜配置扶正器，尤其是声测管内径明显大于换能器直径时，换能器的居中情况对首波波幅的检测值有明显影响。扶正器可用 1 ~ 2 mm 厚的橡皮剪成一齿轮形，套在换能器上，齿轮的外径略小于声测管内径。扶正器既能保证换能器居于管中，又保护换能器在上下提升中不碰撞管壁，损坏换能器。软的橡皮齿轮又不会阻碍换能器通过管中某些狭窄的部位。

（二）使用中注意事项

通常仪器要做精密测量，须待开机后预热，等仪器工作稳定时，才能进行测量工作。注意使用环境，在潮湿、烈日、尘埃较多等不利环境中使用时，应采取相应的保护措施，使用时避免阳光暴晒，远离热源，以免元件变质、老化、损坏。一般半导体元件及集成电路组装的仪器，使用环境温度为 –10 ~ 40 ℃。使用时尽可能避开干扰源，如电焊机、电锯、电台及其他强电磁场。仪器发射端口有脉冲高压，要连接或拔出发射换能器时应将发射电压调至零伏或关机后进行。连续使用时间不宜过长。在同一构件的各检测剖面的检测过程中，声波发射电压和仪器设置参数应保持不变。由于声波波幅和主频的变化，对声波发射电压和仪器设置参数很敏感，而目前的声波透射检测，对声参数的处理多采用相对比较法，为使声参数具有可比性，仪器性能参数应保持不变。自动同步记录深度的计数滑轮的计数传感器属于光电感应式，谨防进水、受潮或者敲击。若发现深度计数不正常，其可能原因，一是换能器电缆长时间使用后电缆拉长，二是更换后的换能器电缆与原电缆直径不一致，这时需重新调试提高精度，以免出现较大测量误差。

三、维护保养

对基桩超声波检测仪维护保养，主要有几点：保持仪器清洁，以免短路，清理时可用压缩空气或干净的毛刷。仪器应存放在干燥、通风、阴凉的环境中，若长期不用，应定期开机驱潮，同时应定期充电放电，保证电池正常工作。换能器属易损件，不能摔或碰撞换能器，换能器内压电陶瓷易碎，黏结处易脱落，切忌敲击，避免摔打或践踏，不用时可用套筒防护保存。防止电缆被碾压或刮伤。水下径向换能器虽有防水层，但联结处常因扰动而损坏，使用中应注意联结处的水密性。每次使用后对计数滑轮进行保洁，放置在专用设备箱中，做好防水、防潮。仪器发生故障时，应由专业技术人员或联系生产厂家维修。

第五节　测斜仪的应用

一、工作原理

测斜仪是利用倾角变化累加计算水平向位移的测量仪器。测斜仪按其工作原理有伺服加速度式、电阻应变片式、差动电容式、钢弦式等多种。比较常用的是伺服加速度式和电阻应变片式两种，伺服加速度式测斜仪精度较高，目前应用较为广泛。测斜仪的基本结构如图 10-3a 所示。国内有航天部 33 所生产的 CX 系列，国外有美国 SINCO 公司的数字测斜仪，瑞士的 PRIVEC 等。

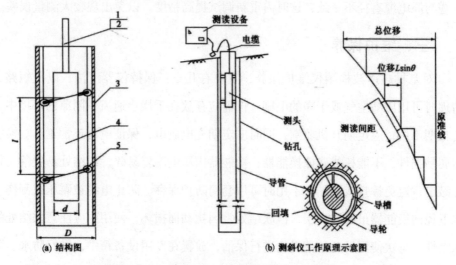

注：1——刻度线；2——导线；3——测斜管；4——测斜杆；5——滑轮。

图 10-3 测斜仪结构图及工作原理示意图

测斜仪上下各有一对导向轮，上下轮距 500 mm，能反映土体内某一位置的倾斜量，其工作原理如图 10-3b 所示。土体发生变形后，整个测斜管随之产生倾斜，通过测斜仪逐段量测倾斜变化，就可得到测斜管每段的水平位移增量：

$$\Delta i = L \sin \theta_i$$

式中：L——头轮距，一般是 500 mm；θ_i——某一深度倾斜角。

通过不同时间观测测斜管内相应位置的读数变化和深度累计变化值，即可测得测斜管口及不同深度处的水平位移量（或称挠度值）。即：

$$\Delta n = \sum_{i=1}^{n} L \sin \theta_i$$

当测斜管的埋置深度足够或进入坚硬土层时，可认为管底是不动的。Δn 为管顶的水平位移值，而当测斜管两端都有水平位移时，则需要测得管顶的水平位移以向下推求管底的水平位移。量测的结果整理成各种曲线，反映各层的水平位移情况。

测斜仪应用于路基沉降及稳定性观测、深层水平位移监测、桩基深层水平位移监测，具有量测稳定、重复性好、连续（时间上数据不间断）、数据丰富（观测频率高、数据多）、不受外界环境影响（晴天、阴雨天均可监测）和对施工的影响较小等特点。

二、使用

测斜仪属于自动化程度高、技术要求高、操作较为复杂的仪器，现场检测情况较为复杂，无一定工作经验的检测人员经常会采集不到高质量的数据，因此检验机构有必要对该仪器编制作业指导书，以便准确的采集数据。下面以某型号测斜仪为例，介绍其使用的各个环节。

（一）测斜仪组成

探头1个、电缆50 m、自动采集仪表（测读仪）1台。

（二）测试前准备

测斜仪探头必须经过率定，数据采集仪、电缆等应预先检查合格。测读仪每次充电要在12 h以上，电压一般在5.5 V左右，可保证一天的正常使用。若电压在4.6 V以下，则需要充电。

（三）现场检测

打开测读仪电源开关，出现"请输入命令"，即可进行"测试""调显""功能""清除"等四项操作。

在接上测头后，使用"测试"键才显示有效数据（未接通测头时显示的数字无意义）。用此命令可以了解电池电压，观察传感器是否正常工作。

在使用"功能"键进行参数设置时，主要有以下几点需要特别注意：①改变系统的某项默认设置值，都必须以"确认"键来进行。②关于"方向"的设置，系统的默认值是"东西北南"四个方向的测量量，如果只需测其中的"东西"或"北南"两个方向，就需要重新设置。③设置方法：在光标跳到"东西"时，若只需选"东西"方向，则在"东西"出现后，按"确认"键，此时出现"北南"，按"功能"键跳过。若需选"北南"方向，则先按"∧"或"∨"键，选择"北南"方向后按"确认"键，此时出现"东西"，按"功能"键跳过。如果选择了"东西南北"四个方向，就必须全部测量。如果只测量了其中的两个方向，则数据将出现乱码。④深度和步长要匹配，当孔深出现0.5 m时，步长不能设置为1 m，否则将出现乱码。

在参数设置完成后，即可进行观测，按设定的步长每提升一次采集一次数据，一个方向完成后按测读仪界面提示信息更换方向进行测读，全部采集好后，测读仪提示该孔采集完成，可进行下一测斜孔的数据采集，如无须继续工作，可直接关机。

观测中的技术要点：①同一仪器观测同一测斜孔，每次观测孔编号要一致，且应将电缆放置在同一槽口处观测。②每次观测时，先将测斜仪放入测斜管内，使导向轮完全进入导向槽内，然后将探头放入孔中一段时间，以消除温差影响（特别是夏天和冬天）。测试方向应为导向轮的正向与被测位移坐标的正向一致时测值为正，相反为负，从管道自下而上进行，按设定步长为一个测点，测读仪显示仪读数稳定后按"存储键"采集数据，同一方向的观测应正反测试，将测点的误差控制在规定范围之内。由于测斜仪测得的是两滑轮之间（500 mm）的相对位移，所以必须选择测斜管中的不动点为基准点，一般以管底端点为基准点，各处的实际位移是测点到基准点相对位移的累加。保证每次提拉时严格对准电缆标尺或标记。③同一轴线正反向读数偏差不得大于规定要求，偏差过大时应进行复测，仍过大时应寻找原因并及时纠正。④观测时及时做好记录或数据储存，检查合格后方可收线，否则要分析原因并及时纠正。⑤观测时应同时测量测斜管孔口高程。

三、保养维护

测斜仪的保养维护根据使用频率和使用时的情况，可分为日常维护和定期维护。

（一）日常保养维护的内容及方法

1. 测读仪

①轻拿轻放，避免摔撞。②保持仪表键面清洁。③电池正常使用电压为 4.8 V 以上，充电时间宜在 15 ~ 16 h。

2. 电缆

①保存好上下接头插孔护帽，每次使用完后盖好，避免进入泥沙和水渍，

防止短路。②使用时，应用扳手拧紧电缆下接口和测头连接处，避免水压过大测头进水。③仪器电缆每天都重复使用，是容易发生故障的部位，电缆两端的接头长期使用容易损坏，在拆卸时不要横向折或用力拉，一定要注意电缆与探头接触部位尽量少弯折，装箱时尽量让接头处于自然状态。

3. 测头

①测头属于精密仪器，应当轻拿轻放，需专人保管、维护。测头中的传感器是石英挠性加速度计，耐冲击能力 100 g，在受到强烈撞击时，可能损坏传感器。严禁强碰撞，高温时不得将测头及仪器置于阳光下暴晒。②使用测斜仪后，应当用清水冲洗测头，将泥沙等污物清理干净并吹干，尤其是滑轮，滑轮内的轴承为精密轴承，沙粒等细小杂质容易使滚珠磨损，所以给轮轴涂抹润滑油，既可避免弹簧锈死无弹力，也可延长使用寿命，一旦生锈后应当及时除锈（注：在涂抹润滑油时，禁止给电缆的上下接头的针或孔上涂油，以免影响导电性能）。

（二）定期保养维护

当测斜仪不使用时，为了保护电池，应当隔 0.5 ~ 1 个月充一次电。定期给测头滑轮内的轮轴涂润滑油。

第六节　多功能道路检测系统的应用

随着道路长度的增加，道路养护管理的工作量急剧增加，通过道路检测获得路况数据可以判断路网中道路使用状况、损坏程度，同时检测数据也是编制道路养护和改建计划的依据。因此，快速、客观地评价道路的使用状况是管好道路的关键所在。然而一个地区路网中道路状况的定期检测是一项艰巨的工作，以往道路养护管理部门主要通过人工手段完成这些工作，并结合以往的经验判断养护维修等级及其范围，但路网的扩大已使人工检测无法满足要求。此外，不同的人对于同一种道路使用状况常常会做出不一致的评价。

随着计算机、机械、电子技术的发展，一系列高效率、智能化的道路检测设备使得大规模、快速、准确地获取道路使用信息成为可能，并为道路管理提供了更多、更准确的基础数据。多功能道路检测车一般由专用车辆和车载仪器构成，能够在不影响正常交通的情况下完成对道路路况的多种检测，及时准确地掌握路网中每条道路的使用状况，对合理地采取养护措施具有重要意义。

一、多功能道路检测车

多功能道路检测车的所有仪器、设备安装在一辆汽车上，通常这种车辆能够以 20 ~ 150 km/h 的速度行驶，并具有定速巡航功能，以便在检测过程中能够维持规定的速度。

检测车前部有一个横梁，横梁上安放有激光传感器或超声波传感器等非接触式传感器，共同组成路面断面仪，主要用于车辙、路面构造深度、路面横坡的测量。根据测量宽度的需要，传感器的数量可以从单个增加到 20 多个。每个传感器按一定的频率测量横梁与路表之间的距离。前部横梁中还配有若干加速度传感器和高精度陀螺仪惯性单元，为测试过程提供运动基准以保证测量精度。

检测车上设有摄像系统，按摄像速度可分为普通摄像机、高速摄像机和数码照相机。普通摄像机和数码照相机通常安装在车顶的前部，主要用来对道路整体情况和道路附属结构物进行摄像。高速摄像机通常安置在多功能检测车的后部，主要用于对路面的裂缝、坑槽等破坏状况进行图像采集，摄像机的数量根据摄像的宽度不同从 1 个到 4 个不等。为了提高摄像质量，检测车专门配按一定角度照射的光源。

高速计算机是多功能检测车的核心，为适应较差的使用环境，检测车中一般采用工业级计算机并通过固定机架安装在车内。计算机负责整个数据采集系统的控制、数据的存储以及数据的预处理，其性能直接影响检测车的使用性能。

道路检测过程中路面状况与道路的具体位置应该一一对应，以便在多次的检测过程中观测到路况的变化。为了达到这个目的，检测车需要配备全球定位系统（global positioning system，GPS），通常 GPS 接收机被安置在车辆的顶部。为了按一定行驶距离发出检测命令，车轮上安装有距离脉冲传感器。

软件系统是多功能检测车的重要组成部分，按照用途可以分为数据采集软件和数据分析软件。数据采集软件包含了系统软件和各种硬件的驱动，保证它们在计算机的控制下顺利进行数据采集过程，而数据分析统计软件则对采集后的数据进行分析、归类并按照预期的形式输出，对各种路况进行定量的评价。

二、道路养护、管理的基础数据及其检测方法

道路几何特征、路面宽度、路拱横坡、道路纵坡及道路附属设施是道路的基本数据，通常这些数据不会随着道路的使用而变化。道路附属设施及相关图形资料可以借助检测车的普通摄像机和数码相机获得，而道路路线的几何特征、路面宽度、路拱横坡、道路纵坡同样可以通过检测车中的相应设备获取。目前，最先进的多功能道路检测车在测试速度为 80 km/h 时可同时测量路拱横坡、道路纵坡、转弯曲率等指标，结合检测车中的距离测量装置和定 GPS，它可以将以上数据与道路桩号之间建立一一对应的关系。

平整度是衡量道路行驶质量的重要指标，在平整度检测中，多功能道路检测车通过对应于轮迹位置的激光传感器测得距离路面的高度。随着车辆的行驶可以得到路面纵向断面信息，并通过这些数据计算出纵向平整度，车辆在行驶过程中由于振动带来的影响通过检测车中的加速度传感器（对应左右轮迹各 1 个）记录数据的 2 次积分来扣除。

路面车辙严重威胁行车安全，特别是在雨后的高速公路上。检测时通过横向分布在多功能检测车前端激光断面仪的若干个激光传感器测试距离路面的高度，按预定的间隔距离得到许多道路的横断面，由此可以计算车辙深度。

路面的损坏状况调查是鉴别各路段路面损坏的类型，确定各项损坏的严重程度，它是养护部门决策的重要技术数据来源。通常沥青路面的损坏可以分为裂缝、拥包、推移和泛油，水泥混凝土路面的损坏包括纵向裂缝、横向裂缝、混凝土板破碎、错台、填缝料损坏以及路面板唧泥等。路面损坏状况检测是利用多功能检测车中的高速数字摄像系统连续高速采集路表的图像，然后在室内通过后处理软件自动处理与人工判读相结合，识别、分类与统计路表破损。路表破损摄像

系统极大地提高了工作效率，避免了高速公路人工破损调查的危险性。

道路路面的抗滑能力直接关系到行车安全，其中路表纹理构造（0.1 ~ 3 mm）是影响路面抗滑能力的重要因素。通常较低的纹理路表会比较高的纹理路表更快地丧失摩擦力，而多功能检测车中的激光传感器则可以检测到纹理的深度。

参考文献

[1] 邢世建 . 道路与桥梁工程试验检测技术 [M]. 重庆：重庆大学出版社，2005.

[2] 刘超群 . 道路工程实验与检测 [M]. 成都：西南交通大学出版社，2009.

[3] 吴书君 . 道路与桥梁工程试验检测技术 [M]. 徐州：中国矿业大学出版社，2012.

[4] 方诗圣，李海涛 . 道路桥梁工程施工技术 [M]. 武汉：武汉大学出版社，2013.

[5] 谢松平 . 公路工程检测技术 [M]. 北京：机械工业出版社，2014.

[6] 王立军，陈晓明 . 道路工程检测 [M]. 北京：人民交通出版社，2015.

[7] 邓超 . 桥梁现场检测 [M]. 北京：人民交通出版社，2015.

[8] 盛海洋，邹定南 . 道路工程检测技术 [M]. 武汉：华中科技大学出版社，2015.

[9] 李珍贵，张亮，王绍兵 . 道路桥梁工程 [M]. 天津：天津科学技术出版社，2017.

[10] 徐鸣，吴军华，张磊 . 道路桥梁与工程 [M]. 长春：吉林科学技术出版社，2017.

[11] 苏志忠 . 道路与桥梁工程概论 [M]. 北京：人民交通出版社，2017.

[12] 陈武林，徐晖，周小俊 . 道路与桥梁工程 [M]. 天津：天津科学技术出版社，2017.

[13] 张玲，朱明明 . 道路桥梁工程概论 [M]. 长春：吉林大学出版社，2017.

[14] 刘存柱，张丽，王加弟 . 道路建筑材料 [M]. 北京：人民交通出版社，

2017.

[15] 周小勇 . 土木工程专业毕业设计指导书（道路桥梁工程分册）[M]. 武汉：中国地质大学出版社，2017.

[16] 方诗圣，李海涛 . 道路桥梁工程施工技术 [M].2 版 . 武汉：武汉大学出版社，2018.

[17] 徐永峰 . 道路与桥梁工程概论 [M]. 长春：吉林大学出版社，1970.

[18] 唐莉，黄春水 . 道路与桥梁工程 [M]. 长春：吉林大学出版社，2018.

[19] 武太峰，苗振旭，王光耀 . 道路桥梁工程与路基路面 [M]. 天津：天津科学技术出版社，2018.

[20] 张吕伟，程生平，周琳 . 市政道路桥梁工程 BIM 技术 [M]. 北京：中国建筑工业出版社，2018.

[21] 黄美燕 . 道路桥梁工程技术专业课程标准研究 [M]. 哈尔滨：东北林业大学出版社，2018.

[22] 彭彦彬，张银峰，杜立峰，等 . 道路桥梁工程概论 [M].2 版 . 郑州：黄河水利出版社，2019.

[23] 张忠 . 道路与桥梁工程施工技术 [M]. 北京：中国建材工业出版社，2019.

[24] 安关峰 . 市政道路桥梁工程质量通病防治指南 [M]. 北京：中国建筑工业出版社，2019.

[25] 周静，刘占良 . 公路工程资料编制与管理 [M].2 版 . 大连：大连理工大学出版社，2019.

[26] 顾俊，邹定南，史志楼，等 . 道路桥梁工程检测技术 [M]. 北京：人民交通出版社，2019.

[27] 辛建丽 . 公路工程计量与计价 [M]. 修订版 . 北京：科学出版社，2019.

[28] 王修山 . 道路与桥梁工程概论 [M]. 北京：机械工业出版社，2020.

[29] 江斗，刘成，熊文斌 . 道路桥梁和工程建设 [M]. 北京：中国石化出版社，2020.

[30] 邢焕兰 . 土力学与地基基础 [M].2 版 . 大连：大连理工大学出版社，2020.